예배 수업

재미있고 유익한 공예배 공부

안재경 지음

세움북스

세움북스는 기독교 가치관으로 교회와 성도를 건강하게 세우는 바른 책을 만들어 갑니다.

예배 수업

재미있고 유익한 공예배 공부

초판 1쇄 인쇄 2026년 1월 25일
초판 1쇄 발행 2026년 1월 30일

지은이 | 안재경
펴낸이 | 강인구
펴낸곳 | 세움북스

등 록 | 제2014-000144호
주 소 | 서울특별시 종로구 대학로 19 한국기독교회관 1010호
전 화 | 02-3144-3500
이메일 | cdgn@daum.net

교 정 | 류성민
디자인 | 참디자인

ISBN 979-11-93996-71-3 (03230)

추천사

예배에 대한 탄탄한 신학적 토대를 마련해 주는 책

마드리드의 프라도 미술관에서 도슨트의 안내를 받으며 명화를 감상했던 기억이 떠오릅니다. 회화의 언어를 알고 나니 작품들이 제게 말을 걸어오는 듯했습니다. 본서는 두 질문에 대답해 줍니다. "왜 공예배를 드려야 하는가?", "공예배에서 무슨 일이 벌어지는가?" 교회를 개척한 이후 이 질문에 대답하면서 10여 년 동안 예배 순서를 조금씩 다듬어 오다가 지난 삼사 년 전부터는 어느 정도 우리 교회의 고백과 공간과 인적 구성에 어울리는 순서를 마련했습니다. 좀 더 일찍 이 책을 만났다면, 정리하고 나누는 데 훨씬 더 명쾌하고 수월했을 것 같습니다.

공예배는 한 공동체의 신학과 신앙이 응집된 결과물이기에 하나님을 향한 우리의 마음을 개인적으로 혹은 공동체적으로 표현하는 가장 적나라한 방식이며, 동시에 하나님께서 자기 백성을 향한 언약을 실현하시기 위해 위로부터 은총을 주시는 수단이기도 합니다. 특히 공예배는 가장 밀도 있게 하나님의 영적 임재와 성도의 선하고 거룩한 열망이 교차하는 자리이며, 하나님의 영광이 가장 환하게 비치는 순간입니다. 그 의미를 모른 채 참여한 예배 안에서도 주께서 이제껏 일하셨다면, 이제 저자의 안내를 받으며 내가 참여하는 모든 순서에 담긴 의미를 알고 묵상하면서 그 자리에 있게 될 때 얼마나 그 고백이 풍성해질지 상상해 보십시오.

이 책을 통해 예배를 잘 정리한다면, 이제 우리는 수동적인 관객에 머물지 않고 능동적인 참여자로서 함께 예배를 만들어 갈 뿐 아니라 더 풍성하게 예배를 만끽할 수 있을 것입니다. 본서는 예배에 대한 보다 탄탄한 신학적 토대를 마련해 줌으로써, 감성만 자극하는 지나치게 경박한 예배와 이론에 경도된 지나치게 엄숙하고 경직된 예배로 치우치지 않고 지성과 감성과 영성을 겸비한 경건한 예배 문화를 형성하는 데 요긴한 안내서가 될 것이라고 믿습니다.

박대영 _ 광주 소명교회 책임 목사, 『묵상과 설교』 책임 편집

예배 순서 이름 하나하나를 바로 잡은 책

"선생님이 만약 정치를 하면 무엇부터 하시겠습니까?"라는 제자의 질문에 공자가 "이름부터 바로 잡겠다"(正名, 정명)라고 말한 적이 있습니다(논어, 위정편 3장). 이름이 바르게 돼야 언어가 순화되고 일이 잘 이루어지며 문화와 법, 제도가 바르게 세워진다고 했습니다. 이름을 바르게 하는 일은 교회 생활, 특히 예배에도 해당합니다.

본서는 우리에게 너무 익숙한 예배 순서의 이름 하나하나를 바로 잡아 준 책입니다. 올바른 예배는 순서의 이름을 바로 잡아서 예배자의 언어를 순화하는 것으로부터 시작합니다. 본서는 독자를 위해 비교적 알기 쉬운 용어를 사용했지만, 내용은 저자가 오랫동안 예배에 관해 씨름하며 연구하고 증험한 노력의 산물이기에 무거운 책입니다. 문(文)과 질(質)을 겸한, 좀처럼 보기 어려운 문질빈빈(文質彬彬)의 책이기에 자신 있게 추천합니다.

성희찬 _ 창원 작은빛교회 담임 목사, 『한국장로교회 헌법개정 역사』 저자

예배만이 아니라 하나님과 복음
그리고 교회가 무엇인지 보여 주는 책

28년 전입니다. 대학교 1학년 때, 『예배의 아름다움』(SFC)이라는 책의 번역자로 안재경이라는 이름을 처음 알았습니다. 한창 개혁신학에 빠진 어린 내게 그 이름의 주인이 궁금했습니다. 그 이후, 지금으로부터 약 10년 전부터 안재경 목사님과는 항상 곁에서 가까이 동역하는 관계가 되었습니다. 내가 처음 성함을 알았을 때부터 안재경 목사님은 예배에 대해 진심입니다. 그 어떤 예배학자보다 예배를 연구하고 배우고 가르치길 즐겨하는 분입니다. 이미 예배에 관해 수많은 글과 저서를 지었습니다.

여기 또 한 권의 예배 관련 책이 나왔습니다. 지금까지 쓴 수많은 글들이 다듬고 다듬어져 또 하나의 마스터피스(Masterpiece)가 나왔습니다. 이 책은 우리가 매 주일 드리는 공예배의 각 순서의 의미를 설명합니다. 자주 하고 익숙한 일일수록 그 의미를 모르는 경우가 많은데, 우리는 이 책을 통해 예배 순서에 담긴 성경과 교리, 그리고 교회사적인 의미를 배울 수 있습니다. 왜 이렇게 예배하는지 깨달을 수 있습니다. 무엇보다 예배는 교회가 무엇인지를 보여 주고, 죄와 구원을 드러내며, 복음의 풍성함을 증거하고, 하나님의 어떠하심을 드러냅니다. 그리고 이를 이 책이 선명하게 밝혀 줍니다. 그러므로 이 책에서 예배만이 아니라 하나님과 복음, 그리고 교회가 무엇인지를 찾아보길 바랍니다.

손재익 _ 서울 한길교회 담임 목사, 『우리가 성경을 오해했다』 저자

공예배의 영광을 회복하는 친절한 안내서

예배는 신자의 삶이자 꽃입니다. 하지만 안타깝게도 매주 드리는 공예배의 순서가 지닌 신학적 의미와 그 영광스러운 무게를 충분히 누리지 못한 채 습관적으로 자리에 앉아 있곤 합니다. 안재경 목사의 신간 『예배 수업』은 이러한 안타까움을 해소하고, 공예배의 모든 순서 속에 담긴 하나님의 주권 은혜와 신자의 합당한 반응이 어떻게 어우러지는지를 탁월하게 보여 줍니다.

저자는 예배를 단순히 교회의 프로그램이 아닌, '교회의 얼굴'이자 '하나님과의 언약적 교제'로 정의합니다. 예배의 부름부터 시작하여 죄 고백, 사죄 선언, 설교, 그리고 강복 선언에 이르기까지 각각의 순서가 어떻게 하늘 보좌 앞으로 우리를 인도하는지 구체적이고도 따뜻하게 해설합니다. 특히 각 장에 포함된 팁과 질문은 예배의 의미를 되새길 뿐 아니라, 공동체가 함께 예배를 공부하고 나누는 데 유용한 가이드가 될 것입니다.

이 책은 '은혜가 안 된다'는 주관적인 감정에 매몰되어 예배의 공적 성격을 잃어버린 우리 시대에 던지는 소중한 외침입니다. 예배 순서 하나하나가 우리를 만나시는 하나님의 통로임을 깨닫고 싶은 성도와, 개혁 교회의 예배 전통 위에 건강한 공동체를 세우고자 하는 모든 목회자에게 이 책을 추천합니다. 그리고 이 책을 읽는 모든 이들이 주일 아침, 예배당 문을 들어설 때 비로소 펼쳐질 천상의 실체를 경험하게 되길 바랍니다.

임경근 _ 용인 다우리교회 담임 목사, 『교리와 함께하는 365 가정예배』 저자

목차

머리말

    기독교인들은 예배를 평생 합니다. 그만큼 예배는 기독교인들에게 매우 중요합니다. 그러나 평생 아무것도 모른 채 예배하고 있다면 이것만큼 안타까운 일이 어디 있겠습니까? 중요하고 평생 해야 하는 이 예배의 유익을 누리지 못하고 있는 신자들의 안타까움을 해소하기 위해서는, 교회에서 무엇보다 이 예배를 가르치고 또한 배워야 합니다.

    우리는 예배의 본질이나 목적, 의미뿐 아니라 '예배 순서'에 대한 분명한 이해를 가지고 있어야 합니다. "기도를 제일 잘하는 법은 기도를 열심히 하는 것이다"라는 말이 있기는 하지만, 이것을 그대로 예배에 적용시켜서는 곤란합니다. 우리가 예배를 잘하기 위해서는 그냥 열심히 예배해서는 안 됩니다. 우리는 예배를 알아야 하고, 예배를 배워야 합니다. 그래야 내가 하는 예배, 아니 우리가 함께 하는 예배가 무엇인지를 알고 예배의 감격과 유익을 누릴 것입니다.

    필자는 2014년에 출간된 『예배, 교회의 얼굴』(그라티아)을 통해 공예배 순서를 간단하게 해설한 바가 있습니다. 그 후 2020년 9월에 고신 총회 제70회기가 시작되면서 "합당한 예배, 세상의 소망"을 주제로 온 교회가 함께 예배 순서를 되새기자고 요청함으로써 공예배 순서를 해설하는 열두 편의 설교를 만들어 제공했습니다. 그 설교문이 본서의 기초가 되었습니다. 그리고 각 장마다 더 깊은 나눔을 위해서 해당 예배 순서에 대한 팁을 넣었습니다. 부록으로는 이곳저곳에서 강의 요청이 있을 때 작성한 내용들과 몇몇 죄 고백의 기도문을 번역하여 실었습니다.

요컨대, 본서는 공예배의 의미를 밝히는 동시에, 공예배의 순서를 해설하고 설교했던 내용을 조금 각색한 책입니다. 공예배의 의미를 잘 알 수 있는 방법 중 가장 쉬운 방법은 교회 주보에 나와 있는 주일 예배 순서를 확인하는 것입니다. 공예배가 왜 이런 순서를 가지고 있는지를 알면, 공예배의 흐름을 알 뿐만 아니라 공예배가 무엇인지를 분명하게 알 수 있습니다. 그래서 우리에게는 공예배 순서에 대한 해설이 필요합니다.

본서는 교회가 '하는 일'이 예배이지만, 동시에 교회를 '만드는 것'이 예배라고 말합니다. 그리고 예배는 하나님의 백성이 함께 하나님의 보좌 앞으로 나아가 공적으로 하나님을 만나는 것이라고 말하며, 사적인 경건 활동과 달리 직분자의 인도로 회중이 함께 하나님께 나아가는 것이 공예배의 성격임을 말한 뒤, 예배 시작 순서인 '예배 부름과 기원'으로부터 시작하여 죄 고백과 사죄 선언, 사도신경과 십계명, 찬송과 기도, 설교와 성례와 헌금을 거쳐 강복 선언(축도)으로 절정에 이르는 예배의 흐름을 추적합니다.

모쪼록 본서를 통해 다른 어떤 경건 활동으로 대체할 수 없는 공예배의 아름다움과 은혜를 확인할 수 있길 바랍니다. 예배가 어떻게 진행되는지 그 순서와 의미를 잘 알면, 예배에 자신을 맡길 뿐만 아니라 예배를 통해 하나님과 교제하며 온 세상을 누릴 수 있습니다. 세상에서 부름받아 나온 이들은 세상으로 들어가기 위해 예배합니다. 예배가 하나님과 세상 사이를 중재하기 때문입니다. 그러므로 우리는 하나님을 예배하면서 동시에 세상으로 나갑니다. 예배 잘하는 교회와 성도가 세상에서도 봉사의 일을 하기에 부족함이 없습니다. 예배와 삶, 예배와 봉사를 나눠서는 안 되는 이유가 여기에 있습니다.

원고가 마무리될 즈음에 제가 광주 은성교회로 부임했습니다. 그동안 예배하던 순서와 다른 전통적인 예배 순서를 가진 교회에서 예배 인도를 하고 있습니다. 우리 은성의 식구들도 예배의 아름다움을 더 풍성하게 누리기를 원합니다. 제 마지막 목회지인 이곳 빛고을 광주 은성의 식구들과 함께 아름답고 풍요로운 예배를 드리면서 복음의 기치를 높이 들고, 복음의 빛을 아름답게 비추려고 합니다. 이 땅의 모든 교회들이 질서 있고 단정하게 예배하면서 주의 백성으로, 주의 몸 된 교회로 더 아름답게 서기를 바라는 마음 또한 간절합니다. 이 책을 편집하는 데 너무나 큰 수고를 아끼지 않은 류성민 과장님과 강인구 대표님께 큰 감사를 드립니다.

2026년 새해 아침

빛고을 광주 은성의 목양실에서

안재경

알아두기

* 이 책에서 해설하는 공예배 순서는 필자가 온생명교회(남양주)에서 목회할 때 활용했던 실제 공예배 순서로서, 아래의 내용에 근거하고 있다.

공예배 순서 개요

1. 이 공예배 순서는 유럽 대륙의 개혁 교회가 중세 교회 예배를 개혁한 것을 보여 준다. 대륙의 개혁 교회는 장로교회의 '예배 지침'(순서를 확정한 것이 아닌 예배 요소와 예배 원리를 해설한 것)을 넘어 '예배 모범'(총회를 통해 예배 순서를 확정하여 교단이 함께 사용하도록 한 것)을 만들었다.

2. 이 공예배 순서는 교회법(예장 고신)의 예배를 잘 반영하고 있으며, 개혁된 교회의 예배를 한국적 상황에 맞추어 예배 순서를 확정했다. 장로교회법에 의하면, 개체 교회의 예배는 당회의 소관이다. 따라서 온생명교회 당회에서 이 예배 순서를 확정하고 그 순서에 따라 예배했다.

3. 필자가 시무했던 교회는 예배하는 회중이 예배의 흐름을 분명하게 인식하도록 예배 순서 전체를 편의상 네 개의 파트로 묶어서 표시했다. 하나님께서 부르시고, 용서하시고, 말씀하시고, 보내신다는 흐름이다. 이 큰 네

개의 파트를 기억하면 예배가 어떻게 흘러가는지를 잘 알 수 있다.

4. 각 순서에 붙어 있는 화살표는 공예배가 하나님과 그분의 회중 사이에서의 교제임을 잘 보여 준다. 즉, 우리의 예배는 언약적 예배인데 하나님께서 당신을 주시고(↓), 우리는 하나님을 받아 우리 자신을 드린다(↑). 예배는 드리는 것이기 이전에 받는 것이다. 우리는 하나님에게서 먼저 받고, 그 다음에 하나님께 드린다.

5. 성례, 즉 세례와 성찬은 매 주일마다 시행하지 않으므로, 박스를 그려 집어넣어서 "하나님께서 당신을 주십니다"로 표현했다. 매 주일 성찬을 시행하는 경우에는 이 부분을 박스에 넣지 않아도 된다. 성찬을 시행할 때, 하나님께서는 당신을 친히 주시고 예배하는 회중은 그분과 하나가 된다.

6. 예배의 마지막 파트(하나님께서 보내십니다)에 헌금 순서가 들어가 있는 것이 다소 어색하게 보일 수 있다. 헌금은 따로 예배의 한 파트가 될 수 있기 때문이다. 이 헌금 순서는 하나님께 드리는 시간이지만, 연보라는 측면에서는 "우리는 서로에게 내어놓습니다"라고 표현할 수 있는데, 편의상 "하나님께서 보내십니다" 파트에 넣었다.

7. 또한, 예배의 마지막 파트(하나님께서 보내십니다)에 '성도의 교제'가 들어가 있다. 이것은 소위 교회 소식을 알리는 '광고' 순서이다. 우리는 이 광고 순서가 단순한 교회 소식이나 알림이 아닌 성도의 교제라고 보기에, 예배 순서 안에 들어올 수 있다고 본다. 이 순서는 독특하게 수평적 양방향 화살표인데 성도의 수평적인 교제를 잘 보여 준다.

하나님께서 부르십니다(God calls us)

(↑) 예배 부름(시 124:8)
(↓) 기원(롬 1:7; 계 1:4-5)
(↑) 신앙고백(사도신경, 니케아신경)
(↑) 영광 찬송

하나님께서 용서하십니다(God cleanses us)

(↓) 십계명(출 20:2-17; 신 5:6-21)
(↑) 공적 회개
(↓) 사죄 선언(히 7:24-25; 요 3:16; 딤전 1:15; 행 10:43; 요일 2:1-2)
(↑) 감사 찬송
(↑) 대표 기도

하나님께서 말씀하십니다(God instructs us)

(↓) 성경 봉독
(↑) 조명을 위한 기도
(↓) 설교
(↑) 응답 찬송

하나님께서 당신을 주십니다(God gives himself us)

(↓) (↑) 세례(필요 시)
(↓) (↑) 성찬식(한 달에 한 번)

하나님께서 보내십니다(God commissions us)

(↑) 헌금
(↔) 성도의 교제
(↑) 마침 찬송
(↓) 강복 선언(민 6:24-26; 고후 13:13)

* 아래의 글은 필자가 목회했던 교회에서 모든 세대가 함께 예배하는 상황 가운데 아이들과
  함께 예배하는 것을 돕기 위해서 만든 안내글이다.

아이들과 처음 예배하는 분들을 위한 안내

OOO교회에 오신 것을 환영합니다! 우리 교회는 갓난아이로부터 어른에 이르기까지 모든 세대가 같은 시간, 한 공간에서 함께 예배드립니다. 처음 아이를 데리고 예배에 참석하신 분들을 위해 아이들을 위한 예배 순서 소개 및 아이와 함께 예배드리는 요령을 몇 가지 알려 드립니다.

하나님께서 부르십니다

: 하나님의 부르심을 경험하는 시간입니다.

1. 예배부름　　"우리의 도움은 천지를 지으신 여호와의 이름에 있도다"(시편 124:8)를 목사님께서 말씀하시면 따라서 말합니다.

2. 기 원　　(자리에서 일어서서) 아래의 성경 말씀으로 목사님이 하나님의 복된 인사를 전달하십니다.
"하나님의 사랑하심을 받고 성도로 부르심을 받은 모든 자에게 하나님 우리 아버지와 주 예수 그리스도로부터 은혜와 평강이 있기를 원하노라"(로마서 1장 7절)

3. 신앙고백　　(자리에서 일어서서) "사도신경"은 성경책 앞표지 안쪽 면을 보시면 나와 있습니다. 두 가지 중 '새번역'이라고 쓰여진 것을 아이도 함께 읽을 수 있도록 보여 주세요.

4. 경배찬송　　(자리에서 일어서서) 하나님의 영광을 생각하며 찬송합니다. 순서지에 나온 숫자대로 아이들이 찬송가에서 악보를 찾도록 도와주세요. 찾으신 후에는 가사를 따라 부르도록 손가락으로 가리키며 불러 주세요.

 : 우리의 죄를 돌아보고 용서를 구하는 시간입니다.

5. 십계명　성경책 뒤표지 안쪽 면을 보시면 나와 있습니다. 아이들과 함께 소리내어 읽어 보세요.

6. 죄의고백　십계명에 비추어 자신의 죄를 돌아보며 회개의 기도를 하는 시간입니다.

7. 사죄선언　목사님께서 우리의 죄가 예수님으로 인해 깨끗해졌음을 선포하십니다.

8. 감사찬송　우리 죄를 깨끗하게 해 주신 것에 감사하며 찬송합니다. 순서지에 나온 숫자대로 아이들이 찬송가에서 악보를 찾도록 도와주시고, 가사를 따라 부르도록 손가락으로 가리키며 불러 주세요.

9. 기　도　교회의 직분을 맡으신 분들이 교회를 대표하여 기도해 주십니다. 우리의 죄가 깨끗하게 되어 아버지 하나님께 기도로 구할 수 있음을 아이에게 알려 주세요.

 : 하나님의 말씀을 듣는 시간입니다.

10. 성경봉독　성경책에서 오늘의 본문을 찾아서 함께 읽습니다. 성경책 옆을 보시면 쉽게 찾으실 수 있도록 되어 있습니다. 아이들이 순서지에 나온 글씨와 같은 것을 찾아보게 해 주세요. 찾으면 큰 소리로 다 같이 읽습니다.

11. 설　교　목사님께서 오늘 성경 내용을 풀어서 설명해 주시는 시간입니다. 아이들이 이해하기에 어려운 내용이지만 다른 사람들을 위해 조용히 해야 한다고 알려 주시고, 중간에 아

이가 너무 힘들어 하면 간단한 간식(사탕,초콜릿)을 주시거
나, 잠시 물을 마시고 올 수 있도록 지도해 주세요.

12. 응답찬송   하나님께서 주신 말씀에 감사하며 찬송을 올려 드립니다. 찬송가에서 악보를 찾도록 도와주시고 가사를 따라 부르도록 손가락으로 가리키며 불러 주세요.

하나님께서 보내십니다

: 하나님께서 함께하시며 세상으로 나아가게 하십니다.

13. 헌 금   준비해 오신 물질이 있으시면 미리 준비된 봉투에 넣어 하나님께 드리는 모습을 아이에게 보여 주세요. 아이도 마음이 있다면 헌금을 준비해서 드릴 수 있습니다.

14. 성도의교제   순서지 뒷면을 보시면, 교회 소식이 나와 있습니다. 교회와 관련된 광고 및 교인분들에 대한 소식 등을 나누는 시간입니다.

15. 마침찬송   (자리에서 일어서서) 아이들이 찬송가에서 숫자 635(주기도송)를 찾도록 해 주세요. 가사는 성경책 앞표지 안의 주기도문과 같습니다. 찾으신 후에는 가사를 따라 부르도록 손가락으로 가리키며 불러 주세요.

16. 강복선언   (자리에서 일어서서) 목사님이 하나님의 복을 빌어 주시는 시간입니다. 눈을 뜨고 목사님의 손을 바라보시면서 아이의 머리에 손을 얹어 축복해 주세요.

* 우리 교회 교인들은 어린아이들이 예배에 참여하는 것을 좋아합니다. 너무 부담 가지지 마시고 아이와 함께 복된 예배를 드려 보세요.

제1부

왜 공예배를
드려야 하는가?

1장
예배의 본질

: 교회의 얼굴이 마침내 드러나다

26 그런즉 형제들아 어찌할까 너희가 모일 때에 각각 찬송시도 있으며 가르치는 말씀도 있으며 계시도 있으며 방언도 있으며 통역함도 있나니 모든 것을 덕을 세우기 위하여 하라

27 만일 누가 방언으로 말하거든 두 사람이나 많아야 세 사람이 차례를 따라 하고 한 사람이 통역할 것이요

28 만일 통역하는 자가 없으면 교회에서는 잠잠하고 자기와 하나님께 말할 것이요

29 예언하는 자는 둘이나 셋이나 말하고 다른 이들은 분별할 것이요

30 만일 곁에 앉아 있는 다른 이에게 계시가 있으면 먼저 하던 자는 잠잠할지니라

31 너희는 다 모든 사람으로 배우게 하고 모든 사람으로 권면을 받게 하기 위하여 하나씩 하나씩 예언할 수 있느니라

32 예언하는 자들의 영은 예언하는 자들에게 제재를 받나니

33 하나님은 무질서의 하나님이 아니시요 오직 화평의 하나님이시니라

11 또한 너희가 이 시기를 알거니와 자다가 깰 때가 벌써 되었으니 이는 이제 우리의 구원이 처음 믿을 때보다 가까웠음이라

12 밤이 깊고 낮이 가까웠으니 그러므로 우리가 어둠의 일을 벗고 빛의 갑옷을 입자

13 낮에와 같이 단정히 행하고 방탕하거나 술 취하지 말며 음란하거나 호색하지 말며 다투거나 시기하지 말고

14 오직 주 예수 그리스도로 옷 입고 정욕을 위하여 육신의 일을 도모하지 말라

● **생각해 보기**

❶ '예배'가 더 중요할까요? '개인적 경건'이 더 중요할까요?

❷ 예배는 하나님께 드리는 것이 먼저일까요? 받는 것이 먼저일까요?

❸ 개혁 교회의 예배는 (   )이기에, 품위 있고 (   )있게 드려야 한다.

예배는 교회의 얼굴이다

어떤 모임이나 일이 혼란 없이 순조롭게 이루어지게 하기 위해서는 나름의 정해진 순서나 규칙이 있어야 합니다. 우리는 그것을 '질서'라 부릅니다. 교회에도 질서가 필요하고 반드시 있어야 합니다. 그런데 질서를 너무 강조하면 어떻습니까? 좀 밥맛이죠? 너무 정해진 틀에 끼워 맞추려고 하면 거부감이 들기도 하고요. 자유를 방해하고 제한한다는 생각에 거부감이 들기 마련입니다.

그렇다면 이 말씀은 어떻게 느껴지시나요? "하나님은 무질서의 하나님이 아니라 오직 화평의 하나님이시니라"(고전 14:33). 이 구절을 어디에 적용하면 좋을까요? 사실, 이 구절의 문맥을 잘 살펴보면 예배에 관한 문맥에서 나온 말씀이라는 것을 알 수 있습니다. 하나님께 드리는 예배는 하나님 그분의 모습에 걸맞게 드려야 마땅하다는 말입니다. 그래서 무질서의 모습이 아니라 화평의 모습으로 나타나야 한다는 것이죠. 게다가 방언의 은사를 포함하여 은사가 풍성했던 고린도 교회에 이 말씀을 하셨다는 것이 보다 의미가 있을 것입니다.

우리가 주일에 드리는 공예배는 교회의 얼굴입니다. 온 세상 가운데 드러나는 교회의 얼굴이죠. 그래서 교회가 어떤 곳인가를 알기 위해서는 그 교회의 공예배를 보면 됩니다. 교회는 공예배를 통해 이 세상에 그 교회의 구체적인 모습을 비로소 드러냅니다. 물론 교회 건물이 일차적으로 교회의 얼굴이라고 말할 수도 있습니다. 교회 건물(공간)도 그 교회의 신학을 담고 있기 때문입니다. 하지만 교회 건물(공간)보다 더 적극적이고 분명하게 교회의 얼굴을 드러내는 것이 바로 공예배입니다. 따라서 우리는 공예배의 의미와 순서를 잘 알고 있어야 하고, 성도라면 주일 예배의 순서가 왜 그렇게 짜여 있는지 설명할 수 있어야 합니다.

주일에 드리는 예배를 우리는 '공예배'라고 부릅니다. '공개적인 예배'라는 의미와 함께 '공적인 예배'라는 뜻을 지니고 있지요. 영어로 '퍼블릭 워십(Public worship)'이라고 부릅니다. 개인이 사적으로 하지 않고 공동체가 함께 공적으로 하는 예배라는 말입니다. 신자들이 다 같이 하나님께 나아가는 예배인 것이죠. 즉, 하나님의 백성들이 총회로 구성되어서 하나님 앞에 나아가는 시간입니다. 이때 하나님께서는 주의 백성들을 만나 주십니다.

우리는 사적으로 비밀스럽게 하나님을 만나려고 하는 욕망이 강합니다. 다른 교인들과 함께 하는 예배보다 나 혼자 하나님을 더 강렬하게 만나고 싶어 합니다. 하지만 하나님께서는 공적으로 자기 백성을 만나 주시고 공개적으로 말씀하셔서 주님의 말씀이 왜곡되지 않게 모두에게 들리기를 원하십니다.

역사상 첫 공예배의 순간은 언제일까요? 이스라엘 백성들이 시내산에서 하나님께 나아간 바로 그 순간입니다. 그 모임을 하나님은 '총회'라고 부르셨습니다. 하나님께서 은밀한 방식이 아니라 공개적으로 자기 백성 전체를 만나 주셨지요. 우리 기독교에는 비밀스러운 집회가 없습니다. 고대에도 마찬가지였지만 초대 교회 당시에도 비밀스럽게 회집하고 회원 가입을 유도하는 종파가 많았습니다. 그러나 예수님은 항상 공개적으로 복음을 전하셨고, 기독교회도 모임과 회원 가입이 늘 공개적이었습니다. 그 누구도 예배와 회원 됨을 사사로이 장악할 수 없었습니다. 따라서 신의 특별한 은총을 받기 위해서 비밀스럽게 모이고 비밀스러운 입회 절차를 갖는 것은 기독교의 전통과 관계가 없습니다. 우리는 개인적으로 비밀스럽게 하나님을 만나려고 하기보다 하나님께서 공적으로 자기 백성을 만나 주시는 예배 시간을 사모해야 합니다. 하나님은 공예배를 통해 자기 백성에게 필요한 모든 은혜를 내려 주시기 때문입니다.

은혜의 방편이 있어야 예배가 된다

예배를 예배 되게 하는 요소는 무엇일까요? 공예배가 다른 기타 모임들과 다른 이유는 무엇일까요? 신자들이 열심으로 모이기만 하면 예배가 될까요? 주일 오전에 다 같이 모이자고 미리 약속했으니, 그 모임이 예배가 되는 것일까요? 예배가 다른 기타 신자들의 모임과 다른 독특성이 어디에 있습니까? 바로, 은혜의 방편이 있어야 그 예배가 비로소 예배 되는 것입니다.

우리는 하나님께서 불러 주시고 은혜를 베풀어 주셔야 하나님 앞에 설 수 있습니다. 우리가 스스로 만든 것을 가지고서 하나님께 나아갈 수 없습니다. 우리는 하나님께서 은혜를 베풀어 주셔야만 하나님 앞에 나아갈 수 있습니다. 예배는 우리의 공로나 열심이 아니라 하나님의 은혜로 열립니다. 엄밀히 따지자면 은혜의 방편이 없는 모임은 예배라고 부를 수 없습니다.

은혜의 방편이 무엇입니까? 하나님께서 무엇을 통해서 은혜를 베푸십니까? 우리가 교리 공부를 통해 잘 알고 있듯이 은혜의 주된 방편은 '말씀'과 '성례'입니다. 말씀과 성례가 있어야 비로소 공예배가 됩니다. 성례는 세례와 성찬입니다. 세례는 하나님을 믿기로 고백할 때 이루어지는 것이기에 매주 시행하기는 힘듭니다. 그렇기에, 공예배가 공예배답기 위해서는 말씀과 성찬이 매 주일에 있어야 합니다. 설교와 성찬이 필수적이라는 말입니다. 우리는 성찬을 매 주일 시행하지 않으니까 공예배로서 뭔가 모자랍니다. 이

 1장 예배의 본질

것을 회복해야 합니다. 목사의 설교만 있으면 공예배가 되는 것이 아니라 성찬이 있어야 그 예배가 진정 예배다운 예배가 됩니다. 성찬이 없는 예배는 무엇인가 모자란다고 말할 수밖에 없습니다.

언약이 없으면 예배도 없다

공예배는 언약적입니다. 하나님의 백성인 우리는 하나님의 언약 백성이기 때문입니다. 우리가 먼저 하나님께 찾아가서 언약을 맺자고 한 것이 아닙니다. 하나님께서 주도권을 가지고 우리에게 찾아오셔서 언약을 맺자고 하셨습니다. 그래서 우리는 언약의 한쪽 당사자가 되었습니다. 주도권의 측면에서 보면 그 언약은 일방적입니다. 우리는 계약의 동등한 파트너가 아닌 것이죠. 이것에 대해 기분 나빠하지 마십시오. 우리가 죄인이었을 때, 하나님께서 찾아와 주셔서 주도적으로 언약을 맺어 주셨으니까요. 얼마나 은혜로운 언약입니까? 하나님께서 자기 백성과 더불어 맺으신 모든 언약은 구원의 언약이요, 은혜로운 언약입니다. 그런데 언약을 체결하면서부터는 우리가 언약의 당사자가 되어서 언약의 요구 사항 안으로 들어갑니다. 언약의 당사자들이 서로에게 신실하기로 맹세하는 것이 있습니다. 그 언약적 요구에 신실할 때는 복이 있고, 그것에 신실하지 못할 때는 저주가 있습니다. 이런 것들을 언약의 요구, 언약의 복, 언약의 저주라고 부릅니다.

예배 이야기 중에 왜 언약 이야기를 하고 있을까요? 우리가 드리는 예배가 기본적으로 언약적이기 때문입니다. 하나님께서 주도적으로 찾아오셔서 우리를 언약 백성으로 삼으시고 우리로 하여금 하나님을 예배하도록 하십니다. 구원받은 우리는 감사함으로 하나님께 나아가죠. 그런데 우리는 하나님께서 우리에게 주신 것을 가지고 하나님께 나아갑니다. 하나님께서 주신 것을 가지고만 하나님께 올려드릴 수 있습니다. 하나님께서 주지 않으신 것을 가지고 우리가 드릴 수는 없습니다. 아니, 예배는 드리는 것이기 이전에 받는 것입니다. 우리는 우선 하나님을 받아야 합니다. 우리는 예배를 통해 하나님을 받습니다. 하나님을 감동시켜 드리는 것이 예배가 아닙니다. 다른 종교들은 신을 감동시키기 위해 온갖 푸닥거리들을 합니다. 그러한 종교 의식들은 신의 환심을 사기 위한 인간적인 노력에 불과합니다. 하지만 우리의 예배는 그런 것이 아닙니다.

"하나님과의 관계에서 우리가 할 수 있는 가장 고상한 일은 주도하는 것이 아니라 반응하는 것이다"라는 말이 있습니다. 맞습니다. 제대로 된 반응이 신앙입니다. 우리는 반응한다는 것을 소극적인 행동이라고 생각합니다. 그래서 모든 면에서 적극성을 가져야 한다고 생각합니다. 신앙에서도 예외가 아니라고 생각합니다. 그러나 그렇지 않습니다. 하나님을 예배함에 있어서는 우리가 주도하려고 해서는 안 됩니다. 하나님께 그 주도권을 내어 드려야 합니다. 우리가 예배를 주도하려고 해서는 안 됩니다. 하나님의 환심을 사려고 해서도 안 될 뿐만 아니라, 하나님께 선심 쓰듯이 많은 선물을 안겨 드릴 수 있는 것처럼 행동해서도 안 됩니다. 예배를 통해 우리는 받습니다. 받아야만 하는 자들입니다. 하나님의 말씀을 받을 뿐만 아니라 하나님 그분을 전체적으로 받습니다.

예배는 하나님과의 교제다

그러니 예배는 일방적이 아니라 쌍방적입니다. 언약이 주도권에 있어서는 일방적이어도 체결 이후에는 쌍방적이기 때문입니다. 예배를 예배답게 하는 데는 두 가지 요소가 있습니다. 하나님께서 예배에 기여하시는 부분이 있고, 우리가 예배에 기여하는 부분이 있습니다. 하나님께서 자기 백성을 찾아오시는 부분이 있고, 우리가 하나님께 나아가는 부분이 있습니다. 모든 예배 순서는 이 두 가지로 구분할 수 있습니다. 이것을 예배 순서지에 화살표로 표시하는 것입니다. 위에서 아래로 내려오는 화살표와 아래에서 위로 올라가는 화살표 말입니다. 예배 순서지를 펴서 주일 오전 예배 순서를 보시기 바랍니다. 교회마다 예배 순서가 조금씩 다르겠지만, 다르더라도 모든 순서 앞에 화살표를 붙일 수 있습니다.

예배의 시작 파트는 "하나님께서 부르십니다"라는 파트입니다. 이 첫 번째 파트에 해당하는 '예배 부름'이라는 순서는 화살표 방향이 어떻습니까? 우리가 하나님을 부릅니다. 아래에서 위를 향합니다. 그런데 우리가 오해해서는 안 됩니다. 우리가 하나님을 불러야만 하나님께서 비로소 우리 가운데 찾아오시는 것이라고 착각해서는 안 됩니다. 신을 부르는 초혼 예식이 예배 부름이 아닙니다. 하나님께서 우리를 먼저 불러 주셔야 우리가 하나님께 나아갈 수 있습니다. 이것이 전제가 된 후에, 우리가 하나님을 부름으로써 예배를 시작합니다. "우리의 도움은 천지를 지으신 여호와의 이름에 있도다"(시 124:8)라고 외칩니다. 그래서 화살표가 아래에서 위를 향합니다. 그리고 '기원(하나님의 인사)'이라는 순서는 하나님을 부르고, 하나님께 충성을 고백하는 회중을 향해 하나님께서 인사해 오시는 것이기에 화살표가 위에서 아래로 내려옵니다. 또 '신앙고백'과 '경배 찬송'은 우리의 고백과 찬송을 올려 드리는 것이기에 아래에서 위로 올라가는 화살표입니다.

예배의 두 번째 파트는 "하나님께서 용서하십니다"입니다. 많은 교회가 이 순서를 가지고 있지 않습니다. 이 두 번째 파트에 해당하는 '십계명 낭독'은 하나님께서 주님의 뜻을 우리에게 알려 주시는 시간이기에 화살표가 위에서 아래를 향하고, '죄 고백'은 하나님의 뜻을 듣고서 우리가 우리의 죄를 고하는 것이기에 화살표가 아래에서 위로 올라갑니다. '사죄 선언'은 죄 고백을 들으신 하나님께서 예배 인도자를 통해 우리에게 용서의 말씀을 선포해 주시는 것이므로 화살표가 위에서 아래를 향하고, '기도'와 '감사 찬송'은 용서의 말씀을 들은 교회가 하나님께 감사함으로 나아가는 것이기에 아래에서 위를 향합니다.

그다음은 "하나님께서 말씀하십니다"라는 파트입니다. '성경 봉독'과 '설교'는 하나님께서 성경을 통해서 우리에게 지금 말씀하시는 것이기에 화살표가 위에서 아래로 향하고, 설교를 듣고 난 다음 교회가 감사함으로 찬송하는 시간인 '응답 찬송'은 아래에서 위로 올라갑니다. 설교가 마치면 성례가 있습니다. 그런데 세례는 매주 있지 않고, 성찬도 매 주일 가지지 않음이 현실입니다. 매 주일은 아니더라도 성찬은 자주 시행하는 것이 좋습니다.

그다음으로는 "우리 자신을 드립니다"라는 파트입니다. '헌상'이나 '봉헌'이라는 순서로서, 이때 우리는 헌금을 드립니다. 화살표는 아래에서 위로 향하겠지요?

마지막으로, 예배의 마침은 "하나님께서 보내십니다"라는 파트입니다. 우리가 마침 찬송을 하면 하나님께서는 우리에게 복을 선언해 주십니다. 이 '강복 선언(축도)'이 예배의 마지막 순서인데, 이때는 목사가 교인들을 위해 기도하는 시간이 아니라, 하나님께서 목사를 통해 복을 선언해 주시는 시간입니다. 하나님께서 세상으로 나아가는 우리의 삶 전체를 향해 복을 내려주시는 것이므로, 화살표가 위에서 아래로 향합니다.

덕을 세우는 것도 예배의 요소다

한 가지 빠진 것이 있습니다. 예배의 마침 부분에 있는 '광고'(성도의 교제)입니다. 광고는 교회 행사를 알리는 시간에 불과하지 않습니다. 그 시간은 성도의 교제가 있는 시간이라고 볼 수 있습니다. 성도의 교제는 그 방향이 어디입니까? 위에서 아래입니까, 아니면 아래에서 위입니까? 위에서 아래도 아니고, 아래에서 위도 아닙니다. 수평입니다. 성도들이 서로 주고받는 시간입니다. 이 순서가 하나님을 예배하는 순서에 들어올 수 있을까요? 쉽게 말해 광고가 예배 전이나 예배 후에 해야 하는 것이 아닌가요?

광고를 성도의 교제라고 명명한 것은 의도적입니다. 예배에 하나님과 성도의 관계만 있는 것이 아니라 성도와 성도의 관계도 있습니다. 성도가 교제하는 것은 예배에서 제외되지 않습니다. 신약 성경 로마서, 고린도전후서, 데살로니가전서를 보면 사도 바울이 교회들을 향해서 여러 번 거룩한 입맞춤으로 서로 문안하라고 말하고 있습니다. 사도 베드로도 베드로전서에서 입맞춤하라고 말합니다. 이것은 개인적으로 인사하라는 말이 아니라 예배 때 신자들끼리 거룩한 문안을 하라는 말입니다. 고대 교회에서는 성찬식을 할 때 성도들이 서로에게 입맞춤을 했습니다. 따라서 성도의 교제도 예배의 한 부분으로 들어올 수 있습니다.

본문 26절 말씀을 보면 "모든 것을 덕을 세우기 위하여 하라"라는 말씀이 있습니다. 이는 예배의 문맥에서 하시는 말씀입니다. 이 문단이 시작될 때 "너희가 서로 모일 때에"라고 하지 않았습니까? 초대 교회 때는 모임에 여러 가지 요소들이 있었습니다. 찬송시도 있고, 가르치는 말씀도 있고, 계시도 있고, 방언도 있고, 통역함도 있었습니다. 얼마나 다양하고 풍성합니까? 이 모든 것이 무엇을 위해서 있는 것입니까? 하나님의 영광을 위해서 주신 것입니다. 하지만 또 그것과 달리 덕을 세우기 위해서도 주셨습니다. 하나님께서 성도들에게 주신 모든 은사는 덕을 세우기 위해 주신 것입니다. 나의 유익이나 자랑을 위해 주신 것이 아니고, 내가 영적인 엘리트라는 것을 확증하기 위해 주신 것이 아니고, 서로를 세우기 위해서 주신 것입니다.

덕을 세운다고 했는데, 원문에서는 '덕'이라는 말은 없고 그냥 '세워 준다'라고만 기록되어 있습니다. 이 말은 건축 용어입니다. 다른 말로는 '개발한다'는 뜻을 가지고 있습니다. 나를 개발하기 위한 것이 아니라 다른 성도를 개발하기 위한 것입니다. 하나님께서 성도들에게 주신 은사는 다른 성도들을 개발하고 세워 주기 위한 것입니다. 은사를 받은 개인의 유익과 그 자신의 영광을 내세우기 위해서 주신 것이 아닙니다. 성도를 세우고, 교회를 세우기 위해서 주신 것입니다. 자기가 받은 은사를 자랑하거나 자신이 특별한 은사를 받았으니 '영적 엘리트'라는 생각을 하는 것이야말로, 얼마나 어리석은 생각인지 모릅니다.

예배는 오직 하나님께만 영광을 돌려야 하는 시간입니다. 인간에게 영광을 돌리면 안 됩니다. 하지만 예배는 서로의 덕을 세우는 시간이기도 합니다. 우리는 예배를 드리면서 하나님을 향해서만 우리의 시선을 고정시켜서는 안 됩니다. 서로를 보기도 해야 합니다.

예배 때 우리는 서로 덕을 세웁니다. 공예배 때는 모든 직분 사역의 의미가 분명하게 실천되는데, 이 직분 사역도 그리스도의 몸을 세우기 위함입니다. 성도의 교통을 원활히 하기 위함입니다. 직분과 은사가 성도의 교제를 방해한다면, 그것을 주신 목적을 가장 크게 위반하는 것입니다. 목사, 장로, 집사를 왜 세우셨는지, 그 직분들이 왜 필요한지는 예배 때 다 드러납니다. 그 모든 직분의 사역과 은사는 성도를 세우고, 성도가 서로 잘 소통하여 한 사람도 고독 속에 홀로 있지 않도록 하기 위함입니다. 모든 신자가 다 같이 그리스도와 교통하는 자리로 나아가게 하기 위함입니다.

품위 있고 질서 있게 예배한다

고린도전서 14장 33절 말씀을 보면, '예배가 무질서해서는 안 된다'라고 말합니다. 이것은 당시에 황홀경 상태에 빠져서 방언하고 예언하는 것들을 지적하는 말씀이기도 합니다. 하나님은 무질서의 하나님이 아니라 화평의 하나님입니다. 우리가 살펴보지는 않았지만, 40절 말씀을 보면 이 모든 말씀을 요약하길 "모든 것을 품위 있게 하고 질서 있게 하라"라고 했습니다.

우리의 예배는 품위와 질서가 있어야 한다는 말입니다. 이것이 우리가 드리는 공예배의 모습이어야 하며, 우리의 신앙생활도 이러해야 합니다.

우리의 예배는 세상 사람들이 보기에 품위 있게 보여야 합니다. 여기서 말하는 '품위 있다'라는 말은 고대 세계에서 단순한 관습과 예법을 대변하는 말이었습니다. 영어로 옮기면 '스타일(style)'이라는 말입니다. 조금 웃기는 말일 수 있는데, 우리의 공예배는 '스타일리시'해야 합니다. 언약에 근거한 분명한 스타일이 있어야 한다는 말입니다. 로마서 13장 13절 말씀을 보면, 이 표현이 성도의 삶에도 적용됩니다. 낮에와 같이 단정히 행하라고 말하며, 방탕하거나 술 취하지 말며 음란하거나 호색하지 말며 다투거나 시기하지 말라고 말합니다. 예배의 품위가 성도의 단정한 삶으로 나타나야 한다는 말입니다. 그렇습니다. 성도의 삶 전체가 단정한 삶이어야 하고, 이에 걸맞게 교회의 예배는 품위가 있어야 합니다.

교회의 예배는 질서가 잘 갖추어져야 합니다. 무질서하면 안 됩니다. 예배 요소가 어떤 것이어야 할지를 신중하게 정하고, 예배의 순서까지도 신중하게 정해서 예배가 물 흐르듯이 자연스럽게 흘러가도록 해야 합니다. 은혜스러우면 어떤 순서에든지 끼워 넣을 수 있는 것이 아닙니다. 공예배에는 우리의 신앙고백이 분명하게 담겨 있어야 합니다. 영성에 도움이 된다는 핑계하에 정체불명의 이교적 요소들을 도입하는 것은 매우 위험합니다. 성도들의 적극적인 참여를 끌어내기 위한 순서를 적극적으로 개발하는 것이 목적이 되어서도 안 됩니다. 예배의 순서는 논리적 흐름이 있어야 할 뿐만 아니라 신앙고백적이고 신학적인 흐름이 있어야 합니다. 시작부터 마지막까지 일관된 흐름을 따라 절정을 향해 달려야 합니다.

회중은 풍성한 자유를 누린다

예배 순서가 항상 그 차례에 고정되어 있어야 하는 것은 아닙니다. 예배의 요소와 순서에는 자유로움이 있습니다. 성경에서 예배 요소와 순서가 이래야 한다고 율법적으로 정해 준 것은 없기 때문입니다. 우리는 구약 시대의 제사뿐만 아니라 유대인들의 회당 예배와 초대 교회의 예배, 그리고 교회사 전체로부터 중요한 교훈을 받아야 합니다. 그러나 얼마든지 창의적인 예배 모습을 취할 수 있습니다. 우리의 예배는 긍정적인 의미에서 진보적이어야 합니다. 예배란 얼마든지 발전할 수 있는 측면이 있기 때문입니다. 동시에 우리의 예배는 긍정적인 의미에서 보수적이어야 합니다. 하나님의 말씀을 가장 잘 반영한 예배여야 하기 때문입니다.

개혁 교회의 예배는 언약적이기에 품위 있고 질서 있게 드리되, 하나님과 그 백성이 자유롭게 교제를 즐깁니다. 예배를 통해 어떻게 하면 하나님께서 가장 크게 영광을 받으실지, 어떻게 하면 서로를 가장 크게 세우는 것이 될지 고민해야 합니다. 예배는 얼마든지 발전할 수 있고 개혁될 수 있습니다. 품위 있게, 질서 있게, 또한 덕스럽게 예배해야 합니다. 교회의 얼굴인 우리의 언약 예배가 이렇게 아름다운 예배가 되어야 합니다. 우리의 삶도 그렇게 아름다워야 합니다. 큰 바위 얼굴 이야기처럼, 예배를 통해 하나님을 지속적으로 받으면 우리의 삶도 마땅히 품위 있고, 질서 있고, 덕스럽게 될 것입니다.

기도

하나님 아버지, 감사합니다. 우리를 부르셔서 그리스도의 몸에 접붙여 주시고, 그리스도의 몸이 하나 되어 하나님 앞에 나아갈 수 있는 복을 베풀어 주시니 감사합니다. 공예배를 통해 우리에게 베풀어 주시는 모든 신령한 은혜를 믿음으로 받을 수 있도록 도와주옵소서. 하나님께서 우리에게 베풀어 주시는 모든 은혜를 믿음으로 받을 수 있도록 도와주옵소서. 하나님께서 베풀어 주시는 은혜에 대해 우리가 감사함으로 그 모든 것을 주님께 올려 드릴 수 있도록 도와주옵소서. 다른 이들은 어떻게 되든 나 자신만큼은 은혜 받고 돌아가겠다고 하는 것이 아니라 모든 성도가 한 몸 되어서 서로를 세워 주며 아름다운 모습으로 서게 하여 주옵소서. 성도를 세워 주기 위해 하나님께서 허락하신 은사와 직분 사역이 예배를 통해 아름답게 드러날 수 있도록 인도하여 주옵소서. 우리의 예배가 품위 있게, 질서 있게, 그리고 덕스럽게 드려져서 이 세상을 향한 아름다운 증거가 될 수 있게 해 주시고, 우리의 삶도 세상을 향한 증거가 되게 하여 주옵소서. 우리의 예배를 인도하시는 우리 주 예수 그리스도의 이름으로 기도합니다. 아멘!

요약

예배는 교회의 어떠함을 드러내는 교회의 얼굴이다. 공예배는 온 회중이 함께 모여야 하고, 직분자가 예배를 인도하는 가운데 은혜의 방편이 분명하게 나타나야 한다. 우리의 예배는 일방적이지 않고 하나님과 그분의 백성이 서로 교제하는 언약적 예배이다. 하나님과 그분의 회중은 주고받는다. 하나님께서 먼저 주시고, 회중은 하나님께서 주신 것을 가지고 다시 하나님께 올려 드린다. 우리의 예배는 품위 있고 질서 있게 진행되어야 하며, 우리는 **예배를 통해 서로 덕을 세우면서 참된 자유를 누린다.**

1. 공예배는 다른 각종 경건 활동이나 모임들과 다른 모임이다. 다르다고 보는 이유가 무엇인가?

2. 모든 종교에 예배가 있지만, 기독교회의 예배는 '언약적 예배'라고 부를 수 있다. 하나님께서 자기 백성과 맺은 언약을 세상의 계약과 비교해 보면서 언약적 예배의 의미를 말해 보자.

3. 예배는 언약적 교제이기에 모든 순서에서 하나님의 주도성과 신자들의 반응이 뚜렷하게 구분된다. 예배의 각 순서를 살펴보면서 하나님과 그 백성의 상호 교제가 어떻게 이루어지는지 말해 보자. 예배에서 성도들이 서로에게 덕을 세우는 요소가 어떻게 포함되었는지도 말해 보자.

4. 우리 교회의 주보에 나와 있는 예배 순서를 잘 살펴본 후에 그 순서를 가지게 된 이유를 생각해 보고, 예배 요소와 순서를 정할 때의 구속 요건과 자유로움이 무엇인지 말해 보자.

언약적 예배에 관하여

1 하나님의 백성들은 예배하는 공동체이다. 예배가 성도의 삶과 교회 생활의 중심이다. 이 예배는 특히 공적 예배를 말한다. 개인적으로 혼자서 성경을 묵상하고 찬송하는 것을 예배라고 부를 수도 있겠지만, 직분자들의 인도를 따라 성도들이 함께 모여 하나님께 나아가는 공적 예배의 중요성은 아무리 강조해도 지나치지 않다. 공적 예배는 하나님께서 공식적으로 자기 백성을 만나 주시는 공개적인 자리이다. 신자들은 공적 예배를 통해 그리스도의 몸으로서 하나님께 나아가고 하나님은 자기 백성을 만나 주신다. 신약 성도들은 구약 이스라엘 백성들과는 달리 시내산이 아닌 하늘의 예루살렘으로 나아간다. 무엇보다 중요한 것이 공적 예배이며, 그 공적 예배는 항상 언약적 예배일 수밖에 없다. 사제만 활동하는 감독 교회의 예배와 회중만 활동하는 회중 교회의 예배와 다른 개혁 교회 예배의 독특성이 바로 이 '언약에 관한 이해'에 있다.

2 개혁 교회의 예배는 언약적이다. 개혁 교회의 예배는 신자들이 직분자들의 인도를 받아 주님의 거룩한 몸을 이루어서 하나님께 공식적으로 나아가는 것이다. 개혁 교회 예배의 독특성은 바로 이 언약에 대한 이해에 있다고 해도 과언이 아니다. 하나님께서 자기 백성들에게 찾아와 주셔서 맺으신 언약은 세상 사람들이 맺는 계약과 다른 성격을 가지고 있다. 세상의 모든 계약은 두 당사자의 자발적인 계약에 의해 이루어진다. 하나님께서 자기 백성과 맺은 언약에서는 하나님의 일방성이 두드러진다. 하나님께서 일방적으로 자기 백성을 부르시고 그들과 더불어 언약을 맺으신다. 언약을 맺은 후에는 두 당사자가 수행해야 할 의무가 있다. 하나님 편과 그 백성 편에서 각각 언약의 요구에 신실하게 반응해야 한다.

3 개혁 교회의 예배 요소와 순서에는 이 언약의 일방성과 쌍무성이 분명하게 드러난다. 예배 순서 하나하나에 다 언약적 요소가 녹아 있다. 예배 요소와 순서를 통해 하나님께서 자기 백성을 찾아오시는 부분들과 찾아오시는 하나님께 그 백성이 어떻게 반응하고 그분과 교제하는지가 분명하게 드러난다. 이 공예배 속에 모든 직분자들의 직분 사역이 분명하게 드러난다. 모든 직분은 일차적으로 예배를 위해서 부름받았다. 목사의 말씀 선포, 장로의 성찬상 보호, 집사의 긍휼 사역이 예배를 통해 다 드러난다. 예배를 통해 자신의 직분 사역을 확인하지 못한 직분자들은 다른 활동을 통해 자신의 위치를 확보하려고 할 것이다.

4 하나님께서는 언약이라는 방편을 통해 자기 백성들을 공적으로 만나 주셨다. 신약 시대에도 이 원리는 변함이 없다. 기독교인은 개개인의 신비 체험이나 영성을 통해서가 아니라 다른 성도들과 함께 공적 예배에 참여할 때 하나님을 만날 수 있다. 전통적으로 개혁 교회는 예배의 이 언약적 중요성을 깨달았기 때문에 예배 요소와 순서를 교단 총회를 통해 항상 논의해 왔다. 예배 순서를 첨가한다든지, 예배 순서를 바꾼다든지 하는 것도 철

저하게 신학적인 토론 과정을 거쳐서 확정해 왔다. 이것이 총회 지상주의가 되면 언제든지 반대해야 할 것이다. 하지만 예배를 통해 교회의 하나 됨을 확인하기 힘들면서 다른 무엇을 통해 하나 됨을 확인할 수 있겠는가? 신자들이 사업상, 그리고 특별한 사유로 인해 타지방으로 출타했을 때, 같은 교단 교회의 예배에 참석해서 한 교회에 속했다는 것을 느낄 수 있을까?

5 개혁 교회의 예배가 언약적임에도 불구하고 간혹 목사 개인의 원맨쇼처럼 보이기도 한다. 교인들의 참여를 배제한 채 목사 한 사람이 중세 로마 가톨릭교회의 사제처럼 홀로 예배를 이끈다는 느낌이 강하기 때문이다. 예배 요소와 순서를 지나치게 고정시킨 것도 이런 인상에 한몫 할 것이다. 예배가 획일적이어야 할 필요는 없다. 예배는 성경적이고 언약적이어야 하지만, 성경에서 예배 요소가 이런 것이어야 한다고 명문화하고 있는 듯이 생각하는 것은 착각이다. 성경 봉독과 설교, 세례와 성찬식, 기도와 찬송이 예배의 핵심 요소라는 것은 성경을 통해 얼마든지 증명할 수 있다. 하지만 이 요소들도 실은 성경적 원리에서 추론한 것일 뿐이다. 우리 개신교는 유대교의 회당 예배로부터 많은 것을 배웠다고 말해야 할 것이다. 성경적인 예배를 드려야 한다는 말을 지나치게 적용함으로써 각 시대의 교회들이 누려야 할 자유를 결코 억압해서는 안 된다.

6 우리가 예배에서 누릴 수 있는 자유조차도 언약에 근거한다. 언약은 일방적인 것이 아니다. 언약은 철저하게 관계적이다. 그러므로 언약에는 놀라운 자유가 있다. 언약은 세상에서의 계약처럼 언약 조항들이 있고, 그것을 어겼을 때 내리는 벌과 저주가 있다. 하나님께서 언약의 주도권을 가지고 계시지만, 언약의 당사자인 하나님의 백성은 언약에 자유롭게 반응한다. 게다가 언약은 새로운 환경에 직면할 때 새롭게 갱신된다. 언약은 계속적으로 갱신되고, 언약의 당사자들은 계속적으로 언약을 새롭게 고백해 나간다.

7 하나님께서 자기 백성들 전체와 더불어 공개적으로 언약을 맺으시고, 그 백성과 지속적으로 교제하신다는 사실에 주목한다면, 예배 요소를 사유화해서도 안 되고, 예배 순서를 화석화시켜서도 안 된다. 언약의 주권자인 하나님은 아무리 자유로우시더라도 무질서의 하나님이 아닌 질서의 하나님이시다. 그러므로 모든 예배는 질서와 규모가 있어야 한다. 예배는 언약의 당사자인 성도들이 하나님께 기쁨으로 나아가는 찬양과 헌신의 제사가 되어야 한다. 언약적 예배는 가장 자연스럽고 가장 자유로운 예배이다. 어느 누가 이 자연스러움과 자유로움을 막을 수 있겠는가!

8 공예배의 언약적 특성을 통해 개혁 교회는 교회의 공교회성을 계속적으로 고백해 나간다. 교회는 언약적 예배를 통해 하나님께서 태초부터 세우신 바로 그 교회에 동참한다. 세계 전역의 교회들이 드리는 예배가 다양한 것 같지만, 그 모든 예배가 언약적 예배에 근거하고 있는 한 지역과 민족과 교파를 초월하여 하나의 거룩한 공교회에 동참하게 된다. 언약적 예배를 회복하기 위해서는 성경 지상주의를 넘어서 전 역사에 걸친 교회 전통으로 눈

을 돌려야 한다. 역사상 모든 교회의 예배로부터 배우는 교회가 참된 예배를 회복할 수 있다. 여기에는 회당 예배도 포함되며, 더 나아가 구약 제사 제도도 포함된다. 제사 제도를 회복해야 한다는 뜻이 아니라 제사 제도가 신약 시대 교회의 예배에 주는 시사점이 무엇인지를 깊이 들여다보아야 한다는 뜻이다. 심지어 우리 주위로 눈을 돌려 타 종파와 교단들의 예배들을 통해 끊임없이 배우는 것 또한 언약 예배와 결코 상충되지 않는다.

9 예배 순서는 완결된 것이 아니다. 개혁 교회의 예배에서도 예배 순서는 종결되지 않았다. 언약적 예배는 그리스도 중심적일 뿐만 아니라 성령 중심적이기에 얼마든지 발전할 수 있는 여지가 있다. 개혁 교회의 예배는 언약적이기에 철저하게 삼위 하나님께 영광을 돌리면서도 신자들을 적극적으로 교훈하는 예배이다. 교훈적이면서도 동시에 송영적인 예배가 바로 언약적 예배이다. 교회는 아무리 최고의 것으로 하나님께 예배를 드린다고 하더라도 늘 부족할 수밖에 없다. 예배는 더 풍성해져야 한다. 하나님은 우리의 부족한 예배를 통해서도 영광을 받으신다. 그렇다면 우리는 하나님께 예배드리기 전에 먼저 하나님을 받아야 한다. 받고 드리는 교제, 그것이야말로 언약적 예배의 본질이다.

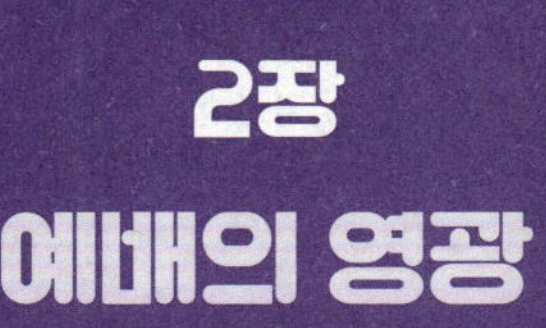

2장
예배의 영광
: 하나님의 보좌 앞으로 나아가다

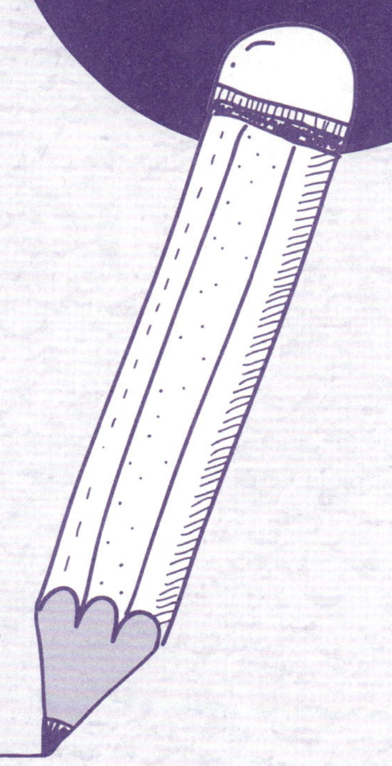

18 너희는 만질 수 있고 불이 붙는 산과 침침함과 흑암과 폭풍과
19 나팔 소리와 말하는 소리가 있는 곳에 이른 것이 아니라 그 소리를 듣는 자들은 더 말씀
하지 아니하시기를 구하였으니
20 이는 짐승이라도 그 산에 들어가면 돌로 침을 당하리라 하신 명령을 그들이 견디지 못함
이라
21 그 보이는 바가 이렇듯 무섭기로 모세도 이르되 내가 심히 두렵고 떨린다 하였느니라
22 그러나 너희가 이른 곳은 시온산과 살아 계신 하나님의 도성인 하늘의 예루살렘과 천만
천사와
23 하늘에 기록된 장자들의 모임과 교회와 만민의 심판자이신 하나님과 및 온전하게 된 의
인의 영들과
24 새 언약의 중보자이신 예수와 및 아벨의 피보다 더 나은 것을 말하는 뿌린 피니라

시 122:1-9
1 사람이 내게 말하기를 여호와의 집에 올라가자 할 때에 내가 기뻐하였도다
2 예루살렘아 우리 발이 네 성문 안에 섰도다
3 예루살렘아 너는 잘 짜여진 성읍과 같이 건설되었도다
4 지파들 곧 여호와의 지파들이 여호와의 이름에 감사하려고 이스라엘의 전례대로 그리로
올라가는도다
5 거기에 심판의 보좌를 두셨으니 곧 다윗의 집의 보좌로다
6 예루살렘을 위하여 평안을 구하라 예루살렘을 사랑하는 자는 형통하리로다
7 네 성 안에는 평안이 있고 네 궁중에는 형통함이 있을지어다
8 내가 내 형제와 친구를 위하여 이제 말하리니 네 가운데에 평안이 있을지어다
9 여호와 우리 하나님의 집을 위하여 내가 너를 위하여 복을 구하리로다

● 생각해 보기

❶ 하나님께서 시내산에 내려오신 적이 있나요?

❷ 예수님의 이름으로 예배할 때, 신자는 어디에 이르게 될까요?

❸ 신자들이 함께 모여 (   )할 때 삼위 하나님께서 (   ) 주신다.

예배는 교회의 얼굴이다

주일에 신자들이 함께 모여 예배할 때 어떤 일이 일어납니까? 아무 일도 일어나지 않습니까? 우리는 대개 특별한 집회 때는 감정이 뜨거워지고 뭔가 은혜를 받은 듯 느끼곤 합니다. 매 주일 반복해서 드리는 예배 때는 어떻습니까? 아무 일도 일어나지 않는 것 같습니다. '한 치의 여유도 없이 꽉 짜인 예배 순서 때문에, 성령의 강력한 역사가 일어날 수 없다'라고 생각하기도 합니다. 어떤 이는 예배가 늘 새롭고 살아 있어야 한다고 말하기도 하는데, 어떤 예배가 새롭고 살아 있는 예배입니까? 어떤 예배가 성령께서 강력하게 역사하는 예배인가요? 예배가 군더더기 없이 물 흐르듯 흘러가기라도 하면 좋겠다고 생각하는 분들도 있습니다. 그만큼 예배 순서가 뒤죽박죽에 기승전결 없이 마음대로 짜 놓은 것 같아서일까요? 어떤 분들은 다른 것은 다 떠나서 무엇보다도 목사가 마음에 맺혔던 감정을 뻥 뚫어 주는 속 시원한 설교를 해 주기를 기대하고 있고, 또 어떤 분들은 문화, 예술 행사에 참여한 것처럼 유익하고 좋은 볼거리를 제공해 주면 금상첨화라고 생각합니다. 그러나 지상의 어떤 교회가 신자들의 이런 기대를 충족시켜 줄 수 있을까요? 혹 있더라도 얼마나 있겠습니까?

예배의 구성 요소는 무엇이어야 하며, 예배 순서는 어떻게 짜야 할까요? 그게 뭐 중요하냐고 물으시는 분들이 있을지도 모르겠습니다. 그러나 중요합니다. 우리는 하나님께만 예배해야 하며, 동시에 하나님께서 원하시는 방식대로 예배해야 합니다. 우리가 원하는 방식대로 예배하면 안 됩니다. 예배 요소와 순서는 사람의 심리적인 것을 최우선적으로 고려해서 만들면 안 됩니다. 예배 요소와 순서는 분명한 신앙고백을 반영하고 있어야 합니다. 예배 요소와 순서는 온 세상을 향해 교회가 어떤 곳인지, 우리가 무엇을 믿고 있는지를 분명하게 나타내 보입니다. 물론 성도들 자신이 교회의 얼굴이요, 교회 건물도 교회의 얼굴일 수 있습니다. 하지만 공예배야말로 온 세상에 나타나는 진정한 교회의 얼굴입니다.

본문 말씀을 보면, 히브리서 기자가 신약 예배에 시들해진 유대 기독 신자들을 향해 경고하고 있는 것을 볼 수 있습니다. 그들은 신약 예배의 영광을 깊이 깨닫지 못하고 구약의 예배가 더 풍성하다고 생각해서 그곳으로 돌아가려고 했습니다. 유대인들 중에 기독교인이 된 후에도 예배 문제로 유대교로 다시 돌아가려고 한 사람들이 있었다는 것입니다. 사실, 예배 장소나 예식의 장엄함 등을 비교해 보면 그럴 수밖에 없었을 것입니다. 유대인들이 예배했던 예루살렘 성전을 생각해 보십시오. 얼마나 화려한 성전이었습니까? 성전 뜰, 성소, 지성소로 각각 나누어져 있고, 그곳에 들어갈 사람들이 지정되어 있었으며, 그곳에 있던 거룩한 기구들이 배치되어 있었습니다. 성전에서 행했던 다양한 제사 의식을 생각해 보십시오. 그러나 기독교회에는 그런 것이 없습니다. 번제단도 없고, 등대나 떡상이나 향단도 없습니다. 지성소에 있던 법궤는 말할 것도 없지요. 오직 하나님의 말씀인 두루마리밖에 없었을 것입니다. 초대 교회가 드리던 예배는 그 순서 또한 너무나 단순했습니다. 그러니 유대 기독교인들이 자기들이 예전에 행했던 성전에서의 예배, 하다못해 회당에서의 예배가 더 낫다고 생각한 것입니다.

구약의 신자들은 손으로 만질 수 있는 곳에 이르렀다

히브리서 기자는 작심하고 구약 예배와 신약 예배를 대조시킵니다. 과연 어떤 예배가 더 영광스러운 예배인지 따져 보자는 것입니다. 먼저 18절부터 21절까지는 구약 시대에 하나님의 백성들이 하나님을 만나 예배했던 굉장한 장면을 보여 주고 있습니다. 하나님께서 이스라엘 백성들을 출애굽 시키신 후 가장 먼저 인도한 곳이 호렙산이었습니다. 히브리서 기자는 그들이 만질 만한 곳에 도착했다고 말하고 있습니다. 놀랍게도 하나님께서 그 호렙산에 강림하십니다.

출애굽기 19장과 20장에 그 역사적인 기록이 나와 있습니다. 히브리서 본문은 그 역사적인 장면에 대한 해설입니다. 하나님께서 하늘로부터 그 산에 내려오셨을 때, 온 산이 불붙는 것 같았습니다. 반면 침침함과 흑암이 온 산을 덮었습니다. 그 와중에 폭풍이 온 산을 휘몰아칩니다. 폭풍 속에 나팔 소리가 점차 크게 울려 퍼지면서 하나님께서 친히 말씀하시기 시작합니다. 온 산이 들썩거립니다. 온 산이 마구 요동치기 시작합니다. 마치 지진이 나서 온 땅으로 퍼져 가는 것 같았습니다.

하나님은 구약 시대 하나님의 백성들을 호렙산, 즉 시내산에서 만나 주셨습니다. 최초로 하나님의 백성 전체를 부르시고 만나 주신 장면입니다. 신명기 4장 10절부터 시작되는 말씀을 보면, 모세가 40년 전에 있었던 바로 이 사건을 회상하면서 하나님께서 친히 자기 백성을 모으라고 하셨다는 사실을 강조합니다. "네가 호렙산에서 네 하나님 여호와 앞에 섰던 날에 여호와께서 내게 이르시기를 나에게 백성을 모으라. 내가 그들에게 내 말을 들려주어 그들이 세상에 사는 날 동안 나를 경외함을 배우게 하며 그 자녀에게 가르치게 하리라 하시매 너희가 가까이 나아와서 산 아래에 서니 그 산에 불이 붙어 불길이 충천하고 어둠과 구름과 흑암이 덮였는데 여호와께서 불길 중에서 너희에게 말씀하시되 음성뿐이므로 너희가 그 말소리만 듣고 형상은 보지 못하였느니라"(신 4:10-12).

하나님께서 백성을 모으라고 하셨습니다. 이 부름으로 인해 어중이떠중이 같던 이스라엘은 비로소 하나님의 회중, 하나님의 총회가 되었습니다. 이 모으라는 말에서 '회중', '총회'가 나왔고, 이 말이 70인역(구약 성경을 헬라어로 번역한 성경)에서는 대부분 '교회(에클레시아)'라는 말로 번역됩니다. 하나님의 회중, 하나님의 총회는 자발적인 결사 단체가 아니라 하나님의 불러 모으심에서 나왔습니다. 이 '모임', '회중', '총회'라는 말에서 신약의 '예배'라는 말까지 나온 것입니다. 하나님의 회중과 총회는 하나님의 부르심을 받아 하나님 앞에서 예배하는 무리를 말합니다. 신자들이 다 같이 하나님 앞에 모이는 것이 곧 예배요, 그때 비로소 그들은 하나님의 회중과 총회가 됩니다.

하나님께서 이스라엘 백성을 모으라고 하셨지만, 이스라엘이 하나님께 무턱대고 나아갈 수는 없었습니다. 하나님은 친히 강림하실 그 산 주위에 아무도 가까이해서는 안 된다고 경고하셨습니다. 사람뿐만 아니라 짐승도 그 산에 가까이하면 안 된다고 하셨습니다. 만약 짐승이 그 산에 가까이 가면 그 짐승을 돌로 치라고 하셨습니다. 가까이하지 못할 하나님 같으면 하늘에 그냥 계시지 왜 이 땅에 내려오셨을까요? 이스라엘을 겁 주기 위해 내려오셨을까요? 여기서 우리는 하나님께서 장차 독생자를 이 땅에 보내실 날을 미리 준비하셨음을 볼 수 있습니다. 이것을 모르는 이스라엘 백성들은 하나님이 감히 가까이할 수 없는 분이라는 것만 절감했습니다. 이스라엘 백성들은 너무나 겁이 나서 하나님께서 더 이상 자기들에게 직접 말씀하지 말기를 구했습니다. 모세로 하여금 산에 올라가서 하나님의 말씀을 듣고 자기들에게 전해 달라고 간청했습니다. 그런데 이스라엘 백성들만 겁이 나서 떨었던 것이 아닙니다. 모세조차도 심히 무서워했습니다.

신약의 교회는 예배할 때 하늘에까지 이른다

시내산에서 하나님을 만나고 하나님을 예배한 이런 체험과 비교할 만한 것이 있을까요? 이것보다 더 큰 영광, 더 신비한 체험이 있겠습니까? 이런 체험이 반복될 수 있을까요? 여러분도 예배 때 이런 체험을 하면 좋겠다고 생각하지 않나요? 그러나 이런 것보다 더 굉장한 체험과 예배가 있습니다. 바로 신약 시대의 예배입니다. 신약 시대의 예배가 훨씬 더 영광스러운 예배요, 훨씬 더 굉장한 체험입니다. 말씀을 믿으십시오. 본문 22절부터의 말씀을 보시면, 신약 시대의 교회가 하나님을 예배할 때 이르게 되는 곳은 광야의 시내산이 아니라 약속의 땅에 있는 시온산, 그 산을 둘러싸고 있는 예루살렘이라고 말합니다. 그런데 신약 시대의 성도들이 이른 곳은 팔레스타인에 있는 시온산, 예루살렘이 아닙니다. 이것은 비유적인 표현입니다. 그 시온산, 예루살렘은 바로 살아 계신 하나님의 도성인 하늘의 예루살렘을 가리킵니다.

시온산과 예루살렘이라고 말한 이유는 그것이 천상의 실제에 대한 그림자이기 때문입니다. 신약 시대의 성도들이 예배할 때 이르게 되는 곳은 이 지상의 어떤 곳이 아닌 하늘입니다. 그 하늘은 우리가 만질 수 없는 곳이지 않습니까? 이런 대조를 염두에 두고서 히브리서 기자는 구약 시대의 성도들이 이른 곳이 '만질 수 있는 곳'이었다고 말한 것입니다. 반면에 신약 시대의 성도들이 예배할 때, 그들은 손으로 만질 수 없는 하늘에까지 올라갑니다. 예수님께서 십자가와 부활로 하늘과 땅을 연결시키셨기 때문에 예수님을 의지하여 예배하는 곳에는 하늘이 펼쳐집니다.

주님의 회중이 예배할 때 이르게 되는 그 시온산, 예루살렘에는 잔치를 벌이고 있는 수많은 천사들이 있습니다. 우리말 번역에는 드러나 있지 않지만, 원문을 보면 이 천사들이 잔치를 벌인다고 되어 있습니다. 천사들이 잔치를 벌이는 이유가 무엇일까요? 하나님의 백성들이 하나님께 예배하는 것을 보면서 "너무 좋겠다! 참 좋겠다!"라고 말하면서 덩달아 잔치를 벌이는 것입니다. 예수님께서 범죄한 하나님의 백성들을 위해 피 흘려 주셔서 그들이 구속받아 하나님께 예배하는 자리에 선, 그 구속의 비밀이 너무나 궁금했던 것입니다. 성자께서 범죄한 이들을 위해 피 흘려 주신 것이 도무지 이해가 되지 않는 것이죠. 놀랍지 않습니까? 범죄하지 않았던 천사들이 범죄한 하나님의 백성들을 부러워하고 있으니 말입니다. 아마도 그들은 교부 아우구스티누스의 고백처럼 "행복한 죄책이여!"라고 외치고 있는지도 모르겠습니다. 죄를 미화시키는 것이 아니라, 죄인을 위해 예수님께서 피 흘려 주셨으니 그 죄악조차도 행복한 것처럼 보인다는 말입니다.

신약 시대의 교회가 예배하면서 이르게 된 곳은 '하늘에 등록된 장자들'의 교회가 있는 곳입니다. 하늘에 등록된 장자들이 누구입니까? 원래는 출애굽 한 이스라엘 백성들이 하나님의 장자였습니다. 이스라엘 백성들이 하나님의 장자요, 하나님의 첫 교회였습니다. 하나님은 모세를 바로에게 보내면서 "내 아들, 내 장자를 내어 보내라"라고 하셨습니다. 사실, 이스라엘이 장자가 된 것은 참 이상합니다. 이삭의 첫아들은 에서였는데 하나님께서는 에서 대신에 거짓말쟁이 야곱을 장자로 삼으시고 그에게 이스라엘이라는 이름을 주셨습니다. 이제는 신약 시대의 교회가 하늘에 등록된 장자들의 교회입니다. 예수님을 믿는 자들이 아브라함의 참자녀가 되기 때문입니다. 예수님으로 인해 이방인들이 참이스라엘이 되어서 하나님 앞으로 나아갑니다. 이들의 이름이 하늘에 등록되어 있습니다. 유대인 중에서도 예수님을 믿는 이들만이 하늘에 등록된 장자들의 총회가 됩니다.

회중은 예수님을 통해 하나님의 보좌 앞에 나아간다

회중이 예배하면서 이르는 하늘에는 '만민의 심판자이신 하나님'이 계십니다. 하나님은 만물을 공의로 심판하시며, 예수 그리스도를 믿는 하나님의 백성들도 동일한 심판을 받습니다. 하지만 예수 그리스도로 인해 하나님은 자기 백성을 받아 주십니다. 만민의 심판자이신 하나님 바로 다음에 "온전하게 된 의인의 영들"이 있다고 말합니다(23절). 신자들은 예수 그리스도로 말미암아 이미 온전하게 된 자들입니다. 앞으로 온전하게 될 것이지만 그리스도로 인해 이미 온전하게 되었습니다. 예배하면서 하나님 나라에 계속해서 들어갑니다. 신자들은 마지막 날에 하나님 앞에 서게 되어도 의롭다는 선포를 받게 될 것입니다. 그 모든 것 중심에 예수님이 계십니다. 하늘나라에는 예수님이 계십니다. 예수님은 '새 언약의 중보자'입니다. 구약의 모든 언약을 완성하는 새로운 언약의 중보자가 되셨습니다. 구약의 어떤 언약도 하나님의 백성들에게 참된 복이 되지 못한 것은 그 언약을 위해 중보할 자들의 역할이 충분치 못했기 때문입니다. 왕들도 참된 중보자가 될 수 없었습니다. 끊임없이 제사를 드려 주는 제사장도 참된 중보자가 될 수 없었습니다. 선지자들도 마찬가지였습니다.

예수님이 새 언약의 중보자가 되셨습니다. 예수님이 새 언약의 중보자가 되신 것은 '아벨의 피보다 더 나은 피'를 뿌리셨기 때문입니다. 아벨은 형 가인에게서 돌에 맞아 죽었지만, 그 피가 하나님께 호소했습니다. 자신의 의로움을 받아 달라고 호소했습니다. 하나님께서 그 피의 호소를 들으시고 가인에게 벌 주셨습니다. 그런데 예수님이 십자가에서 흘리신 피는 아벨보다 더 나은 피입니다. 예수님께서 흘리신 피는 더 나은 것을 호소합니다. 그 피는 자신의 억울함을 풀어주고 복수해 달라고 호소하는 피가 아니라, 하나님의 모든 백성을 용서해 달라고, 자기 피를 보시고 그들을 의롭게 해 달라고 호소하는 피였습니다.

신약 시대 하나님의 회중, 하나님을 예배하는 총회는 예수님 때문에 생겨났습니다. 십자가 위에서 고난당하실 때 예수님께서 읊조리시며 묵상하셨던 시편 22편을 보면 다음과 같은 놀라운 구절이 있습니다. "내가 주의 이름을 형제에게 선포하고 회중 가운데에서 주를 찬송하겠습니다!" 예수님은 십자가 위에서 고난당하시며, 형제들이 생기고 하나님의 회중이 일어나게 될 것을 내다보셨습니다. 그렇게 십자가를 지심으로써 하나님의 회중들을 만드신 예수님은 부활하셔서 그 회중 가운데로 들어가 그들의 예배를 이끄십니다. 그분이 예배의 인도자가 되십니다.

주일을 중심으로 한 신앙생활을 한다

주일에 어떤 마음으로 교회에 나가십니까? 요즘 교회에 갈 때마다 흔히 볼 수 있는 풍경이 등산하러 가는 사람들의 모습입니다. 등산 복장과 장비를 갖추어서 등산하러 가는 사람들의 모습이 얼마나 가볍고 경쾌해 보입니까? 요즘 한국에서 신흥하여 부흥하고 있는 종교가 있다는데, 바로 '등산교'입니다. 그런데 어쩌면 그들이 예배하러 가는 우리를 초라하고 불쌍하다고 생각할지도 모르겠습니다. 여러분도 혹시 '내가 주일마다 왜 이 고생을 해야 하나?'라고 생각하지 않습니까? 친구들과의 모임이나 행사가 주일에 있어서 잘 참석하지 못해 속상하지 않으십니까?

신약 시대의 교회는 주일 예배를 드릴 때, 그들이 모르는 산보다 훨씬 더 높은 산에 오르게 됩니다. 시내산에 오르는 것 정도가 아닙니다. 예루살렘에 있는 시온산에 오르는 것과도 비교할 수 없습니다. 예수 그리스도의 이름을 힘입어 성령의 능력으로 하나님을 예배할 때, 우리는 지상의 가장 높은 산을 넘어 손으로 만질 수 없는 하늘에까지 이릅니다.

기독교인은 주일을 사모하며 기다립니다. 한 주간 내내 주일을 기다립니다. 제가 섬기는 교회 모토 중 하나가 '주일을 중심으로 한 신앙생활'입니다. 주일을 중심으로 한 신앙생활은 일주일 내내, 특히 토요일에 주일을 준비하는 것을 말합니다. 예를 들면, 토요일에 가족이 식탁에서 주일을 위해 같이 기도하는 것입니다. 주일을 통해 하늘의 안식을 맛보게 해 주셔서 얼마나 감사합니까! 그리스도의 피로 형제자매 된 성도들과 교제하게 해 주신 것이 얼마나 기쁩니까! 예배에 믿음으로 참여하여 하나님을 만나고 하나님께서 주시는 모든 좋은 복을 누리게 해 주심에 감사하십시오.

시편 16편 3절에서 시인이 다음과 같이 노래합니다. "땅에 있는 성도들은 존귀한 자들이니 나의 모든 즐거움이 그들에게 있도다." 주일에 성도들을 만날 생각을 하니 너무나 기쁘다는 것입니다. 시편 122편 1절에서는 다음과 같이 노래합니다. "사람이 내게 말하기를 여호와의 집에 올라가자 할 때에 내가 기뻐하였도다." 하나님을 예배하러 가는 소리를 듣는 것이 큰 기쁨이라는 것입니다. 이런 감사와 기쁨과 소망으로 주일을 준비하길 바랍니다.

주일을 잘 준비한 성도와 가정은 이 세상 그 어떤 자리보다 예배하는 자리가 가장 귀할 수밖에 없습니다. 예배하는 자리를 떠나 다른 곳에 있을 수가 없습니다. 신자들이 모여 주의 거룩한 몸을 이루어서 하나님을 예배하는 자리에 서는 것이 이 지상에서 누릴 수 있는 가장 큰 복임을 알기 때문입니다. 본문에서 언급하고 있는 천상의 영광스러운 표현들이 바로 이 땅에서 드리는 예배를 통해 사실이 되고, 실제가 됩니다. 그래서 자기가 너무나 하고 싶은 일이 주일에만 열려 평생 그 일을 할 수 없어도 별 아쉬움이 없습니다. 주일마다 가장 높은 산을 넘어 하늘에까지 오르는데 이런 경험을 마다하고 어디로 가겠습니까? 코로나 팬데믹 시대에 주일에 함께 모여 예배하지 못했을 때, 우리의 안타까움은 더 클 수밖에 없었습니다. 그래서 우리는 함께 모여 예배할 수 있는 지금이 너무나도 귀합니다.

　　　　　　　　　　　　　　　　　　　

예배를 통해 천상의 실제를 누린다

예배할 때 어떤 일이 일어납니까? 예배할 때는 예배 환경도 참 중요합니다. 우리의 예배당에 우리의 시선을 끌 만한 것이 있습니까? 예배당에 들어오기만 해도 경건한 분위기를 불러일으키는 환경이 조성되어 있습니까? 제가 섬기는 교회의 예배당에는 두 개의 단이 있습니다. 설교단과 성찬상입니다. 세례단도 곧 세우려고 하는데요. 설교단과 성찬상과 세례단, 이 세 가지는 은혜의 방편이 무엇인지를 보여 줍니다. 그것 외에 은혜의 방편은 없습니다. 하지만 이곳은 성전과 비교할 수 없는 많은 것들이 채워져 있습니다. 이곳이 하늘과 연결되어 있기 때문입니다. 하늘이 이곳에 펼쳐지기 때문입니다. 이곳에는 성전에 있던 거룩한 기구들이 하나도 없습니다. 그런데 없는 것이 더 풍성하고 더 위대한 것을 보여 줍니다.

예배당에는 성전에 있던 휘장이 없습니다. 성소와 바깥뜰을 나누고, 성소와 지성소를 나누는 휘장이 없습니다. 예수 그리스도께서 자신의 몸을 희생하시므로 그 휘장을 찢어 주셨습니다. 이제 예배드리는 이곳은 열린 휘장을 통해, 그리스도의 찢어진 몸을 통과해서 하늘까지 연결되어 있습니다. 예배드릴 때 우리는 하늘 성전에서 섬기고 계시는 예수 그리스도께 이릅니다. 신자들은 하늘의 구름을 뚫고 하늘 보좌에까지 나아갑니다. 에베소서 2장 6절에서 말씀합니다. 신자는 그리스도와 함께 부활했고, 그리스도와 함께 승천했고, 그리스도와 함께 하늘에 앉았다고 말입니다. 어떻게 이런 일이 사실일 수 있겠습니까? 미래에 일어날 일을 이미 발생한 것처럼 표현한 것입니까? 아닙니다. 신자들이 주일에 함께 모일 때, 이 영광스러운 선포가 사실이 됩니다.

신자들이 주일에 같이 모여 예배할 때, 삼위 하나님께서 자기 백성을 만나 주십니다. 예배 때 신자는 천상의 실체를 누립니다. 그러므로 예배를 신중하게 기획해야 하는 것이 당연합니다. 예배 순서조차 하나님의 말씀과 우리의 신앙고백이 잘 반영되어야 합니다. 그래야 오직 하나님께서 영광을 받으시는 예배가 됩니다. 예배는 훌륭한 문화 행사가 아닙니다. 예배는 전도 집회도 아닙니다. 예배는 우선적으로 하나님과 자기 백성의 만남입니다. 예배를 드린다고 하면서 하나님은 뒷전이고, 사람들의 기분과 비위를 맞추어 간다면 우상 숭배와 다를 바가 없습니다. 얼마나 열광적으로 예배를 드렸느냐가 중요한 것이 아닙니다. 예배에 참석한 신자들이 얼마만큼 은혜를 받았느냐가 예배의 일차적 목적이 될 수 없습니다. 예배를 통해서 삼위 하나님께서 영광을 받으셔야 합니다.

주일에 신자들이 주의 거룩한 몸을 이루어서 하나님께 나아가는 이 공예배야말로 하나님께서 자기 백성을 만나 주시는 주된 방편입니다. 교회는 무엇보다 예배에 집중해야 합니다. 예배 안에 직분자의 봉사가 분명하게 드러나고, 교회의 신앙고백이 분명하게 고백되고, 하나님의 복이 분명하게 나타납니다. "예배에 목숨을 걸라"라는 (다소 자극적인) 구호가 있듯이, 주일에 드리는 공예배는 정말 중요합니다. 하나님께서 공적으로 자기 백성을 만나 주시는 길을 내어 주셨는데, 그것을 무시하고 사사로이 하나님을 만나고자 하는 것은 하나님을 우습게 생각하는 것입니다. 여러분의 교회가 예배의 의미를 바르게 알고, 예배의 요소와 순서를 충분히 이해하고서 하나님을 풍성히 누릴 수 있길 바랍니다.

기도

하나님 아버지, 우리를 예배의 자리로 불러 주심에 감사합니다. 온갖 우상을 섬기던 우리들이 하나님을 아버지라 부르며 예배하는 자리에 서게 되었으니, 이 모두가 하나님의 크신 은혜임을 고백합니다. 주일에 신자들이 모여 예배할 때, 하늘이 우리 가운데 펼쳐지고 그 하늘을 누리게 해 주시니 감사합니다. 이 땅을 살고, 이 땅에 매일 수밖에 없는 우리에게 열린 하늘을 보여 주시고, 그 하늘의 실체를 예배를 통해 누리게 하시니 감사합니다. 우리가 오직 예수 그리스도의 공로를 힘입어, 성령의 자유롭게 하는 능력에 의지하여 하늘 아버지께 나아가오니 우리를 만나 주옵소서. 우리가 아무리 인간적인 열정을 쏟아 예배를 드려도 그 예배가 하나님을 영화롭게 할 수 없음을 압니다. 인간적인 몸부림을 내려놓고 예배를 통해 삼위 하나님을 받을 수 있도록 도와주옵소서. 예배를 통해 성자의 은덕을 받게 하시고, 성령의 조명을 따르게 하시고, 성부의 크신 사랑을 받게 하옵소서. 저희가 예배 후 삼위 하나님으로 가득 채워져 이 세상으로 나아가게 하시고, 이 세상에서 삼위 하나님을 온전히 드러낼 수 있도록 도와주옵소서. 우리에게 주일을 주시고, 예배와 교제를 주셔서 진심으로 감사합니다. 우리의 예배를 친히 이끄시는 우리 주 예수 그리스도의 이름으로 기도합니다. 아멘!

요약

하나님은 공예배를 통해 주님의 회중을 공적으로 만나 주신다. 하나님은 출애굽한 이스라엘 자손을 시내산으로 데려가셨고, 그 산에 강림하셔서 이스라엘 자손을 만나 주셨다. 그러나 신약 시대의 우리는 그리스도를 통해 어디서든 하나님께로 나아갈 수 있다. 우리가 이 지상 어디에서 예배하든지 즉시로 하늘로 이끌려 올라가 하나님의 보좌 앞으로 나아간다. 예배야말로 땅과 하늘을 연결시킨다. 주일에 함께 모여 하나님을 예배하는 것이 우리 삶의 중심이 되게 해야 한다.

1. 공예배에 대해 평상시에 어떤 생각을 하고 있었는가? 공예배가 왜 중요한지 말해 보자.

2. 본문에서 언급하고 있는 구약 예배의 모습을 설명해 보고, 신약 시대의 교회가 이른 곳은 어디라고 말하고 있는지, 천상의 실제를 묘사하기 위해 등장시킨 것들은 무엇인지 말해 보자.

3. 성전에는 어떤 기구들이 있었는가? 신약 시대의 예배당에는 왜 그것들이 없는가? 우리 교회 예배당 안에는 어떤 기구들이 있는지, 그것들이 왜 필요한지 말해 보자.

4. 주일을 중심으로 한 신앙생활을 해야 한다고 말할 때, 그것은 일주일의 삶을 부정하는 것인가? 왜 주일을 중심으로 한 신앙생활을 해야 한다고 말하는 걸까?

대면 예배와 비대면 예배

1 코로나 팬데믹 시기에 예배는 논쟁거리가 되었다. 소위 말하는 '대면 예배'와 '비대면 예배'라는 말을 가지고 논쟁이 일어났다. 무릇 예배는 대면 예배밖에 없다고 하면서 모든 비대면 예배, 즉 온라인 예배는 예배가 아니라는 것이다. 물론 사람은 몸을 가지고 있기에 정해진 장소와 시간에 모여 예배하는 것이 당연하다. 그런데 사회적 거리두기를 무시해 가면서 특정한 장소에서의 회집을 고집하는 것은 전도나 덕을 위해서도 그렇게 현명한 처사가 아니다. 차제에 우리는 교회가 한 장소에 모일 수 없을 때 어떻게 예배해야 하는지에 대한 분명한 지침을 마련해야 할 필요가 있다.

2 한국 교회는 코로나 팬데믹 이전부터 이미 '온라인 예배'를 시작했다. 방송 시설을 잘 갖춘 대형 교회들이 예배 실황을 온라인으로 송출한 것이다. 이런 상황 속에서 코로나 팬데믹이 터져서 '사회적 거리두기'로 인해 예배당에서 다 같이 모여 예배할 수 없자, 바로 온라인 예배로 전환했다. 온라인 예배에 대한 아무런 신학적 숙고 없이 말이다. 중세 시대 흑사병이 유행할 때는 온라인 예배가 기술적으로 불가능했으니 목사가 교인들의 삶의 현장으로 직접 돌아다닐 수밖에 없었다. 그러나 오늘날 우리는 온라인 기술의 도움을 받아서 예배 영상을 전송할 수 있게 되었다. 과학 기술이 발전하여 이렇게 온라인 방식으로 예배할 수 있게 된 것에 대해 감사해야 할 것이다.

3 구약 시대로 거슬러 올라가 보자. 하나님은 출애굽한 이스라엘 자손을 시내산으로 인도하셔서 그 산에 강림하셨다. 산 전체가 불이 붙은 것 같았다. 폭풍이 불어오고, 번개가 번쩍거렸다. 산 전체가 지진이 난 것처럼 진동하고 나팔 소리로 진동했다. 그러고는 음성이 들리기 시작했다. 하나님께서 그 모든 것을 배경으로 하여 등장하셨다. 모습은 볼 수 없고 소리만 들렸다. 산자락에 가까이 서 있던 이스라엘 백성들은 크게 두려워했다. 그 장면, 그 소리를 도무지 감당할 수 없었다. 이스라엘은 이렇듯 놀라운 경험을 했다. 유대인들은 "이래 봬도 우리는 하나님을 만나 뵌 민족이야. 우리 같은 민족 있으면 나와 봐"라고 했다. 자부심이 대단했다. 그들이 그렇게 수많은 고난을 당하면서도 버틸 수 있었던 것은 이렇게 하나님을 만난 체험 때문이었다.

4 가나안 땅에 들어간 이스라엘 자손은 '성막 시대'를 끝내고 '성전 시대'를 열었다. 성막은 이동용이었지만 성전은 고정용이다. 즉, 하나님께서 자기 백성과 함께 이용하기를 그치시고 가나안 땅에서 안식하기로 하셨기에 성전도 고정용이 된 것이다. 이후에 예루살렘 성전은 이스라엘의 중심이 된다. 성전이 있는 한, 자신들은 안전하다고 생각했다. 아니, 성전은 결코 무너지지 않을 거라고 생각했다. 이에 선지자들은 성전이 무너질 것이라 예언했고, 심지어는 성전 문을 닫아걸 사람이 있으면 좋겠다는 하나님의 뜻을 전했다.

5 예수님은 성전에서 장사하는 이들을 쫓아내셨다. 그들은 이방인의 뜻을 차지하고는 이방인들을 쫓아내었다. 이 사건은 '성전 청결 사건'이라고 알려져 있지만, 사실은 '성전 심판 사건'이라고 불러야 한다. 하나님은 이방인들을 몰아내었던 성전을 무너지게 하시고 유대인들을 전 세계로 흩으셨다. 예수님은 친히 자기 몸이 성전인 것을 말씀하셨고, 사도들은 성도들의 몸, 성도들의 모임이 곧 성전이라고 말했다. 특정 장소가 중요한 것이 아니라 성도의 모임이 중요하다는 것을 보여 준다.

6 히브리서 12장을 보면, 신약 시대 성도들이 예배할 때 "너희가 이른 곳은 시온산"이라고 말한다. 여기서 말하는 '너희'는 유대인이 아니라 기독교인들이다. 히브리서 기자는 지상의 예루살렘을 말하는 것이 아니라 하늘의 예루살렘을 말하는 것이다. 그곳에 천만 천사가 있다. 그곳에 삼위 하나님이 계시고, 의인들이 있고, 교회가 있다. 신약 시대의 교회가 예배하면서 이르게 되는 곳은 지상의 어떤 산이 아니라 하늘의 도성이다. 이것이 바로 신약 시대의 교회가 예배하면서 누리는 영광이다. 신약 시대의 교회는 어디에서든 예배할 수 있고, 그 예배를 통해 하늘에까지 이른다.

7 교회는 예배당이 아니다. 예배는 건물의 크기와 화려함에 달려 있지 않다. 회중의 정성과 열심에도 달려 있지 않다. 우리의 예배가 하나님을 이 땅으로 끌어내리려거나 우리의 노력으로 하늘에 올라가려 해서는 안 된다. 우리는 예배 가운데 그리스도를 내세워 하늘과 땅이 연결되는 것을 체험한다. 우리는 성령님의 도우심으로 하늘에 계신 그리스도와 연결되는 복을 누린다. 장소나 정성보다 더 중요한 것은 그리스도의 인도를 따라 성령 하나님의 능력을 힘입어 믿음으로 하나님을 예배하는 것이다.

8 비대면 예배인 온라인 예배를 예배가 아니라고 말할 필요는 없다. 문제는 코로나 팬데믹으로 2년이나 계속된 온라인 예배의 폐해가 심각하다는 사실이다. 우리가 아무런 숙고 없이 시작한 온라인 예배가 교회의 발등을 찍고 있는 셈이다. 많은 이들이 온라인 예배에 익숙해져 버렸고, (너무 부정적으로 보는 것인지 모르겠지만) 온라인 예배 쇼핑을 하는 이들도 많아졌다. 굳이 많은 시간을 들여서 특정한 예배 장소를 찾아가서 교인들과 함께 예배하는 것이 번거로울 뿐만 아니라, 그럴 필요가 없다고 느끼는 이들이 적지 않다.

9 앞으로 어떻게 할 것인가? 한국 교회가 이미 시작한 온라인 예배를 아예 중단하기는 힘들다. 대면 예배와 비대면 예배를 병행하는 상태에 이르게 되었다. 온라인 예배를 포기하지 않는 한 예배 쇼핑이나 설교 쇼핑이 더욱 심해질 것이다. 이에 따라 전도는 고사하고 교회 질서가 심각하게 어지럽혀지는 결과가 초래될 것이다. 온라인 예배를 과감하게 포기하면 어떨까? 공예배 외의 교육적인 활동을 위해서는 온라인을 적극적으로 활용하더라도 공예배만큼은 온라인을 포기하는 것 말이다. 포기할 수 없다면, 최대한 지양하는 것은 어떨까?

10 대면 예배가 진정한 예배라는 말은 맞는 말이다. 개체 교회의 회중이 한 장소에 모여서 예배함이 옳다. 온라인이라는 가상 공간에서 서로의 얼굴은 볼 수 있다고 하더라도, 참되게 예배한다고 말할 수는 없다. 우리는 서로의 얼굴을 보고, 서로의 몸이 부딪히면서 예배해야 한다. 문제는 특정 장소에 모여 예배한다 해도 한 몸을 이루어 예배한다는 것을 경험하지 못할 때가 있다는 사실이다. 주일 예배가 여러 번으로 나누어져 있고, 한 장소에서도 서로가 소외된 채로 예배하기 때문이다. 차제에 우리는 코로나 팬데믹과 같은 상황이 재연될 때 혼자서, 더 나아가 가정에서 예배할 수 있도록 준비됨이 필요하다. 그렇지 않으면 외부에서 교회 문을 폐쇄하는 것이 아니라 우리 스스로 교회 문을 닫을 수밖에 없을지도 모른다.

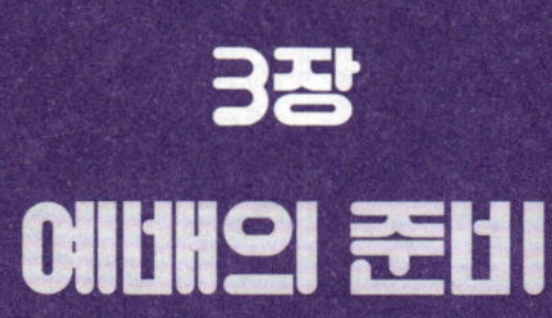

3장
예배의 준비

: 직분자의 인도로
회중이 함께 나아간다

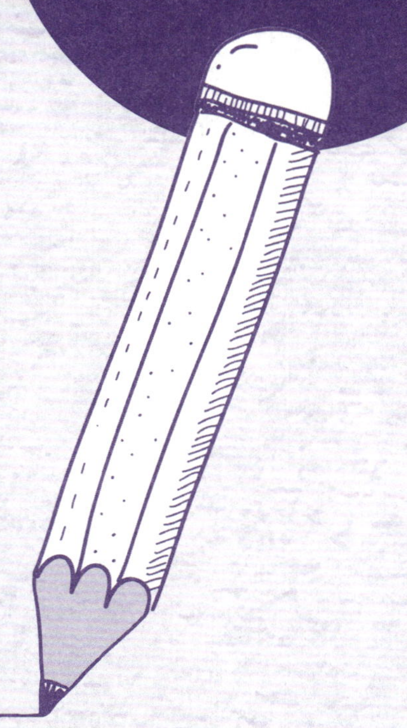

시 22:22–31

22 내가 주의 이름을 형제에게 선포하고 회중 가운데에서 주를 찬송하리이다

23 여호와를 두려워하는 너희여 그를 찬송할지어다 야곱의 모든 자손이여 그에게 영광을
　　돌릴지어다 너희 이스라엘 모든 자손이여 그를 경외할지어다

24 그는 곤고한 자의 곤고를 멸시하거나 싫어하지 아니하시며 그의 얼굴을 그에게서 숨기
　　지 아니하시고 그가 울부짖을 때에 들으셨도다

25 큰 회중 가운데에서 나의 찬송은 주께로부터 온 것이니 주를 경외하는 자 앞에서 나의
　　서원을 갚으리이다

26 겸손한 자는 먹고 배부를 것이며 여호와를 찾는 자는 그를 찬송할 것이라 너희 마음은
　　영원히 살지어다

27 땅의 모든 끝이 여호와를 기억하고 돌아오며 모든 나라의 모든 족속이 주의 앞에 예배하
　　리니

28 나라는 여호와의 것이요 여호와는 모든 나라의 주재심이로다

29 세상의 모든 풍성한 자가 먹고 경배할 것이요 진토 속으로 내려가는 자 곧 자기 영혼을
　　살리지 못할 자도 다 그 앞에 절하리로다

30 후손이 그를 섬길 것이요 대대에 주를 전할 것이며

31 와서 그의 공의를 태어날 백성에게 전함이여 주께서 이를 행하셨다 할 것이로다

히 10:19–25

19 그러므로 형제들아 우리가 예수의 피를 힘입어 성소에 들어갈 담력을 얻었나니

20 그 길은 우리를 위하여 휘장 가운데로 열어 놓으신 새로운 살 길이요 휘장은 곧 그의 육
　　체니라

21 또 하나님의 집 다스리는 큰 제사장이 계시매

22 우리가 마음에 뿌림을 받아 악한 양심으로부터 벗어나고 몸은 맑은 물로 씻음을 받았으
　　니 참 마음과 온전한 믿음으로 하나님께 나아가자

23 또 약속하신 이는 미쁘시니 우리가 믿는 도리의 소망을 움직이지 말며 굳게 잡고

24 서로 돌아보아 사랑과 선행을 격려하며

25 모이기를 폐하는 어떤 사람들의 습관과 같이 하지 말고 오직 권하여 그 날이 가까움을
　　볼수록 더욱 그리하자

● **생각해 보기**

❶ 주일 예배 때, 예배당 좌석 아무 곳에나 앉아도 될까요?

❷ 목사와 장로는 예배 때 상호 간에 어떤 행위를 해야 할까요?

❸ 회중과 직분자는 예배 시작부터 그리스도의 (　　　　　　)을 이루어 하나님께 나아간다.

예배 준비는 토요일부터 해야 한다

우리는 예배를 어떻게 준비해야 할까요? 또 언제부터 준비해야 할까요? 보통은 예배 준비를 주일 아침부터 시작할 것입니다. 하지만 예배 준비는 토요일부터 시작해야 합니다. 토요일 저녁에 가족이 식탁에 모여 주일을 위해, 예배와 성도의 교제를 위해 기도함이 필요합니다. 토요일과 주일의 관계, 주중 6일과 주일의 관계가 어떠합니까? 주일을 생각할 때, 먼저 우리는 주일이 '한 주간의 첫날'이라는 사실을 명심해야 합니다. 창조 시에는 안식일이 한 주간의 마지막 날이었습니다. 그런데 예수님께서 안식 후 첫날 부활하신 후부터, 부활하신 그날이 한 주간의 첫날이 되었습니다. 구약 시대에는 일하고 난 다음에 꼭 안식을 취했는데, 신약 시대에는 예수 그리스도로 말미암아 안식하고 난 다음에 일하는 것으로 바뀐 것입니다. 안식을 먼저 누리고, 그 안식이 모든 날로 확대된 것이죠. 예수님의 부활이 가져다준 놀라운 유익입니다.

한 주간이 끝나고 새로운 한 주간이 시작됩니다. 주일이 된 것입니다. 주일 아침에 각 가정에서 어떤 일들이 벌어집니까? 주일은 휴일이기에 이날만큼은 누구나 늦게까지 잠자고 싶은 것이 사실입니다. 가족 구성원 중에서 대개 주일 아침에 제일 먼저 일어나는 사람이 누구인가요? 아마도 대부분 엄마일 것입니다. 엄마가 먼저 일어나 아빠를 깨우는데, 아빠는 "10분만 더!"라고 하면서 이불을 뒤집어씁니다. 그다음 아이들을 깨웁니다. 아이들 방으로 가서 일어나라고 하며 이불을 걷으면 아이들도 "10분만 더요!"라고 하면서 이불을 머리 위로 뒤집어씁니다. 이것을 수차례 반복해야만 겨우 잠에서 깹니다. 이유가 있죠. 아빠는 일주일 내내 회사나 일터에서 피곤하게 일했으니, 주일만이라도 늦게까지 늘어지게 자고 싶겠고, 아이들은 토요일 저녁에 일찍 잠자리에 들어야 함에도 불구하고 주말이라고 생각해서 늦게까지 뭔가를 하느라 자정을 넘겨서야 잠자리에 들기 때문입니다. OTT 영화 혹은 릴스를 보거나, 컴퓨터 게임 때문에 늦게 잠들었다면 더더욱 아침에 일어나기 힘들겠죠. 겨우 일어나 씻고, 밥을 먹는 둥 마는 둥 하면서 허겁지겁 교회로 향합니다. 한바탕 전쟁을 치른 사람들처럼 피곤한 몸을 이끌고 교회로 향하는 경우가 많습니다.

요즘에는 주일 아침의 풍속도가 급격하게 바뀌고 있다고 합니다. 중대형 교회의 경우에 한한 것일 수는 있지만, 예배가 몇 차례 있고, 본인이 원하는 시간에 얼마든지 예배드릴 수 있는 데다가 부모와 자녀가 다른 장소에서, 다른 시간대의 예배를 드리니 각자 알아서 교회로 간다고 합니다. 주일마저도 가족이 따로 움직이고, 가족이 한 교회를 다니면서도 한 교회 교인이라는 것을 느끼기 힘든 현실입니다. 예배가 몇 부나 있는 것, 부모와 자녀가 따로 예배하는 것이 우리가 한 언약 백성이라는 것, 우리 가정이 언약 가정으로 부름받았다는 것을 고백하는 데 장애가 되고 있습니다. 어떻게 들릴지 모르겠지만, 솔직히 코로나 팬데믹 시대에 좋았던 점은 무엇인가요? 예배당에 가기 위해 일찍 일어나지 않아도 된다는 것이었죠? 침대에서 일어나 그냥 화면만 켜면 됩니다. 그러면 영상으로 전송되는 예배에 참여할 수 있었습니다. 얼마나 편했습니까? 혹시 이런 상황이 계속되기를 바라십니까?

한 몸 의식을 가지고 예배실에 들어가야 한다

예배당에는 언제쯤 도착하는 것이 좋을까요? 한국 교회의 전통 중 하나가 오전 공예배 전에 성경 공부 시간을 가진 것이었습니다. 유럽 같은 경우에는 교회의 예배당 문이 일찍 열리지 않습니다. 일찍 도착한 신자들은 예배당 마당에 길게 줄을 서서 예배당 문이 열리기를 기다리곤 합니다. 날씨가 좋지 않고 비나 눈이 오는데도 불구하고, 피하지 않고 예배당 앞에 길게 줄을 늘여 서서 기다립니다. 얼마나 아름다운 모습입니까? 기다리다가 종소리가 울려 퍼지면서 예배당 문이 활짝 열리면, 그때 신자들은 예배당에 입장합니다.

교회 마당이나 복도에서 아무런 기다림 없이 예배실로 바로 입장하는 것이 좋은 것일까요? 어떤 교회들은 이것이 바람직한 것이 아니라고 생각합니다. 예배실로 바로 입장하는 것이 좋지 않다면 어떻게 해야 한다는 말일까요? 예배를 준비하는 별도의 장소를 마련해야 한다는 말일까요? 그렇습니다. 교회 정문이 예배실로 바로 연결되는 것이 아니라 예배실 직전에 신자들이 교제할 수 있는 예배 준비실이 있으면 좋겠다는 것입니다. 예배하기 전에 성도들이 교제할 수 있는 방을 배치하고, 그 교제하는 방을 통해서 예배당으로 들어갈 수 있도록 하는 것입니다. 주일 예배를 자기 자신과 하나님이 사적으로 관계를 맺는 것으로 오해하는 요즘 분위기 속에서는 이런 예배당 구조가 다소 어색하겠지만, 사실 이러한 예배당 구조에는 좋은 예배 신학이 담겨 있습니다. 예배 준비실이 있다면 성도들이 교제하면서 우리가 주님의 몸으로서 하나님 앞에 나아간다는 생각을 자연스럽게 할 수 있다는 것입니다.

예배 준비실이 있든지 없든지 우리는 예배할 때 단독자로서가 아니라 하나님의 회중으로 나아간다는 사실을 잊지 말아야 합니다. 신자가 그리스도의 몸의 지체로서 하나님께 나아간다는 생각은 교회가 어느 순간에 발견한 생각이 아닙니다. 조직 원리의 관점에서 교회가 창안해 낸 것이 아닙니다. 이것은 구약 시대부터 하나님께서 정하신 규례입니다. 지난번에 말씀드렸듯이, 하나님은 시내산에서 출애굽한 이스라엘 백성을 한 자리로 모으라고 하셨습니다. 하나님의 그 부르심에 의해 이스라엘은 하나님의 회중이 되어 하나님을 예배했습니다. 그 모임이 최초의 공예배였다고 볼 수 있습니다. 하나님은 그 하나님의 총회를 만나 주셨습니다.

앞에서 읽은 시편 말씀은 예수님께서 십자가 위에 매달려 계실 때 묵상하셨던 말씀입니다. 22절에 기록하고 있듯이 예수님은 당신의 희생으로 말미암아 주의 형제들, 즉 하나님의 회중과 총회가 생겨날 것을 내다보셨습니다. 25절을 보면 '큰 회중'이 생겨날 것을 예상하셨는데, 어떤 번역에서는 '대회'라고 번역하기도 합니다. 예수님 때문에 대회가 열리게 되었다는 것입니다. 대회라고 하면 축제를 벌이는 큰 행사나 어떤 주제를 놓고 서로 경쟁하는 대회를 떠올릴 수 있지만, 사실 하나님의 백성들의 모임 자체가 대회입니다. 가장 위대한 대회죠. 우리는 예수 그리스도로 인해 한 형제가 되어 하나님께 나아갑니다. 우리는 우리 단독으로서는 하나님께 나아갈 수 없습니다. 주의 몸의 지체이기 때문에 하나님께 나아갈 수 있습니다. 그리스도가 없이는, 또한 서로가 없이는 하나님께 나아갈 수 없습니다. 예수님은 "두세 사람이 내 이름으로 모이는 그곳에 내가 함께 하겠다"라고 말씀하셨습니다.

예배실 좌석은 어떤 차별도 두지 않는다

신자들이 예배 준비실에서 서로가 하나님의 회중이라는 사실을 확인한 후, 예배실로 들어가 자리를 잡습니다. 예전에는 남자 좌석과 여자 좌석이 나누어져 있었습니다. 가운데 줄은 여자 좌석이고, 오른쪽, 왼쪽 줄은 남자들이 앉는 좌석으로 정해지기도 했습니다. 한국에서는 '남녀칠세부동석'이

라는 사고방식 때문에 예배실을 'ㄱ(기역)' 자 구조로 만들기도 했습니다. 'ㄱ
(기역)' 자가 꺾이는 부분에 강대상이 있어서 예배 인도자는 오른쪽을 보았다
가 왼쪽을 보았다가 하면서 예배를 인도했습니다. 남녀는 예배당에 들어오
는 입구부터가 달랐고, 예배드리는 동안에도 서로를 보지 못했습니다. 저쪽
에서 몇 분이나 예배를 드리러 왔는지 전혀 몰랐고, 예배가 끝나서야 비로
소 서로를 만났습니다. 호랑이 담배 피우던 시절의 이야기처럼 들리나요?

예배실에 들어와서는 어떤 자리를 잡는 것이 좋을까요? 예배실에 좌석이
부족한 경우, 예배 전에 광고를 하는 경우가 있습니다. 앞자리로 당겨 앉고,
안쪽부터 채워 앉으라고 말입니다. 그런데 늦게 오는 분들을 위해 배려하자
는 말은 좀 어색합니다. 예전에는 예배가 시작되면 예배실 문을 걸어 잠가
버리는 경우도 많았으니 말입니다. 코로나 팬데믹 시대에는 상황이 완전히
역전되었습니다. 서로 간의 거리를 최대한 두고서 앉아야 했습니다. 거리두
기를 위해 "이곳에 앉으십시오"라고 적힌 좌석에 앉아야 했습니다.

혹시 여러분의 교회 예배실에는 지정석이 있습니까? 교회 회원이 아닌 손
님석을 따로 마련해야 할까요? 찬양대 좌석과 직분자 좌석을 별도로 가지
는 경우는 어떤가요? 누가 지정해 준 건 아니어도, 대부분 여러분만의 자리
가 정해져 있지요? 늘 앉는 고정 자리가 있으니 다른 교인들도 그 자리는 누
구의 자리다 하고 생각합니다. 그렇게 지정석처럼 늘 앉던 자리가 있는데
어떤 분이 그것도 모르고 그 자리에 앉았습니다. 이때는 어떻게 해야 할까
요? 내 자리니까 비켜 달라고 하면 될까요? 내 자리라고 쓰여 있는 것도 아
닌데, 비켜 달라고 할 수 없겠죠.

예전에는 예배실 좌석 중에서 자신이 원하는 좋은 자리를 돈으로 샀습니
다. 여러 사람이 동일한 좌석을 원하면 제일 높은 가격을 부르는 사람이 그
좌석을 차지했습니다. 공연장이나 콘서트홀 같은 경우, 무대 가까운 자리일
수록 좌석이 비싸죠? 그런데 아무리 비싸더라도 구입하려는 사람이 있기 마

련입니다. 그것과 똑같죠. 하지만 예배실에는 앞자리를 선호하는 분들이 많지 않으니까, 오히려 뒷자리가 더 비쌀지도 모르겠습니다. 아무리 그래도 예배실 좌석을 돈으로 사는 것은, 예수님께서 말씀하신 내 아버지의 집을 장사하는 집으로 만드는 경우에 해당한다고 생각됩니다.

이것뿐만 아니라 예전에는 교회 좌석 간에 차등이 있었습니다. 신분제가 유지되던 상황에서 있었던 일입니다. 유럽 같은 경우에는 종교개혁 이후에도 교회가 국가 교회인 경우가 많았기 때문에, 예배당에 특별한 좌석들이 있었습니다. 대도시의 거대한 예배당 같은 경우에는 설교단과 마주하는 제일 좋은 자리에 덮개까지 씌워져 있는 화려한 특별석을 만들었습니다. 교인들이 헌금해서 예배당을 지은 것이 아니라 시의회나 정부에서 거액의 예산을 투입해서 교회 건물을 지었기 때문에, 왕이나 귀족들, 시의회 의원들이 그런 자리를 차지했습니다. 예를 들어, 대통령이 우리 교회 예배에 참석한다고 하면 어떤 자리에 앉히는 것이 좋겠습니까? 특별한 좌석을 따로 마련해야 할까요? 다행히도 개혁 교회의 예배당에는 점차 좌석의 차등이 없어졌습니다. 예배실 좌석에 차등을 두거나 특별석을 두는 것은 믿음으로 한 형제가 되었다는 것을 고백하는 것과 정면으로 배치되기 때문입니다.

직분자는 예배를 위해 기도하고 강단으로 행진한다

교인들이 예배실 좌석에 앉을 때, 예배를 인도하는 직분자는 무엇을 해야 합니까? 예배가 시작되기 전에 직분자는 세 가지의 할 일이 있습니다. 이 세 가지가 필수적인 것은 아닙니다만, 교회 역사를 통해 좋은 전통으로 자리 잡았습니다. 첫째는 예배 준비를 위한 기도 모임입니다. 신자들이 예배 전에 교제하는 예배 준비실이 있으면 좋겠다고 말씀드렸는데요. 직분자들에게는 예배를 준비하는 준비실이 따로 있습니다. 목사와 장로의 회, 즉 당회는 공예배에 대한 모든 책임을 지고 있기에, 그들은 따로 모여 예배를 위해 기도하는 시간을 가졌습니다.

핍박당하던 시절에는 이런 순서가 큰 의미가 있었습니다. 교회가 예배드리는 것을 방해하는 세력들이 많았기 때문에 예배가 안전하게 드려지도록 기도하는 것이 필요했던 것입니다. 유럽의 어떤 분이 자신의 경험을 말해 준 적이 있습니다. 제2차 세계 대전 때, 예배당 가까운 곳에서 폭탄이 떨어지고, 나치의 첩자들이 예배에 참석하여 목사가 어떤 설교를 하는지 지켜보기도 했다는데, 이때 예배 직전에 드린 직분자들의 기도가 예배를 인도하는 목사에게 큰 힘이 되었다는 간증이었습니다. 예배를 인도하는 목사 자신에게도 이 시간이 참으로 위로가 되는 시간일 것입니다. 강단에 오르기 직전이 일주일 중에 제일 긴장되는 시간이기 때문입니다. 갑자기 맥박이 빨라지고, 혈압이 오르고, 소변이 마려운 느낌이 들기도 합니다. 그래서 예배 직전에 직분자들이 함께 모여 기도하는 것은 그들 자신에게 큰 힘이 됩니다.

기도를 마쳤습니다. 직분자들이 회중석을 가로질러 강단으로 행진합니다. 예전의 회복을 강조하는 교회들은 이 순서를 강화하곤 합니다. 이 행진을 거창한 퍼레이드처럼 행하기도 합니다. 행진하는 이들이 다 예복을 갖추어 입습니다. 목사가 앞장서고, 장로들이 뒤따르고, 찬양대도 그 뒤를 따라서 강단 쪽으로 행진합니다. 강단 앞에서 목사는 등단하고, 장로들은 장로석에 가서 앉고, 찬양대도 별도의 찬양대석에 가서 앉습니다. 그런데 이때 모든 직분자들이 다 같이 행진할 필요는 없습니다. 그날 예배를 위임한 장로와 예배를 인도할 목사가 교인들이 앉은 좌석을 통과해서 강단으로 나아가면 됩니다. 어떤 교회들은 이런 순서에 아무런 의미를 두지 않을 뿐만 아니라, 예배당 구조상 예배를 인도하는 목사가 강단 뒤쪽이나 옆쪽에서 불쑥 등장하기도 합니다. 이런 구조는 신비주의를 조장할 수도 있는데, 목사가 예배 직전에 갑자기 나왔다가 예배 후에 갑자기 사라지기 때문입니다. 어린

이들은 '목사님이 어디서 나왔지?' 하고 신기해할 것입니다.

어떤 교회는 직분자들이 강단으로 행진하는 동안 교인들이 좌석에서 일어서기도 합니다. 왜 교인들이 좌석에서 일어날까요? 그냥 앉아 있으면 안 되나요? 어떤 분들은 이것을 예배의 가장 큰 타락이라고 보기도 합니다. 기독교가 로마 제국의 공식 종교가 되면서 황제가 예배실에 들어와서 좌석에 앉을 때까지 교인들이 서서 기다렸던 제국 종교의 못된 관습이 지금까지 남아 있는 것이라고 생각하는 것이죠. 맞습니다. 우리는 이 행진을 하나님께서 직분자들과 함께 예배당에 입장하는 것을 시연하는 것이라고 생각해서는 안 됩니다. 하나님의 백성들이 예배실에 입장했을 때 하나님은 이미 그 예배실에 찾아오셨기 때문입니다. 직분자들의 행진과 교인들의 일어섬은 예배 시작을 위한 하나의 방식일 뿐만 아니라 예배를 인도할 직분자들을 주신 하나님에 대한 감사와 직분자들에 대한 인정을 담고 있을 뿐입니다. 하나님께서 교회에 이 직분자들을 주셨기에, 하나님의 백성들은 하나님께로 거리낌 없이 나아갈 수 있습니다.

그리스도의 몸을 이루어 예배한다는 것을 명심하라

예배 직전에 어떤 일들이 있습니까? 예배가 시작되기 전에 많은 준비와 많은 일들이 일어납니다. 예배 순서지를 보십시오. 예배 순서지에는 예배 전에 일어나는 이런 일들이 기록되어 있지 않습니다. 예배 전에 이루어지는 이 모든 일들의 핵심이 무엇입니까? 단순히 신자 각자의 경건 활동이 총합된 정도가 아닙니다. 이 모든 것은 우리가 그리스도의 한 몸임을 확인하는 과정입니다. 예배가 시작될 때 우리는 개인으로서가 아니라 그리스도의 한 몸으로서 하나님께 나아갑니다. 직분자들의 준비도 그리스도의 한 몸 됨과 별개의 일이 아닙니다. 신자들은 예배 시작부터 그리스도의 한 몸을 이루어 하나님께 나아가며, 직분자들은 하나님께 위임받은 예배 인도의 사명을 위해 기도하며 나아갑니다.

예배는 나 자신의 개인적인 경건에 달린 문제가 아닙니다. 직분자도 마찬가지입니다. 개인적으로 예배할 준비를 잘 갖추었다고 생각하더라도 자신이 그리스도의 몸에 속해 있다는 사실을 자각하지 않으면 결코 잘 준비된 것이 아닙니다. 개인적으로 예배 인도를 잘하고 설교도 너무나 멋들어지게 하는 목사라고 할지라도, 자신이 당회로부터 예배 인도의 사명을 위임받아 수행하고 있다는 것을 인식하지 않고 있다면 예배를 잘 인도하는 것이 아닙니다. 이걸 인정하지 않으면, 예배 인도자는 강단을 자기 능력을 자랑하는 장으로 사용하게 됩니다. 아무리 예배 순서가 잘 짜여 있고 풍성한 볼거리가 있는 예배라고 하더라도, 성도들과 더불어 이 모든 것을 하고 있으며 하나님 앞에서 이 모든 것을 하고 있다는 것을 인정하지 않으면 부족한 예배일 수밖에 없다는 것입니다. 예배는 나 자신의 개인적인 경건 활동과는 차원이 다릅니다. 우리는 다른 지체들과 더불어 그리스도의 한 몸을 이루어 하나님께 나아갑니다. 정해진 시간, 그리고 제한된 공간에서 개교회 신자들끼리만 예배한다고 하더라도, 영과 진리로 예배할 때 그 예배는 우주적 차원을 지닙니다.

앞에서 읽은 성경 말씀, 시편 22편 27절을 보십시오. 그리스도께서 희생하심으로 형성된 하나님의 회중, 총회, 대회가 온 세상으로 확대될 것을 예언적으로 노래합니다. "땅의 모든 끝이 여호와를 기억하고 돌아오며 모든 나라의 모든 족속이 주의 앞에 예배하리라." 30절을 보면, 지금 이 땅에 존재하지 않지만 앞으로 태어날 후손들도 이 대회에 참여하게 될 것이라고 노래합니다. 제가 다른 번역본을 인용해 보겠습니다. "이 몸은 주님 덕분에 살고, 오고 오는 후손들이 그를 섬기며, 그 이름을 세세 대대로 전하리라! 주께서 건져 주신 이 모든 일들을 오고 오는 세대에 일러 주리라!" 이 말씀에 근거해서 우리는 우리 자녀들과 함께 예배합니다. 우리는 지상의 모든 신자들과 더불어 예배합니다. 더 나아가 역사상의 모든 교회와 더불어 예배합니다. 예배실에 앉는 순간, 우리는 타임머신을 타고 전 역사와 온 우주 가운데로 이끌려 들어갑니다.

두 번째 본문 말씀인 히브리서 10장에서 기록하고 있듯이, 우리는 예수 그리스도의 피를 힘입어 하나님의 보좌 앞으로 나아갈 담력을 얻습니다. 나 혼자 나아가는 것이 아닙니다. 혼자 하는 것은 경건회입니다. 회중 전체가 하나님께 나아가야 예배입니다. 공예배입니다. 모이기를 폐하는 어떤 이들과 같이 하지 말고, 더욱 모이기를 힘쓰라는 것은 초대 교회의 핍박받는 상황에서 한 말이었다는 것을 기억할 필요가 있습니다. 우리 시대에는 외부적인 그 어떤 핍박이나 코로나 팬데믹이라는 상황 때문이 아니라 우리가 스스로 예배하기를 폐하고 있지 않은지 돌아보아야 합니다. 한 번도 빠뜨리지 않고 예배했음에도 불구하고 회중에 속해서 예배하지 않고 회중 속에서 나 홀로 있었다면, 그것은 제대로 예배한 것이 아닙니다. 어떤 경우에도 예배는 함께 하는 것임을 잊지 말아야 합니다.

주일이 되었는데, 예배로 모이는 것이 시들해지고 별 감흥이 없다면 어떻게 해야 합니까? 예배 전에 서로의 얼굴을 미처 보지 못했다면 내 주변에 누가 있는지라도 확인해 보십시오. 홀로 외롭게 앉아 있지 마십시오. 예배하는 순간에도 홀로 하나님께 나아가려고 하지 마십시오. '이 예배는 나와 하나님이 일대일로 관계하는 시간이다'라고 생각해서는 안 됩니다. 우리는 그리스도의 몸으로서 하나님께 나아갑니다. 예배당에 와서도 외롭고, 예배하면서도 외롭다면 문제가 있는 것입니다. 그래서 사도 바울은 "거룩한 입맞춤으로 서로 문안하라"라고 했습니다. 서로를 바라보는 것만으로 감격스럽지 않나요? 나와 똑같이 부름받고, 이 세상에서 똑같이 고난받은 성도들이 한자리에 모였습니다. 예배하는 자리에 앉는 순간 우리는 세상과 구별될 뿐만 아니라, 지상과 하늘을 포함한 모든 성도와의 교제 가운데로 편입됩니다. 예배는 우주적인 프로젝트입니다. 우리는 처음부터 모든 것을 함께 합니다. 우리가 구약과 신약의 모든 교회, 더 나아가 하늘나라에 가 있는 천상의 교회와 더불어 하나 되는 것이 바로 예배입니다. 그래도 외롭다고 하겠습니까? 예배의 의미를 아는 신자는 모든 외로움을 떨쳐 버리고 힘 있게 일어설 수 있습니다.

기도

하나님 아버지, 우리에게 주일을 주셔서 감사드립니다. 성도들과 더불어 그리스도의 한 몸을 이루어 예배의 자리에 나아가게 해 주심을 감사드립니다. 우리 속에서 나온 열정과 신심이 아니라 위로부터 내려 주신 성령과 진리로 하나님을 예배하는 우리 교회가 되도록 도와주옵소서. 우리는 형제자매들과 더불어 모든 것을 함께 하는 자들로 부름받았습니다. 또 우리가 우리 자녀들과 더불어 모든 것을 함께 하도록 부름받았습니다. 예배하는 자리에 앉는 순간, 우리는 역사상의 모든 성도, 모든 교회와 하나 되어 하나님께 나아가는 은혜를 받게 되었사오니, 이 은혜가 하늘나라에까지 이어지게 하옵소서. 성도들 가운데 한 사람도 이 영광에서 제외되지 않도록 도와주옵소서. 예배의 우주적인 중요성을 알고서 예배할 때, 모든 고통과 외로움과 연약함이 물러가게 하시고, 그리스도의 몸이 이 세상 속에 우뚝 서고 나타나게 하옵소서. 그리하여 교회가 세상의 소망이 되고, 성도들이 세상의 위로가 되게 하옵소서. 외롭게 하나님께 나아가지 않게 하시고, 성도의 교제인 온 우주적인 교통을 즐기는 주의 백성들이 되게 하옵소서. 우리의 예배를 친히 인도하시고 우주적인 교통으로 우리를 이끌어 주시는 우리 주 예수 그리스도의 이름으로 기도합니다. 아멘!

요약

교인들은 예배 전날인 토요일부터 주일 예배를 미리 준비해야 한다. 신자들은 주일에 예배당에 나와서 주의 거룩한 몸을 이루고, 목사는 공적 위임을 받아 예배를 인도하기에 담대하게 강단으로 나아간다. 회중이든지 직분자이든지 예배 때 홀로 있어서는 안 된다.

나눔을 위한 질문

1. 주일 아침 여러분의 가정의 모습은 어떠한가? 코로나 팬데믹 시기에 온라인 예배에 참석했다면 집에서 온라인 예배나 비대면 예배에 어떻게 참여했고, 그때 어땠는지, 그리고 팬데믹이 끝난 지금은 어떤지 나누어 보자.

2. 예배실에 들어가기 전에 있을 곳이 있는가? 그곳에서 교인들과 어떻게 교제하는가? 예배실 좌석에 앉기 전에 무엇을 해야 할까? 그리고 우리 교회의 예배실 좌석에 차별이 있는지, 있다면 그것에 대해 어떻게 생각하는지 나누어 보자.

3. 직분자들이 예배 전에 기도하는 것은 무엇을 위한 것일까? 목사와 장로가 함께 회중석을 가로질러 입장하고 악수하는 이유가 무엇일까?

4. '신자는 예배 시작부터 모든 것을 같이 한다'는 것에 대해 묵상해 보고, 공예배의 우주적인 중요성을 알고 삶에서 그 풍성함을 누릴 수 있게 해 달라고 기도하자.

당회의 행진과 악수례

1 예배는 목사와 장로가 회중석 사이를 가로질러 강단을 향해 행진하면서 시작된다. 이 전통은 화란의 개혁 교회에서도 아직 시행되고 있다. 왜 이렇게 하는 것일까? 예배하기 전에 목사가 강단에 이미 자리를 잡고 있으면 되지 않는가? 장로도 장로석에 이미 앉아 있으면 되지 않는가? 왜 번거롭게 목사와 장로가 회중석을 가로질러 걸어갈까? 목사와 장로의 행진이라는 것이 너무 위압적으로 보이지는 않을까? 이것은 목사와 장로, 즉 당회가 예배를 주관하고 있다는 것을 보여 준다. 예배는 당회의 책무다. 목사와 장로의 행진은 단순한 퍼포먼스가 아니라, 하나님께서 맡겨 주신 일을 위한 행진임을 알아야 한다.

2 당회, 즉 모든 목사와 장로가 다 행진할 필요는 없다. 그날 예배를 인도할 목사와 그 예배를 위임할 장로 한 명이 행진하면 된다. 누가 먼저 가야 하느냐의 문제도 있다. 유럽의 개혁 교회에서는 장로가 목사를 앞서간다. 장로가 당회를 대표하여 목사에게 그 예배를 위임하기 위해서이다. 참고로 대륙의 개혁 교회에서는 목사도 개교회에 속해 있다. 장로교회에서 목사는 노회에 속해 있지만 말이다. 그래서 이상하게 보일지 모르겠지만, 장로가 목사를 앞서가고 목사가 그 뒤를 따른다. 목사가 당회로부터 예배를 위임받아서 인도하는 것이기 때문이다.

3 예배를 위임할 장로와 예배를 인도할 목사가 한 조가 되어 강단 앞에 섰다가, 목사가 강단에 올라 예배를 인도하기 직전에 장로와 악수한다. 온 회중은 이것을 지켜보고 있다. 설교자의 자격 여부를 확인하기 위함이다. 순회 설교자들이 활동하던 당시에는 그 설교자가 자격이 있는지 없는지 교인들이 알 수가 없었다. 당회가 예배 직전에 그 설교자와 악수함으로써 그가 설교할 자격이 있다는 것을 온 교회에 알렸다. 그런 순회 설교자들이 없어진 지 오래인데, 이런 해묵은 관습을 지속할 필요가 있을까? 이런 악수례는 쓸데없는 질문들을 많이 불러일으킬 수도 있다. 이것도 예배 위임과 관련이 있다. 중요한 것은 목사가 당회로부터 예배 인도를 위임받는다는 사실이다.

4 왜 매 주일 당회가 목사에게 예배 인도를 위임할까? 목사가 매 주일 예배 인도를 위임받아야 비로소 목사가 강단에 올라갈 수 있는 것인가? 너무 거추장스러운 의식이 아닐까? 장로교회의 경우 목사는 안수를 받았을 때, 그리고 그 교회를 위임받았을 때 예배 인도의 자격을 부여받은 것 아닌가? 사실, 장로교회는 목사가 노회를 통해 목회를 위임받았기 때문에 예배할 때마다 장로와 악수하므로 예배 인도를 위임받을 필요가 없다. 웃기는 말일지 모르겠지만, 혹 장로 중에 목사와 악수하고 싶지 않는 경우가 생기면 어떻게 해야 할까?

5 악수례는 예배의 공적인 성격을 분명하게 드러낸다. 목사는 자신의 개인적인 능력이나 자질을 가지고 강단에 올라가서 원맨쇼를 하는 것이 아니다. 이 악수례는 목사와 장로가 치리회, 즉 당회를 이루고 있다는 것을 보여 준다. 목사와 장로는 예배에 대한 책임을 전적으로 지고 있다. 예배가 잘못되면 그것은 목사만의 문제가 아니라 장로의 문제이기도 하다. 목사가 이단적인 설교를 하게 된다면 목사 개인의 큰 잘못이지만, 그것은 당회가 책임질 문제다. 목사의 설교를 잘 감독하지 않았기 때문이다. 예배 인도는 목사 개인의 일이 아니기에 목사는 이 악수례를 통해 안심하고 강단에 올라갈 수 있다. 자기 개인의 일이 아니라 오직 위임된 일을 수행하기 때문이다.

6 예배는 예배를 인도하는 목사의 능력이나 자질에 달린 문제가 아니다. 이 악수례를 본 신자들은 이제 더 이상 목사를 목사 개인으로 보지 않는다. 하나님께서 당회에 맡기신 예배에 대한 책임을 목사가 이중적으로 위임받았기 때문이다. 목사는 하나님께서 예배를 인도하고 감독할 책임을 맡긴 당회로부터 이 모든 일을 위임받아 수행한다. 그렇다면 교인들은 더 이상 목사의 실수에 대해 민감해하거나 특히 설교의 능력에 목을 맬 필요가 없다. 하나님의 백성들은 예배 인도자의 인도를 따라 하나님 앞으로 나아갈 수 있는 복을 받았다. 예배는 예배 인도자의 능력에 달린 문제가 아니라, 하나님께서 세우신 질서의 문제다.

7 목사와 장로의 악수례는 예배를 인도할 목사에게 큰 위로와 힘을 준다. 목사는 예배 인도를 위임받았기 때문에 자기 능력을 의지할 이유가 없다. 장로와 더불어 악수할 때 목사는 큰 위로를 받을 수 있다. 이제 자신은 위임받은 일을 충실하게 감당하기만 하면 되기 때문이다. 하나님께서 당신의 백성을 부르시고 그들을 공적으로 만나 주시는데 목사가 하나님을 대신한다. 물론, 목사는 주의 백성을 대신하기도 한다. 이렇게 목사는 회중을 향해 서 있기도 하고, 회중과 함께 하나님을 향해 서 있기도 한 것이다. 회중을 위해 자신이 무얼 베풀어야 한다는 중압감을 느낄 이유가 없다. 은혜를 베푸시는 것은 하나님의 몫이기 때문이다. 악수례는 목사에게 숨통을 틔우게 해 주고, 담대함을 준다.

제2부

공예배 때 무슨 일이 일어나는가?

4장
예배의 부름과 기원

: 하나님의 임재가 충만한
예배의 시작

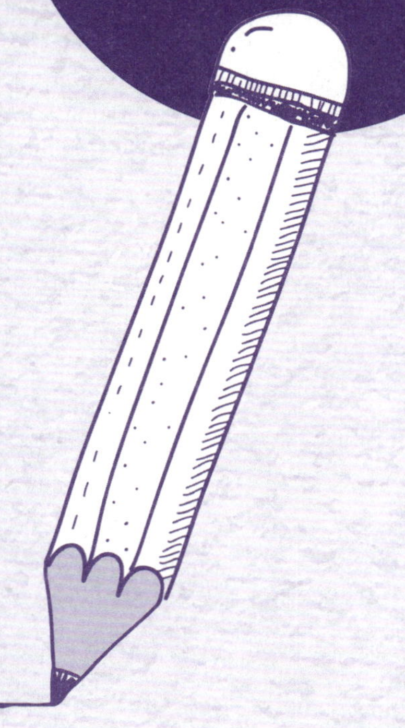

시 124:1-8

1 이스라엘은 이제 말하기를 여호와께서 우리 편에 계시지 아니하셨더라면 우리가 어떻게 하였으랴

2 사람들이 우리를 치러 일어날 때에 여호와께서 우리 편에 계시지 아니하셨더라면

3 그때에 그들의 노여움이 우리에게 맹렬하여 우리를 산 채로 삼켰을 것이며

4 그때에 물이 우리를 휩쓸며 시내가 우리 영혼을 삼켰을 것이며

5 그때에 넘치는 물이 우리 영혼을 삼켰을 것이라 할 것이로다

6 우리를 내주어 그들의 이에 씹히지 아니하게 하신 여호와를 찬송할지로다

7 우리의 영혼이 사냥꾼의 올무에서 벗어난 새같이 되었나니 올무가 끊어지므로 우리가 벗어났도다

8 우리의 도움은 천지를 지으신 여호와의 이름에 있도다

롬 1:1-7

1 예수 그리스도의 종 바울은 사도로 부르심을 받아 하나님의 복음을 위하여 택정함을 입었으니

2 이 복음은 하나님이 선지자들을 통하여 그의 아들에 관하여 성경에 미리 약속하신 것이라

3 그의 아들에 관하여 말하면 육신으로는 다윗의 혈통에서 나셨고

4 성결의 영으로는 죽은 자들 가운데서 부활하사 능력으로 하나님의 아들로 선포되셨으니 곧 우리 주 예수 그리스도시니라

5 그로 말미암아 우리가 은혜와 사도의 직분을 받아 그의 이름을 위하여 모든 이방인 중에서 믿어 순종하게 하나니

6 너희도 그들 중에서 예수 그리스도의 것으로 부르심을 받은 자니라

7 로마에서 하나님의 사랑하심을 받고 성도로 부르심을 받은 모든 자에게 하나님 우리 아버지와 주 예수 그리스도로부터 은혜와 평강이 있기를 원하노라

● 생각해 보기

❶ '예배 부름'은 우리가 하나님을 불러내는 것일까요? 하나님께서 우리를 불러내는 것일까요?

❷ '기원'은 하나님께서 무엇을 선언해 주시는 예배 순서일까요?

❸ 예배 시작 순서들인 '예배 부름'과 '기원'과 '찬송'을 통해 우리는

하나님의 (   )를 확신한다.

예배 직전의 준비는 그리스도의 한 몸 됨을 위한 것이다

주일이 되어 신자들이 예배당에 와서 예배실에 입장했습니다. 예배실 문을 일찍 연다면 1시간 전에 예배실에 입장할 수도 있고, 예배실 문이 늦게 열린다면 30분 전이나 10분 전에 예배실에 입장할 수도 있을 것입니다. 그렇다면, 예배실에 들어온 신자들은 예배 직전까지 무엇을 해야 할까요? 아마도, 조용히 기도하면서 예배를 준비하는 것이 좋다고 생각하는 분들이 많을 것 같습니다. 이게 잘못된 생각인가요? 물론 예배실에 들어와서야 비로소 예배 준비를 위한 기도를 한다면, 그것은 너무 늦었다고 말할 수 있겠습니다. 하지만 기도하는 것 자체가 왜 잘못된 것이겠습니까?

유념해야 할 것은, 예배 직전의 기도는 개인 경건을 고양시키기 위한 사적 기도가 아니라는 것입니다. 하나님의 회중이 하나님께 나아가기 직전이기 때문에, 자신이 하나님의 백성 중 한 사람인 것을 기뻐하며 감사하는 기도를 하는 것이 좋겠습니다. 신자들이 주의 거룩한 몸을 이루어 하나님 앞에 나아갈 때, 하나님께서 주의 백성들을 만나 주신다는 것을 묵상함이 필요하다는 것입니다. 따라서 예배를 통해 직분자들의 직분 사역이 분명하게 드러나서 우리의 구원을 온전하게 이해하고 받아 누릴 수 있게 해 달라고 기도해야 합니다. 지상의 모든 교회가 다른 장소에서 다른 시간대에 예배하지만, 그 모든 예배가 하나의 예배로 하나님께 드려지기를 구해야 합니다.

어떤 교회들은 개인적으로 조용히 기도하더라도 신자들의 절반 정도가 예배실에 들어오게 되면 마음을 모으기 위해 같이 찬송하는 것이 더 좋다고 생각하기도 합니다. 유럽의 경우에는 조용한 기도와 더불어 성경 읽기가 선호되었습니다. 예배 시에 설교할 성경 본문을 읽는 것이 아니라 신자들의 마음을 준비시키기 위해 구약이며 신약이며 다양한 성경을 읽었죠. 또 예전에는 읽기를 제대로 할 수 있는 분이 많지 않았기 때문에, 교회 바깥으로부터 전문적인 낭독자를 불러서 성경을 읽게 하기도 했습니다. 지금도 로마 가톨릭교회에서는 이 전통이 아직 남아 있어서 강론대(우리의 설교단에 해당함) 외에 독서대(Ambo)*가 따로 있는 것을 볼 수 있습니다. 그러나 차츰 세월이 흘러가면서 이 성경 읽기는 교회 내의 직분자들이 해야 할 일로 인식되어 갔습니다.

반주자의 역할이 중요하다

예배가 시작되기 전에 중요한 봉사를 하는 또 한 사람이 있습니다. 오르간 반주자입니다. 한국 교회는 대부분 오르간 대신 피아노를 예배 악기로 사용하고 있습니다. 개신교회가 처음부터 오르간을 예배 반주에 적합하다고 본 것은 아닙니다. 처음에는 오르간을 사탄이 고안해 낸 악기라고 생각해서 그것을 연주하는 것은 우상 숭배라고 치부하기도 했습니다. 그러나 세월이 흐르면서 개신교회는 다른 악기보다 오르간이 예배 반주에 적합하다고 생각하게 되었습니다.

예배할 때 오르간 반주자의 역할이 상당히 중요했습니다. 한때는 오르간

---

* 'Ambo(독서대)'는 헬라어로 '올라간다'라는 뜻의 아나바이나인($\alpha\nu\alpha\beta\alpha\iota\nu\epsilon\iota\nu$)에서 나온 말로서, 그곳으로 올라가 성경을 읽는다는 뜻이며, 하나님의 말씀이 위에서부터 지상으로 선포된다는 것을 보여 준다.

반주자를 목사와 견줄 수 있는 예배를 이끄는 직분자로 간주할 정도였으니까요. 그래서 오르간 반주자를 그 교회의 '찬송의 양심'이라고 부르기도 했습니다. 예배 때 가장 먼저 교회에 오는 사람이 바로 이 오르간 반주자이기도 합니다.

예배 전에 반주자가 어떤 곡을 연주하는 것이 좋을까요? 사적으로는 어떤 곡이든지 연주할 수 있겠지만 예배 직전에 연주하는 곡은 선별된 곡이어야 합니다. 예배를 잘 준비할 수 있는 곡이어야 합니다. 언제 연주를 시작해야 하고, 언제까지 연주를 해야 하느냐는 교회가 자유롭게 결정할 수 있습니다. 일반적으로는 연주를 계속하다가 예배 직전에 중단하므로 예배가 시작할 시간이 되었다는 것을 알립니다. 이런 방식에서는 예배 직전이 가장 조용한 시간이 됩니다. 기도도 그치고, 찬송도 그치고, 교인들과의 대화도 그칩니다. 그 어떤 소리도 없습니다. 예배 직전에 아무 소리가 없는 것은 하늘의 소리를 듣기 위한 준비입니다. 정반대의 방식을 취할 수도 있습니다. 예배실 구조나 정황상 피아노가 미리부터 연주되기 힘들다면, 예배 직전에 연주를 하면서 예배가 시작된다는 것을 알릴 수도 있습니다.

반주자는 예배 중 찬송을 부를 때뿐만 아니라, 예배 전후 연주 등의 많은 봉사를 합니다. 반주자는 홀로 무거운 짐을 지고 외롭게 연주해서는 안 됩니다. 반주자는 예배 인도자와 호흡을 맞출 뿐만 아니라 회중의 찬송을 돕고 그들과 함께합니다. 그러므로 반주자는 예배 때 자신이 회중과 유리된 자가 아니라 회중과 함께 모든 것을 한다는 것을 잊지 말아야 합니다. 이런 인식이 없으면 반주자는 자신의 연주 실력에 의존하기 쉽습니다. 예배하는 회중과 유리되어 외로운 존재가 될 수도 있습니다. 교인들은 이렇게 무거운 짐을 지고 있는 반주자를 알아주어야 하며, 당회는 반주자의 필요가 무엇인지를 알고 그 필요를 채워 주어야 합니다.

'예배 부름'(↑)으로 예배가 공적으로 시작한다

이제 약속된 예배 시간이 되었습니다. 예배 인도자가 장로와 악수하고 등단하여 강단에 섰습니다. 예배가 시작된다는 선언을 해야 합니다. 소위 말하는 개회 선언을 해야 합니다. 예배의 개회 선언은 어떻게 하는 것이 좋을까요? 한국 교회에서는 언제부터인지, 어떤 연유인지는 모르겠지만 예배 인도자가 종을 '땡' 치면서 "성가대의 주악에 맞추어서 다 같이 묵상 기도함으로 예배를 시작하겠습니다"라고 말하는 경우가 많아졌습니다. 그러면 다 같이 고개를 숙여서 묵상 기도를 하는데, 잠시 시간의 간격을 두고 인도자는 성경을 한두 구절 읽은 후 간단한 기도를 합니다. 예배 직전까지 기도를 했는데 또다시 기도함으로 예배가 시작된다는 것은, 기도를 지나치게 강조하는 것이 아닐까요? 물론 기도는 아무리 강조해도 지나치지 않지만, 예배가 우리의 기도에 달려 있다고 생각하면 큰 오산입니다. 우리는 그리스도의 한 몸으로 나아가기에 예배를 시작할 때 머리를 숙여 자신의 내면을 들여다보기보다는 모든 신자와 더불어 하나님께 나아간다는 것을 상기하면서 머리를 들어 하늘에 계신 하나님을 바라보는 것이 좋겠습니다.

개혁한 교회는 예배의 개회사를 '예배 부름'이라고 불렀습니다. 이 '예배 부름'을 통해 예배가 공식적으로 시작됩니다. 이 개회 선언이 형식적인 선언에 불과한 것이라고 생각할 수도 있습니다. 하지만 개회 선언이야말로 모임의 공식적인 시작을 알리는 것이기 때문에 참으로 중요합니다. 그 전에 이루어지는 모든 일들은 아무리 훌륭한 일이라고 하더라도 소위 말하는 식전 행사요, 공식적인 순서가 아닙니다. 예배 부름과 더불어 이제부터는 공적인 일로 들어섭니다. 이제는 더 이상 사사로운 것이 작용할 수 없습니다. 하나님과의 공적인 만남으로 돌입했기 때문입니다.

'예배 부름'과 관련한 용어로 라틴어 *Votum*(보툼)'이라는 말이 있습니다.

원래 이 보툼이라는 용어는 라틴 세계에서 서원이나 서약을 할 때 많이 사용하던 단어였습니다. 라틴 교회는 라틴의 일상 세계에서 흔히 사용되던 이 용어에 세례를 주어서 예배 용어로 사용하기 시작했습니다. 지금은 이 용어가 거의 사라졌지만, 이후에 영어권에서 이 단어를 번역하지 않고 라틴어 그대로 사용하는 경우가 많았습니다. 이 용어가 일찌감치 예배 용어로 정착했다는 것을 뜻합니다. 이 용어는 신앙고백적 의미를 담고 있기에 예배의 성격을 분명하게 보여 주기는 하지만 다른 언어로는 번역하기가 까다로운 용어입니다.

예배 부름은 우리가 하나님을 불러내는 것이 아니다

‘예배 부름’은 ‘예배로의 부름(Call to Worship)’이라고 하면 더 정확합니다. ‘부름’이라고 했으니 누가 누구를 예배로 부른다는 말일까요? 하나님께서 자기 백성을 부르는 것일까요, 아니면 하나님의 백성이 하나님을 찾고 부르는 것일까요? 어느 것이 먼저일까요? 물론 하나님의 부름이 먼저입니다. 예배는 하나님의 백성의 자발성과 창의성에 기인한 것이 아니라, 하나님의 부름으로부터 출발하기 때문입니다. 하나님께서 자기 백성을 불러 모으라고 하셨습니다. 이 부르심에 의해 하나님의 백성들은 하나님의 한 회중, 하나님의 한 총회가 되어 하나님을 예배합니다.

‘예배 부름’은 “우리의 도움은 천지를 지으신 여호와의 이름에 있도다”라는 시편 124편 마지막 절을 외치는 것입니다. 하나님의 백성들이 하나님을 우리의 도움이라고 외치는 것이 ‘예배 부름’입니다. 개혁자들은 왜 이 성경 구절을 처음부터 예배 부름의 문구로 사용한 것일까요? 우리가 같이 읽었던 시편 124편은 시편 120편부터 시작되는 ‘성전에 올라가는 노래’ 속에 포함되어 있습니다. 우리가 이 시편들을 잘 살펴보면 놀랍게도 순례자들이 세상을 뒤로 하고 성전에 올라가는 과정, 성전에 도착하여 예배하는 장면, 성전을 떠나 집으로 돌아가는 장면까지 순차적으로 선명하게 그리고 있는 것을 볼 수 있습니다. 시편 124편의 앞뒤를 잘 살펴보면 본 시편의 정황이 드러납니다. 순례자들이 성전에 도착하여 다른 순례객들과 어울려 하나님의 회중이 되어서 하나님을 예배하기 시작하는 장면입니다. 그렇다면 이 구절은 예배 부름에 딱 맞아떨어지는 구절입니다.

혹시, 그래도 이 '예배 부름'이 예배의 시작이라고 하는 것에 뭔가 문제가 있다고 생각하십니까? 우리가 하나님을 부르기 전에는 하나님께서 우리 가운데 찾아올 수 없나요? 하나님을 수없이 불러야 비로소 하나님께서 우리 가운데 찾아오시고 그래야 예배가 시작될 수 있나요? 그래서 예배 전부터 그렇게 계속해서 기도한 건가요? 예배는 우리의 간절한 서원과 서약에 달려 있습니까? 아닙니다. 예배의 주도권을 쥐고 계시는 분은 하나님입니다. 하나님께서 먼저 우리 가운데 찾아와 주셨기에 우리가 하나님께 나아갈 수 있습니다.

세상 모든 종교 의식은 신을 불러내는 주문(呪文)을 강조합니다. 다양한 주문에 의존하여 신을 불러내어서 그 신과 거래합니다. 그러나 우리 하나님은 천지를 지으신 분이시요, 천지를 초월해 계시는 분이십니다. 우리 하나님은 주문을 통해 불러내어서 소원을 말하면 그 소원대로 들어줄 수밖에 없는 마술램프 속의 지니(Genie)가 아닙니다. 예배 부름은 우리가 하나님을 불러내는 주문이 아니라 하나님만이 우리의 도움이라는 것을 고백하고 우리의 헌신과 충성을 다짐하는 것입니다.

우리는 그리스도의 몸이 되어 하나님께 나아갑니다. 예배 때 우리는 우리의 마음을 들어 하늘에 계신 하나님께로 향합니다. 예배 부름은 개회 선언에 불과한 것이 아닙니다. 개회 선언을 알리는 망치 소리나 종소리에 불과하지도 않습니다. 그리스도의 몸이 하나 되어 하나님을 향하는 거룩한 몸짓과 호소를 공적으로 표현하는 것이 예배 부름입니다. 어떤 전통에서는 "우리의 도움은 천지를 지으신 여호와의 이름에 있도다" 대신에 "우리의 도움은 아버지와 아들과 성령의 이름에 있도다"라고 하는 경우도 있습니다. 우리가 부르는 하나님은 천지를 창조하신 하나님일 뿐만 아니라 삼위 하나님이심을 분명하게 고백하려고 한 것입니다.

이 예배 부름은 예배 인도자가 회중을 대표하여 외칩니다. 하지만 16세기의 어떤 교회 예식서에 보면 이 예배 부름을 예배 인도자와 회중이 나누어서 하기도 했습니다. 인도자가 "우리의 도움은 어디에서 옵니까?"라고 하면, 회중은 "우리의 도움은 천지를 지으신 여호와의 이름에 있습니다"라고 응답합니다. 묻고 답하는 방식이 아니라 이 예배 부름의 문구를 인도자와 회중이 나누어서 할 수도 있습니다. 인도자가 "우리의 도움은 여호와의 이름에 있습니다"라고 하면 회중이 "그분은 천지를 만드신 분입니다"라고 하기도 합니다.

'예배 부름' 다음에 하나님의 인사인
'기원'(⬇)이 따라온다

'예배 부름' 다음에 오는 순서가 '기원'입니다. 이것은 그냥 '인사(Greetings)'라고 생각하면 됩니다. 누가 누구에게 인사하는 것이겠습니까? 많은 교회가 이 축복의 인사말을 예배 부름 앞에 두기도 합니다. 예배 인도자와 회중이 인사말을 주고받습니다. 서로를 향해 경건한 '기원'을 합니다. 예배 인도자가 회중을 향해 "주께서 여러분과 함께하시기를 기원합니다"라고 하면, 회중은 예배 인도자를 향해 "당신과도 함께하시길 기원합니다"라고 인사합니다.

이 인사말은 인도자와 회중 사이에 주고받는 인사말이 아닙니다. 하나님께서 교회를 향해 인사하시는 것입니다. 하나님께서 인사하신다고 하니 이상하게 들리나요? 교회가 하나님을 향한 전적인 신뢰와 충성을 표시하면, 하나님은 그 백성을 향해 복이 가득한 말씀으로 인사하시는 것입니다. 이 인사는 '하나님의 복 선언'과 다를 바가 없습니다. 예배 마지막에 있는 '강복 선언'과 구별하기 위해 '기원'이라고 부를 뿐입니다. 하나님은 저 하늘 위에 앉아 계시기만 하는 것이 아닙니다. 기원이라고 했지만, 하나님께서 복을 빌어 주시는 것이 아닙니다. 복을 선포하는 것입니다. 하나님의 백성들이 하나님을 부르면 하나님은 가까이 다가오셔서 복을 선언해 주십니다. 이 인사말이 예배 때 하나님이 선포하시는 모든 말씀들 중 첫째 말씀입니다. 하나님의 총회는 일상적인 문안 인사를 넘어서 하나님께서 복 주시는 인사를 받습니다.

누가 하나님의 이 인사말을 대신합니까? 예배 인도자가 하나님을 대신하여 이 인사말을 합니다. 인사말을 할 때 예배 인도자는 예배 부름에서 했던 역할과 반대 입장에 섭니다. 예배 부름에서는 하나님 백성의 대표자로서 하나님께 외쳤다면, 이제는 하나님의 입이 되어 회중을 향해 하나님의 인사와 복을 건넵니다. 이 인사는 일상적인 문안 인사가 아니라 복을 담은 하나님의 인사입니다. 이 인사말이 기도나 인간적인 기원이 아니기 때문에, 목사는 경건한 말들을 늘어놓을 필요가 없습니다. 성경에 나와 있는 인사말을 그대로 인용하는 것이 좋겠습니다.

다양한 인사말이 성경에 기록되어 있다

어떤 인사말이 좋겠습니까? 사도 바울은 교회를 향해 편지하면서 다양한 인사말을 사용했습니다. 그 모든 인사말은 하나님과 그리스도께서 베풀어 주시는 '은혜와 평강'으로 요약될 수 있습니다. 성령님이 빠져 있지만, 성령님은 배경이 되시면서 은혜의 평강의 자리로 우리를 인도하십니다. 로마서

1장 7절이 대표적입니다. "하나님의 사랑하심을 받고 성도로 부르심을 받은 모든 자에게 하나님 우리 아버지와 주 예수 그리스도로부터 은혜와 평강이 있기를 원하노라"라는 구절입니다. 인사말이 너무 길면 좋지 않겠죠? 어떤 분들은 이런 인사말이 너무 길다고 생각합니다. 짧으면 짧을수록 신자들 머릿속에 선명하게 새겨지므로 더 좋다는 것입니다. "하나님 우리 아버지와 주 예수 그리스도로부터 은혜와 평강이 있기를 원하노라"라고만 해도 된다는 것이죠.

어떤 분들은 우리가 예배하는 하나님이 삼위 하나님이시기에 성령님도 언급하는 것이 좋겠다고 말합니다. 삼위 하나님에 관한 언급이 분명하게 드러나 있는 인사말이 있습니다. 요한계시록 1장 4절과 5절입니다. "이제도 계시고 전에도 계셨고 장차 오실 이와 그의 보좌 앞에 있는 일곱 영과 또 충성된 증인으로 죽은 자들 가운데에서 먼저 나시고 땅의 임금들의 머리가 되신 예수 그리스도로 말미암아 은혜와 평강이 너희에게 있기를 원하노라." 성부를 "이제도 계시고 전에도 계셨고, 장차 오실 이"라고 표현했습니다. 성령님을 "그의 보좌 앞에 있는 일곱 영"이라고 표현했습니다. 성자에 대한 언급은 상당히 긴데, "충성된 증인으로 죽은 자들 가운데에서 먼저 나시고 땅의 임금들의 머리가 되신 예수 그리스도"라고 언급하고 있습니다. 이 인사말은 너무 길지 않나요? 길어도 한 번씩 하면 얼마나 풍성한 인사가 되겠습니까?

목사는 두 손을 들고 성경 구절로 이 인사말을 건넵니다. 아니, 하나님의 복을 선언합니다. 인사할 때는 가장 기본적인 예절로서, 서로를 바라보면서 인사를 주고받아야 하지 않겠습니까? 인사를 한다고 하면서 눈을 감고 인사하고 인사를 받으면 되겠습니까? 목사가 이 인사말을 하는 동안 회중은 눈을 뜨고 하나님의 인사를 받고, 하나님의 복을 받아야 합니다. 들린 목사의 두 손을 보십시오. 하나님께서 여러분에게 인사하시고, 여러분에게 복 주십니다.

예배 자리에 선 것이 너무나 큰 영광이다

예배는 어떻게 시작됩니까? 예배 준비를 아무리 오랫동안 많이 한다 해도 예배가 공적으로 시작되는 순간이 중요합니다. 아무리 예배 준비를 많이 해도 그것은 준비에 불과하기 때문입니다. 공적으로 하나님을 부르고 하나님께서 그 백성에게 공적으로 찾아오시는 순간이 중요합니다. 그 이후부터는 하나님과의 공적인 만남이 계속됩니다.

하나님의 총회는 하나님의 궁전에 나아가면서 "하나님은 우리의 유일한 도움"이라고 외칩니다. 시편 121편에 보면 동일한 고백이 있습니다. "내가 산을 향하여 눈을 들리라 나의 도움이 어디서 올까? 나의 도움은 천지를 지으신 여호와에게서로다." "나의 도움은 천지를 지으신 여호와에게서로다"라고 고백하는 부분이 비슷하지요? 차이가 뭘까요? '나의 도움'과 '우리의 도움'의 차이입니다. 시편 121편은 순례자가 순례길 속에서 부른 노래입니다. 시온산으로 순례하면서 그는 모든 산의 위협을 절감합니다. 순례길 속에 있는 산들에는 흉악한 강도나 사나운 짐승들의 위협으로 넘쳐 납니다. 순례자는 그 산들 너머에 계시는 천지를 지으신 하나님을 바라봅니다. 순례자는 구체적인 고백으로 "나의 도움은"이라고 했습니다. 그 힘들고 위험한 순례를 마치고 성전이 있는 시온산에 도착했습니다. 순례자들은 개별적인 신앙고백을 넘어 하나님의 회중이 되어서 "우리의 도움은"이라고 고백하며 예배의 자리로 나아갑니다. 하나님은 그 회중을 향해 하나님의 복을 담은 인사말을 건네십니다.

회중의 충성 고백인 '예배 부름'(↑)과 하나님의 인사인 '기원'(↓)은 마주 보고 서 있지만 너무나 아름다운 한 쌍을 이루고 있습니다. 여기에다가 첫 번째 '찬송'(↑)이 덧붙여집니다. 찬송도 여러 가지 종류가 있습니다. 예배의 첫 번째 찬송은「새찬송가」앞쪽에 '송영'이나 '경배와 찬송'이라는 표제를 가진 찬송을 하는 것이 좋습니다. 이 세 가지를 흔히들 '예배 시작의 3가지'라고 부릅니다. 예배 부름(하나님을 부름)과 기원(하나님의 인사)과 찬송(하나님을 찬송)은 예배가 하나님과 그 백성 사이의 언약적 교제라는 것을 분명하게 보여줍니다. 하나님의 백성들이 하나님을 부르면 하나님께서 응답하십니다. 회중의 예배 부름이 하나님의 인사인 기원을 불러내고, 기원이 예배 부름에 효력을 줍니다. 신자들은 예배 시작 순서들을 통해 하나님의 임재를 확인합니다. 예배 시작 순서들인 예배 부름과 하나님의 인사와 경배 찬송을 통해 우리는 하나님의 임재를 확신합니다. 그렇습니다. 예배 부름과 기원과 찬송은 하나님의 현존으로 들어가는 출입구 역할을 합니다.

예배 때 은혜를 풍성하게 받으면 좋겠다고 생각하시나요? 예배를 제대로 드려야 큰 복을 받는다고 생각하십니까? 순서가 뒤바뀌었습니다. 신자들은 은혜를 받고 복을 받았기 때문에 예배합니다. 예배는 은혜를 받고 복을 받기 위해 하나님의 비위를 맞추는 시간이 아닙니다. 예배는 받은 은혜와 복을 형제자매들과 더불어 감사하는 것이 우선입니다. 하나님은 예배 시작부터 주의 회중과 함께하시고 복을 주십니다. 하나님께서 예배를 끝까지 다 지켜보신 후에 괜찮았다 싶으면 복을 주시고 함께하시는 것이 아닙니다. 하나님의 복과 하나님의 임재는 끝에 가서야 겨우 오는 것이 아닙니다. 하나님께서 세우신 규례대로 우리가 그리스도의 몸을 이루어 하나님께 나아갈 때, 하나님은 그 가운데 계십니다. 하나님은 두세 사람이 주의 이름을 부르는 그곳에 계십니다. 그래서 공예배가 복됩니다. 우리가 다른 신자들과 함께 예배의 자리에 있다는 것이 얼마나 큰 영광인지 알기를 바랍니다.

기도

하나님 아버지, 우리 주 예수 그리스도께서 부활하신 주일에 하나님의 백성들이 살아 계신 하나님을 예배하게 하시니 감사합니다. 하나님은 하나님의 이름을 목 놓아 불러야 마지못해 찾아오시는 분이 아니라고 하셨습니다. 하나님의 이름은 부르다 내가 죽을 이름이 아니라고 하셨습니다. 예배 시작 순서들을 통해 우리가 하나님의 임재와 하나님의 복이 넘치게 부어짐을 확인할 수 있었습니다. 예배 부름과 기원과 경배 찬송을 통해 하나님의 현존 가운데로 들어가게 해 주셨으며, 이 모든 은혜와 복이 우리 주 예수 그리스도 안에서 성령으로 말미암아 온다는 것을 우리에게 가르쳐 주시니 참으로 감사합니다. 우리와 공적으로 만나 주시는 방편을 허락해 주셨사오니, 예배가 나 개인의 경건에 달린 문제가 아니라 회중이 하나 되어 하나님께 나아가는 문제임을 더욱더 깊이 깨닫게 해 주옵소서. 세상에 살 때는 우리가 홀로인 것 같았지만, 주일에 예배당에 나와 다른 성도들을 봄으로써 우리가 성도의 교제와 교회의 울타리 속에 있음을 확인합니다. 그리스도의 고난에 같이 동참하고, 그리스도의 영광에도 같이 동참할 성도들과 더불어 같이 하나님께 나아갈 수 있으니 얼마나 감사한지요.

하나님 아버지, 그러나 저희는 성도들과 더불어 그리스도의 한 몸이 되어 하나님을 예배함에도 불구하고 여전히 불안과 외로움을 떨쳐버리지 못할 때가 있습니다. 긍휼히 여겨 주옵소서. 우리가 엉뚱한 곳에서 하나님을 찾지 않도록 하옵소서. '하나님이 어디 계시냐, 하나님이 나와 함께하시냐'라는 의문이 들 때도 있는데, 주일 공예배를 통해 하나님의 임재가 주의 백성들 가운데 가득함을 알게 하옵소서. 예배 후에 어떤 특별한 은혜가 따로 있을 것이라고 기대하지 말고, 예배를 통해 하나님을 온전히 받게 해 주옵소서. 예배의 영광이 무엇인지를 알고 예배의 감격에 빠져들게 하옵소서. 예배를 제대로 하기만 해도 한 주간을 넉넉하게 살아갈 수 있는 능력을 공급 받을 수 있음을 알게 하시고, 이 은혜와 평강이 우리 생애 마지막 날까지 이어지게 하옵소서. 우리 주 예수 그리스도의 이름으로 기도합니다. 아멘!

요약

예배 전에 우리는 온 교회가 함께 하나님께 나아간다는 것을 의식해야 한다. '예배 부름'으로 예배가 시작되는데, 이때 반주자의 역할이 중요하다. 회중은 하나님께 충성을 맹세하고, 이에 하나님은 주의 회중에게 복 주시는 '기원'을 하신다. 그러면 회중은 하나님께 '경배 찬송'을 올려 드리는데, 이렇게 예배가 시작할 때부터 하나님의 임재가 넘쳐 난다.

1. 회중은 예배 시작까지 어떻게 무엇을 준비하는 것이 좋을까? 개인적으로 조용히 묵상하면서 기도하는 것이 좋을까? 아니면, 찬송을 부르거나 성경을 읽거나 교육의 시간을 가지는 것이 좋을까? 예배 전 반주자의 역할이 무엇인지도 나누어 보자.

2. '보툼(*Votum*)'이라는 용어는 어떤 의미를 가지고 있는가? '예배 부름'의 문구 (시편 121편과 124편의 차이를 보세요)를 묵상해 보자. 왜 이런 문구를 사용할까?

3. '기원'은 누가 누구에게 인사하는 것인가? 성경에는 어떤 인사말들이 있는 가? 이 인사는 예배 마지막 순서인 '강복 선언'과 함께 예배를 감싸고 있다는 것을 생각하며 나누어 보자.

4. '예배 부름'과 '기원' 후에 오는 찬송은 어떤 찬송이어야 할까? 예배 안에 있는 여러 찬송 중에 이 첫 번째 찬송의 의의에 관해 말해 보자.

예배 부름

1 아직도 한국의 많은 교회들은 강단에 놓인 종을 치면서 예배를 시작한다. 왜 종을 치는 것일까? 그 정확한 기원을 찾기가 불가능한데, 어떤 분들은 다음과 같이 추측한다. 선교사들이 한국에 들어와서 예배를 인도하는데 교인들이 주일에 모여서 오랜만에 보니까 서로 인사를 주고받고 시끌벅적하게 떠들어서 예배를 시작하기가 힘들었다고 한다. 이에 조용히 하라고 주목시키기 위해 작은 종을 마련하여 강단에 올려놓고 치기 시작했는데, 이것이 예배의 시작 순서로 자리를 잡았다고 말한다. 진짜 그럴까?

2 종 치는 것과 함께 예배의 시작 문구로 흔히 사용되는 것이 "이제 묵도함으로 예배를 시작하겠습니다"라고 하는 것이다. 왜 묵도가 예배의 시작 순서가 되었을까? 이것도 그 정확한 기원이 밝혀지지 않았다. 이것도 종 치는 것과 비슷하다고 추론하는 이들이 있다. 교인들이 시끌벅적하니까 종을 치고는 마음을 가다듬도록 조용히 기도하도록 했다는 것이다. 한국 교회의 관습이 되었지만, 세계의 어떤 예배에서도 없는 '묵도'라는 것이 왜 필요한지 살펴보아야 하겠다.

3 종 치는 것과 묵도가 예배의 시작이라고 보기는 힘들다. 고대로부터 예배 시작은 예배를 인도하는 목사와 회중의 인사를 주고받음이었다. 목사가 회중을 향해 "하나님의 복이 여러분과 함께"라고 하면, 회중은 목사를 향해 "그 복이 목사님과도 함께"라고 했다. 이렇게 예배 인도자와 회중이 인사를 주고받는 것은 예배가 시작되었다는 것을 알리는 사인이었다. 로마 가톨릭교회에서는 지금도 이런 인사를 하고 있다.

4 예배의 역사를 보면 미국에서 예배 갱신을 하면서 예배 시작 순서로 '예배 부름(Call to worship)'을 도입했다는 것을 알 수 있다. 여기서 말하는 예배 부름은 목사가 하나님을 대신하여 회중을 예배로 불러내는 것이었다. 모든 예배는 하나님의 부르심으로부터 시작된다는 생각 때문이었다. 맞는 말이다. 모든 종교의 예배는 신을 불러내는 것이라고 말할 수 있다. 그러나 우리 기독교의 예배는 다르다. 우리가 하나님을 불러내는 것이 아니라 하나님께서 우리를 부르셔서 하나님 앞에 서는 것이 예배이다.

5 역사를 거슬러 올라가 볼 필요가 있다. 이미 언급했지만, 제네바의 개혁자 칼뱅은 예배 시작 순서로 '*Votum*(보툼)'이라는 순서를 넣었다. 이 순서에 중세 시대부터 예배 때 사용하던 구절을 사용했다. "우리의 도움은 천지를 지으신 여호와의 이름에 있도다"(시 124:8)를 예배 시작 문구로 사용한 것이다. 지금도 유럽의 교회에서는 라틴어 '보툼'을 번역하지 않고 그대로 사용하는데, 이것이 바로 영미 계통의 예배에서 사용하는 예배 부름의 문구라고 보면 되겠다.

6 우리가 예배 시작 순서의 명칭을 '예배 부름'이라고 부르고, 그 화살표 방향이 하나님에게서 우리에게로 내려오는 화살표(↓)가 아닌 우리에게서 하나님께로 올라가는 화살표(↑)로 표시한다고 해서, 우리가 하나님을 불러내리는 것은 아니다. 기독교회의 예배는 철저하게 언약적이기 때문에, 하나님께서 먼저 찾아와 주실 때 예배가 시작된다. 우리가 하나님을 찾아 나서는 것이 예배가 아니다. 하나님께서 당신을 우리에게 주실 때 우리는 비로소 예배할 수 있다.

7 우리의 예배 시작 순서인 '예배 부름'은 영미 계통의 예배 시작 순서인 '예배 부름'과 유럽 계통의 '*Votum*'이 함께 있는 것이라고 보는 것이 적절하겠다. 하나님께서 우리를 불러 주심으로 예배가 시작된다. 이것이 배경으로 깔려 있다. 그러면 우리는 하나님을 향해 충성을 고백한다. 하나님만이 우리의 유일한 도움이라고, 우리는 우상을 예배하지 않고 오직 천지를 지으신 하나님을 예배하겠다고 말이다. 예배 시작 순서로 얼마나 아름다운가!

8 이렇게 온 회중은 함께 불러 주신 하나님 앞에서 많은 물소리 같은 소리로 하나님이 우리의 유일한 도움이라고 고백하기 전에, 회중이 한 몸이라는 것을 확인하는 것도 필요하다. 그것이 바로 고대로부터 내려오던 목사와 회중의 인사말이었는데, 이것을 우리 방식으로 표현해도 좋겠다. 즉, 목사가 강단에 서서 회중을 향해 "예배의 자리에 나아오신 여러분을 환영합니다. 이제 우리가 주님의 거룩한 몸을 이루어서 함께 예배할 것입니다. 먼저 서로를 향해 인사하십시다"라고 말하면서 간단하게 서로 돌아보기를 요청해도 될 것이다. 이제 회중은 서로를 보며 한 공동체요 한 몸으로서 하나님을 향해 예배하기 시작한다.

9 서로를 확인하면서 하나님 앞에 선 회중을 향해, 목사는 예배 부름의 문구를 외친다. 우리의 도움은 천지를 지으신 여호와의 이름에 있다고 말이다. 목사가 회중을 향해 외치지만, 이것은 회중이 함께 외치는 것이라고 말해야 한다. 목사가 먼저 외치고, 회중이 그 문구를 그대로 따라서 한 번 더 반복할 수도 있다. 그러면 목사가 회중을 향해 하나님의 부름을 확인시키고, 회중이 함께 하나님 앞으로 나아가는 것이 분명하게 드러날 것이다. 이렇게 개인적인 묵상 기도가 아니라, 회중 전체가 함께 하나님의 부름에 응답하면서 예배를 시작하는 것이 더욱 아름답지 않을까?

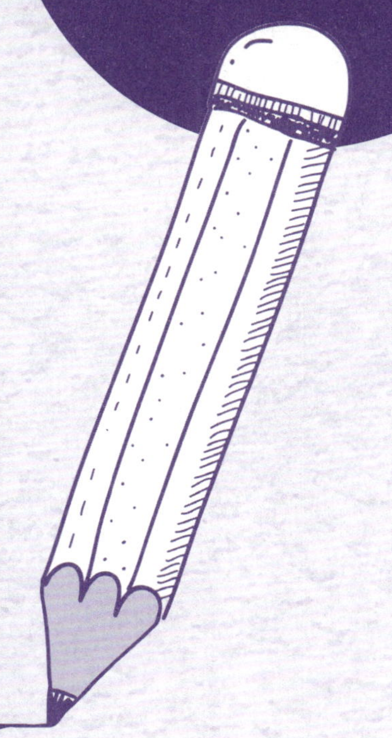

5장
죄 고백과 사죄 선언

: 회개와 용서가 넘쳐 나는 예배

요 20:19-23

19 이날 곧 안식 후 첫날 저녁 때에 제자들이 유대인들을 두려워하여 모인 곳의 문들을 닫
    았더니 예수께서 오사 가운데 서서 이르시되 너희에게 평강이 있을지어다
20 이 말씀을 하시고 손과 옆구리를 보이시니 제자들이 주를 보고 기뻐하더라
21 예수께서 또 이르시되 너희에게 평강이 있을지어다 아버지께서 나를 보내신 것 같이 나
    도 너희를 보내노라
22 이 말씀을 하시고 그들을 향하사 숨을 내쉬며 이르시되 성령을 받으라
23 너희가 누구의 죄든지 사하면 사하여질 것이요 누구의 죄든지 그대로 두면 그대로 있으
    리라 하시니라

약 5:13-18

13 너희 중에 고난당하는 자가 있느냐 그는 기도할 것이요 즐거워하는 자가 있느냐 그는 찬
    송할지니라
14 너희 중에 병든 자가 있느냐 그는 교회의 장로들을 청할 것이요 그들은 주의 이름으로
    기름을 바르며 그를 위하여 기도할지니라
15 믿음의 기도는 병든 자를 구원하리니 주께서 그를 일으키시리라 혹시 죄를 범하였을지
    라도 사하심을 받으리라
16 그러므로 너희 죄를 서로 고백하며 병이 낫기를 위하여 서로 기도하라 의인의 간구는 역
    사하는 힘이 큼이니라
17 엘리야는 우리와 성정이 같은 사람이로되 그가 비가 오지 않기를 간절히 기도한즉 삼 년
    육 개월 동안 땅에 비가 오지 아니하고
18 다시 기도하니 하늘이 비를 주고 땅이 열매를 맺었느니라

● **생각해 보기**

❶ 죄 고백은 하나님께 개인적으로만 하는 것이 좋을까요?

❷ 교회에 죄를 사할 수 있는 권세가 있을까요?

❸ 공예배 때 '죄 고백'과 (   )이 있기에, 우리는 (   )받았다는 확신을

가지고 살아갈 수 있다.

공예배 때 죄 고백이 있는 것을 이상하게 생각하는 이들이 있다

기독교만큼 죄의 문제를 심각하게 다루는 종교가 있을까요? 교회에서 '죄'라는 말이 빠지면 너무나 이상할 것입니다. 그런데 세상 사람들은 이 '죄'라는 말, '죄인'이라는 말이 듣기 싫어서 교회 오기 싫다고들 합니다. '내가 죄인이라고? 내가a 왜 죄인인데?'라는 물음을 갖는다는 것이죠. 자신이 죄가 없다고 뻔뻔하게 말할 수 있는 사람이 많지 않겠지만, 죄의 문제를 공개적으로 거론하는 것은 누구에게나 부담스러울 만한 일입니다. 그러나 교회에서는 죄를 너무 쉽게 말합니다. 예배에서도 죄라는 단어는 빠지지 않습니다. 예배 때 언제 죄라는 말이 등장하고, 회개하자는 말이 등장합니까? 곳곳에서 등장합니다. 예배 순서에 아예 '죄 고백'이라는 순서가 들어가 있기도 합니다.

그렇다면, 공예배 때 회중이 자신들의 죄를 고백하는 것이 바람직할까요? 죄에 대한 고백은 공예배 전에 개인적으로 미리 해야 하는 것이 아닐까요? 교회 역사를 보면, 교회에서 공적으로 죄를 고백하던 것이 언제부턴가 사제에게 사적으로 고해하는 것으로 바뀌는 것을 확인할 수 있습니다. 가톨릭교회에 있는 '고해성사'가 바로 그것입니다. 거의 1천 년 동안 교회는 공예배 때 죄에 대한 고백을 포함시키지 않았습니다. 신자들이 죄를 지었을 때는 개인적으로 사제에게 가서 고해를 하면 되었습니다. 11세기에 개인적인 죄에

  5장 죄 고백과 사죄 선언

대한 고백문이 예배 앞부분에 추가되기는 했지만, 신자들은 죄 고백을 사제에게 개인적으로 했지 예배 때 공적으로 하지는 않았습니다.

우리는 왜 예배 때 죄를 고백하는 순서를 가져야 할까요? 한국 교회에서는 예배 인도자가 회중을 향해 회개하는 시간을 갖자고 요청하는 것을 이상하게 생각하지 않습니다. 특히, 설교 후에는 하나님의 말씀으로 자신을 비추면서 회개하자고 하며 통성 기도를 하는 전통이 되었습니다. 제가 섬기는 교회는 설교 후가 아니라 설교 전에 예배의 두 번째 파트로서 "하나님께서 용서하십니다"라는 파트를 가지고 있습니다. 그 파트 안에 회중이 각자 죄를 고백하는 순서가 있습니다. 이게 혹시 문제가 되지는 않을까요? 문제가 될 여지는 없습니다. 모두가 같이 죄를 고백하되, 각자 조용히 자신들의 죄를 하나님께 기도하는 방식으로 고백하기 때문입니다.

어떤 교회들에서는 공예배 시에 자신들의 죄를 공개적으로 고백하도록 요구하기도 합니다. 소그룹으로 성경 공부를 하거나 기도회를 가지는 시간에 그렇게 하는 것이 아니라, 공예배 시간에 개인적인 죄를 공개적으로 고백한다는 것입니다. 그것이 과연 바람직할까요?

종교개혁은 죄 고백의 중요성을 깨달은 데서 출발했다

우리가 잘 알고 있듯이 마르틴 루터가 종교개혁을 일으킨 것도 실은 '죄 고백', '용서'의 문제와 깊이 관련을 맺고 있습니다. 그는 자신이 죄인이라는 것을 알았습니다. 그는 평생토록 '의로우신 하나님 앞에 죄인인 내가 어떻게 설 수 있을까?'라는 질문을 했습니다. 병적일 정도였습니다. 그는 의로우시기에 죄인들을 벌하시는 하나님을 사랑하기는커녕 두려워하고 미워하기까지 했다고 털어 놓았습니다. 마침내 그는 복음에, 예수님의 십자가에 하나님의 의가 나타났다는 사실을 성경 말씀을 통해 깨닫고는 양심의 자유를 얻었습니다. 이후 그는 중세 로마 가톨릭교회의 '면벌부'를 포함한 '고해성사'를 지적하기 시작했습니다. 마르틴 루터는 면벌부를 구매하면 죄에 대한 형벌을 줄이거나 없앨 수 있다고 하는 저들의 말이 터무니없는 미신에 불과하다고 지적했습니다.

우선 우리가 용어 문제를 짚고 넘어갈 필요가 있습니다. 흔히 중세 교회가 죄를 씻을 수 있다고 하면서 판매한 것을 '면죄부'라고 불러 왔습니다. 그러나 중세 교회가 판매한 것은 '면죄부'가 아닙니다. 정확하게는 '면벌부'입니다. 신자가 죄에 대해 마음으로 통회하고, 입으로 자백하고, 행위로 보속을 하면, 사제는 죄가 씻어졌다고 선포합니다. 소위 말하는 '방면(放免)'입니다. 그러나 사제가 아무리 용서의 선언을 했다 하더라도, 그 죄를 씻어 주시는 분은 우리 주 예수 그리스도이십니다. 게다가 그리스도께서 죄를 씻어 주셔도 그 죄에 대한 형벌은 남아 있습니다. 그 형벌로 인해 연옥에서 끔찍한 고통을 당해야 합니다. 죄는 씻어졌지만 형벌은 치러야 하기에, 그 형벌을 줄여 주거나 없애 준다고 하면서 등장한 것이 바로 '면벌부'입니다. 중세 교회는 이 면벌부를 판매했습니다. 그러므로 '면죄부'라고 부르기보다는 '면벌부'라고 부르는 것이 좋겠습니다.

「루터」라는 영화를 보면 이것과 관련된 아주 흥미로운 장면이 등장합니다. '테첼'이라는 신부가 자기 교구를 넘어서 루터가 섬기고 있던 지역인 비텐베르크에까지 와서 면벌부를 판매하기 시작합니다. 아픈 딸을 둔 한 어머니가 면벌부를 삽니다. 테첼이 자기 손을 횃불로 지지면서 면벌부를 사지 않으면 지옥에서 이렇게 불 심판을 받는다는 말을 듣고는 겁이 나서 돈을 주고 면벌부를 산 것입니다. 그녀가 아픈 딸을 데리고서는 루터에게 와서 면벌부를 샀다고 자랑합니다. 그러자 루터가 말합니다. "아픈 딸이 있지 않습니까? 돈을 아껴야지요." 돈을 아껴서 딸 병간호에 써야 하는데 왜 쓸데없이 면벌부를 샀느냐고 책망한 것입니다.

중세 교회는 죄의 문제를 해결하기 위해 사적으로 사제에게 고해해야 한다고 주장했습니다. 그리고 용서가 보상 행위를 통해서 온다고 주장했습니다. 용서가 예수 그리스도의 십자가와 부활로 인해 전적인 은혜로 온다는 것을 부인한 것입니다. '은혜'를 '행위'로 대체한 것이죠. 한때 크게 인기를 끌었던 책이 있습니다. 일본 사람 시오노 나나미의 『십자군』이라는 책이었는데요. 중세 교회는 이 십자군에 자원하면 본인뿐만 아니라 조상들이 연옥에서 받아야 할 형벌을 말끔히 처리할 수 있다고 주장하기도 했습니다.

개혁한 교회는 죄 문제를 심각하게 다루었지만, 죄를 다루는 방식이 달랐습니다. 마르틴 루터가 1517년 10월 31일에 그 유명한 95개 조항의 대자보를 비텐베르크 성곽교회당 문에 붙였습니다. 95개 조항 중에 첫 번째 조항은 다음과 같습니다. "예수님이 '회개하라'고 명하신 것은 우리의 전 생애가 회개의 삶이 되어야 한다고 하신 것이다." 개혁한 교회가 죄 문제를 피상적으로 다루지 않았습니다. 개혁한 교회는 죄 문제를 훨씬 더 근본적으로 다루었습니다. 개혁한 교회는 죄 문제를 사적인 고백에 국한시키지 않고 삶 전체의 문제로 보았고, 하나님의 백성들이 함께 하나님 앞에서 예배하면서 처리해야 할 문제로 보았습니다.

교회는 사죄를 공적으로 선언할 권리가 있다

우리는 죄를 고백해야 할까요? 그렇습니다. 모든 신자는 자신들의 죄를 고백해야 합니다. 여기서 중요한 것은 누구에게 어떻게 고백해야 하느냐의 문제입니다. 은밀하게 지은 죄는 개인적으로 하나님께 고백하면 되지 않을까요? 관계의 문제 같은 경우에는 형제나 친구나 부모에게 고백하면 되지 않을까요? 그렇습니다. 그런데 교회 앞에 고백해야 하는 경우도 있습니다. 우리 주 예수 그리스도는 교회에 죄를 사하는 권세를 맡기셨습니다. 마태복음 16장에서 분명하게 말씀하고 있습니다. 사도 베드로가 예수님을 향해 그 유명한 고백을 합니다. "주는 그리스도시요 살아 계신 하나님의 아들이십니다." 예수님은 기뻐하시면서 이 반석 위에 교회를 세우겠다고 하셨습니다. 예수님은 그 반석 위에 세워진 교회에 소위 말하는 '열쇠권'을 주셨습니다. 교회가 죄를 사하면 하나님께서도 사하시고, 교회가 죄를 사하지 않으면 하나님께서도 죄를 사하지 않으시겠다는 말씀입니다. "내가 천국 열쇠를 네게 주리니 네가 땅에서 무엇이든지 매면 하늘에서도 매일 것이요 네가 땅에서 무엇이든지 풀면 하늘에서도 풀리리라." 두 장 뒤인 마태복음 18장으로 가 보면, 이 '매고 푼다'라는 것이 죄인의 죄를 용서해 주고 용서해 주지 않을 교회의 권세임을 알 수 있습니다.

부활하신 예수님은 승천하시기 직전에 교회가 죄 사함의 권세가 있다는 것을 다시 한번 분명하게 밝히셨습니다. 위에서 읽었던 요한복음 20장 21절의 말씀에 나와 있습니다. 부활하신 예수님께서 제자들 가운데 나타나셔서 말씀하십니다. "성령을 받으라. 너희가 뉘 죄든지 사하면 사하여질 것이요, 뉘 죄든지 그대로 두면 그대로 있으리라." 사도행전에 가 보면 성령님께서 강림하신 후에 교회가 세워지는데, 복음이 이방 세계에 전해지면서 이방인들이 공개적으로 자신들의 죄를 회개하는 모습을 볼 수 있습니다. 또 기원후 1세기 말의 교회 문헌들을 보면, 교회에서 죄를 고백하라는 문구가 분명하게 등장하는 것을 볼 수 있습니다. 그럼에도 이후에 교회에서 하는 이런 죄 고백이 사제에게 개인적으로 고해하는 것으로 바뀌어 버립니다.

죄 고백과 관련해서 중요하게 언급되는 구절이 또 하나 있는데, 위에서 읽었던 야고보서 5장의 말씀입니다. "이러므로 너희 죄를 서로 고하며 병 낫기를 위하여 서로 기도하라. 의인의 간구는 역사하는 힘이 많으니라." 이 말씀의 의미는 그리 간단하지 않습니다. 전후 문맥을 잘 살펴봐야 합니다. 병든 사람이 있으면 교회의 장로를 청하라는 말씀으로 시작하는데, 장로는 그 병든 사람에게 가서 기름을 바르고서 기도하라고 합니다. 그러면 믿음의 기도가 그 병든 사람을 일으킬 것이라고 합니다. 그런데 그 병이 혹시 죄로 인해 온 것이라면, 그 죄가 사하심을 얻을 것이라고 합니다. 그리고 이 말씀 뒤에 바로, 서로 죄를 고하고 병 낫기를 위해 기도하라고 일반적인 권면을 합니다. 복잡한 논의는 생략하더라도, 중요한 것은 믿는 이들끼리 서로 죄를 고하고 위하여 기도할 수 있다는 것입니다. 더 나아가 예배를 주관하고 있는 교회의 장로들에게 죄를 고하고 기도를 청하라 권면하고 있으며, 더불어 초대 교회 때는 신자들이 서로 죄를 고백했을 뿐만 아니라 용서의 말씀이 교회를 통해 선포되었다는 사실을 확인할 수 있습니다.

죄 고백은 신중하게 공적으로 이루어져야 한다

죄 고백이 야기하는 문제는 무엇일까요? 중세 교회처럼 신자가 사제에게 가서 사적으로 죄를 고백할 때는 별 문제가 안 됩니다. 사제가 모든 비밀에 대해 입을 다물어야 하는 것이 불문가지입니다. 그것을 '고백의 봉인(The Seal of Confession)'이라고 부릅니다. 바로 이 부분에서 문제가 발생합니다. 로마 가톨릭교회의 사제는 입을 다무는데, 우리 개신교회는 입을 함부로 놀립니다. 한 사람에게 알려지면 모두에게 알려지게 되는 것이 일상적입니다. 심지어 자신이 은밀하게 말한 것이 설교를 통해서 공개적으로 알려지는 경우도 있으니, 얼마나 상처가 크고 분노가 일어나겠습니까? 사제는 교인들이 고백한 죄를 결코 발설해서는 안 됩니다. 심지어 법정에서도, 들은 죄에 대하여 발설하지 않아도 되는 권리가 있습니다. 무덤까지 그 고백을 가지고 가야 하는 것입니다.

공적으로 죄를 고백할 때는 문제가 더 심각해집니다. 다른 사람들이 들으면 어떻게 될까요? 교인들이 들어도 상관없을까요? 죄 고백이니까 되도록

이면 다른 교인들에게 공개적으로 고백하는 것이 좋을까요? 공개적으로 죄를 고백해야 한다면 죄를 온전하게 고백할 수 있는 신자가 과연 몇 명이나 될까요? 북한에서 하는 것처럼 자아비판을 하는 것도 아니고, 마음속 은밀한 곳에 있는 죄를 고백해야 하는데 말입니다. 죄를 공개적으로 고백해야만 한다면, 신자의 양심이 짓눌림을 당하고 고통을 당하지 않을까요? 그래서 우리는 죄를 고백하되, 예배 안에서 회중에 속하여 조용히 죄를 고백하는 기도를 합니다.

개인적으로 조용히 자신의 죄를 하나님께 고하는 것과 사적으로 기도하며 하나님께 죄를 고백하는 것은 어떤 차이가 있을까요? 우리는 십계명을 낭독한 후에 기도합니다. 따라서 막연한 기도를 하지는 않습니다. 계명으로 우리 자신을 돌아보며 기도하기 때문입니다. 그럼에도 불구하고 죄 고백은 신중하게 해야 하고, 공적인 방식으로 해야 합니다. 이때 도움이 되는 것이 죄 고백의 기도문입니다. 개혁 교회 예식서에는 다양한 기도문이 있습니다. 거기서 '기독교의 모든 필요를 구하는 기도문'을 보면 첫 번째 부분을 차지하는 것이 바로 이 죄 고백인 것을 알 수 있습니다.

전능하시고 자비로우신 하나님, 우리는 감히 하나님 앞에 나아올 자격이 없는 자들임을 고백합니다. 우리의 양심이 우리를 고소하고, 우리의 죄가 우리를 향해서 소리치고 있습니다. 하나님은 주의 명령을 어기는 모든 죄를 처벌하시는 의로운 심판자가 아니십니까? … 하늘에 계신 아버지여, 주님은 우리가 이해할 수 없고 셀 수도 없는 수많은 복을 내려 주셨습니다. 특별히 감사한 것은, 주께서 주의 진리의 빛과 거룩한 복음의 지식으로 우리를 인도하셨다는 사실입니다. 그러나 우리는 계속해서 주의 은총을 저버렸고, 주님을 떠났으며, 우리 자신의 욕망을 따랐습니다. 우리는 마땅히 하나님을 존경할 만큼 존경하지도 않았습니다. 우리는 주님을 향해 심각한 죄를 지었습니다. 주님께서 우리를 심판에 붙이신다면, 우리는 저주와 영원한 죽음을 당할 수밖에 없습니다. 그러나 주님, 주님의 기름 부음을 받은 자의 얼굴을 보옵소서. 주의 눈을 우리의 죄로부터 감아 주옵소서. 그리스도의 중보를 통해 주의 진노를 제거해 주옵소서. 우리의 죄악된 본성을 날마다 죽여 갈 수 있도록, 우리의 삶이 날마다 새로워질 수 있도록 우리 가운데 성령으로 강력하게 역사하옵소서.

이런 기도문을 함께 낭독하면 얼마나 힘 있는 회개 기도가 되겠습니까?

'사죄 선언'(⬇)은 성경 말씀으로 하는 것이 좋다

죄 고백을 하고 나면, 예배 인도자가 용서받았다는 것을 선언합니다. 이 것이 '사죄 선언'(↓)입니다. 여기서도 문제가 있습니다. 회중이 진정으로 회개했는지 어떻게 알 수 있을까요? 그렇다면 사죄 선언에 조건을 달아야 하지 않을까요? 종교개혁 직후에는 그렇게 했습니다. 진실로 회개한 신자들에게는 그들의 모든 죄가 용서받았다고 선언했습니다. 그러나 진정한 회개를 하지 않는 신자들에게는 다음과 같이 선언했습니다. "하지만 자신의 죄를 여전히 즐기고 그것에 대해 자신을 책망하지 않고 그 죄들을 변명하면서 하나님의 엄하심을 비난하는 자들에게는, 그리고 죄에 대해 경고를 받았지만 그리스도의 죽으심으로 인해 획득된 용서의 은사를 경멸하는 모든 자들에게는, 그들이 회개하고 하나님께 돌아올 때까지 그들의 죄가 여전히 있고 천국에서 매여 있음을 내가 하나님의 말씀에 근거하여 선언합니다."

사죄의 선언을 조건적으로 하면 죄 용서의 문제를 개인적인 확신에 맡기는 것이 될 수 있습니다. 우리는 조건이 담긴 사죄 선언문을 낭독하는 것이 아니라 용서에 관한 하나님의 말씀 자체를 선포합니다. 하나님께서 그리스도 안에서 우리를 받으시고 우리의 모든 죄를 씻으셨다는 말씀이 많이 있습니다. 우리는 히브리서 7장 24-25절 말씀을 주로 사용합니다. 다른 말씀들도 많습니다. 너무나 유명한 요한복음 3장 16절 말씀도 있습니다. "하나님이 세상을 이처럼 사랑하사 독생자를 주셨으니 이는 저를 믿는 자마다 멸망치 않고 영생을 얻게 하려 하심이니라." 디모데전서 1장 15절 말씀도 있습니다. "미쁘다 모든 사람이 받을 만한 이 말이며 그리스도 예수께서 죄인을 구원하시려고 세상에 임하셨다 하였도다." 사도행전 10장 43절 말씀도 있습니다. "그에 대하여 모든 선지자도 증언하되 '그를 믿는 사람들이 다 그의 이름을 힘입어 죄 사함을 받는다'하였느니라." 요한일서 2장 1-2절도 사죄를 선언하기에 너무도 아름다운 말씀입니다. "나의 자녀들아, 내가 이것을 너희에게 씀은 너희로 죄를 범하지 않게 하려 함이라. 만일 누가 죄를 범하여도 아버지 앞에서 우리에게 대언자가 있으니 곧 의로우신 예수 그리스도시라. 그는 우리 죄를 위한 화목 제물이니 우리만 위할 뿐 아니요 온 세상의 죄를 위하심이라."

　죄를 고백하고 나면 '사죄 선언'이 따라옵니다. 사죄 선언이 있고 나면 어떻게 반응하는 것이 좋을까요? 용서받음에 대해 '감사 찬송'을 하는 것이 좋습니다. 그래서 죄 고백(↑) - 사죄 선언(↓) 후에, 감사 찬송(↑)이 따라옵니다. 이 모든 순서가 하나로 연결되어 있습니다. 이 모든 순서를 이끄는 것이 '십계명 낭독'(↓)입니다. 죄 고백, 사죄 선언의 순서와 밀접하게 관련을 맺고 있는 것이 바로 십계명이라는 것입니다. 십계명을 낭독함으로써 용서의 파트를 시작합니다. 그런데 종교개혁자 칼뱅은 사죄 선언 후에 십계명을 진술하는 것이 좋겠다고 보았습니다. 예배 때 하나님께 죄 고백을 하는 신자들은 난생 처음 용서받아야 하는 죄인들이 아니라, 이미 그리스도로 인해 용서받은 하나님의 백성들이기 때문입니다. 그래서 십계명을 먼저 내세운 것이 아니라 용서의 말씀을 받은 후에 십계명을 통해 하나님께 감사와 헌신을 표명하고자 했습니다. 여기서 우리는 십계명이 죄 고백 전과 후를 왔다 갔

　　　　　　　　　　　　　　　　　　　　　　　　5장 죄 고백과 사죄 선언

다 할 수 있음을 봅니다. 이렇듯 십계명은 우리의 죄와 비참이 얼마나 큰지를 구체적으로 알려 줍니다.

그것으로 끝이 아닙니다. 십계명은 그 모든 계명들을 온전히 성취할 분인 예수 그리스도를 기다리고 있습니다. 우리는 십계명을 온전히 성취하신 예수 그리스도로 인해 십계명을 감사의 법칙으로 받을 수 있습니다.

사라진 죄 고백과 용서의 말씀을 회복해야 한다

개혁한 교회는 신자가 목사에게 사적으로 고해하는 것을 성례에서 배제했습니다. 고해성사를 버렸습니다. 그렇다고 죄의 문제를 가볍게 다룬 것은 아닙니다. 오히려 신자들끼리 서로 죄를 고하게 했을 뿐만 아니라 예배에서 신자들의 죄 문제를 다루었습니다. 주일이 되어 신자들이 하나님의 회중으로 하나님 앞에 나아오면 예배 인도자는 교인들에게 죄를 고백하고 하나님의 용서를 얻기 위해 기도하라고 권고했습니다. 그러고는 다 같이 죄 고백을 한 후에 용서의 말씀을 선언했습니다. 하나님께서 당신의 백성을 만나 주시는 시간에 사죄의 말씀을 공적으로 선포해 주시는 것입니다. 그런데 이상한 것이 있습니다. 개혁한 교회가 이 죄 고백과 사죄 선언의 순서를 예배 순서에 포함했다가 이내 그 순서를 없애 버렸다는 것입니다. 정말 반짝이다 싶을 정도만 이 순서를 가졌습니다. 참으로 이상할 정도입니다.

무엇 때문이었을까요? 종교개혁과 더불어 일어난 르네상스, 그리고 이후의 계몽주의 영향 때문일까요? 개인의 자유를 무한히 강조하던 분위기 말입니다. 하나님과 개인의 양심 사이에 그 누구도 개입할 수 없다는 생각 말입니다. 어떤 사람도, 심지어 교회도 개인의 양심에 개입할 수 없다는 생각 말입니다. 죄 고백도 그러하지만, 사죄 선언이라는 표현 자체를 거부하는 분위기도 컸습니다. 목사가 사죄를 선언하는 것은 중세 시대로 다시 돌아가고자 하는 것이 아니냐는 혐의입니다. 그것은 성직주의를 다시 조장하는 것이 아니냐는 주장입니다. 그래서인지 이내 예배 순서에서 죄 고백과 사죄 선언이 사라지고, 죄의 문제는 개인이 알아서 처리해야 할 문제가 되어 버렸습니다.

이런 분위기가 현대 교회까지 죽 이어져 왔습니다. 죄 고백은 철저하게 사적이고 내밀한 것이 되어 버렸습니다. 현대 교회는 죄 고백이 자기 양심과 하나님 사이의 내밀하고 사적인 문제라고 생각합니다. 여러분은 어떻습니까? 여러분은 자신을 하나님의 회중의 한 사람으로 보지 않고, 자신을 갈고닦아서 자신의 죄와 욕망을 씻어 보고자 하는 수도자로 생각하지는 않습니까? 이것은 기독교인이 마치 불교인처럼 생각하고 있음을 보여 줍니다. 우리는 하나님께서 우리의 구원을 위해 믿음의 형제자매들과 가족을 주신 것을 잊지 말아야 합니다. 어떤 경우에는 그들에게 고백하는 것이 곧 하나님께 고백하는 것일 수 있습니다. 더 나아가 개혁한 교회는 죄 고백이 사적인 감정에 그치지 않도록 예배를 통해 공적으로 죄 고백과 사죄 선언의 문제를 다루었습니다. 예배 때 죄 고백과 사죄 선언이 있으므로 우리는 용서받았다는 확신을 가지고 살아갈 수 있습니다.

공예배에 용서의 파트가 자리 잡고 있다는 것이 얼마나 감사한 일인지 모릅니다. 하나님은 예배를 통해 공적으로 회중들의 죄 고백을 받으시고, 하나님의 총회를 향해 용서의 말씀을 선포해 주십니다. 용서는 신자가 하는 회개의 진실성에 달린 것이 아닙니다. 물론 목사의 사죄 선언을 통해 자동적으로 보장되는 것도 아닙니다. 용서는 우리 주 예수 그리스도를 통해 우리를 보시는 하나님의 끝없는 긍휼과 자비, 그분의 약속에 달린 것입니다. 예배 인도자는 자신의 권위로 사죄를 선언할 수 없습니다. 예배 인도자는 회개한 죄인들을 하나님께서 받아 주신다는 분명한 진술이 담긴 말씀을 낭독해야 합니다. 우리는 예배 시간을 통해 이 사실을 반복적으로 확인합니다. 용서받았다는 확신을 주관적인 감정에만 맡겨 두지 않고 매 주일 예배 시에 죄를 고백하고 우리의 모든 죄가 용서받았다는 것을 공적으로 듣는 것 이야말로 얼마나 큰 확신과 위로를 가져다주는지 모릅니다. 우리는 예배를 통해 하나님과 맺은 언약을 지속적으로 갱신하고 있으며, 우리의 신분을 새롭게 확인하고 회복합니다. 하나님의 말씀을 들으십시오. 여러분은 날마다 용서받고 있습니다.

기도

하나님 아버지, 감사합니다. 우리가 하나님 앞에서 죄인인 것을 알게 하시고, 동시에 예수 그리스도를 통해 하나님 앞에서 의인이 된 것을 알게 하시니 감사합니다. 우리가 개인적으로 늘 하나님 앞에 우리의 죄를 깨닫고 고백하길 원합니다. 또한 우리 형제자매들에게 지은 죄를 기꺼이 고백할 수 있길 원합니다. 이웃에게 지은 죄에 대해 당사자에게 용서를 구하지 않으면서 하나님께 고백했다고 하는 것으로 끝내지 않게 하옵소서. 하나님께 용서받았다는 것을 주관적인 감정으로만 확인받으려고 하면, 우리는 끝없이 양심의 혼란을 경험하게 될 것입니다. 도대체 얼마나 회개해야 용서받았다는 느낌을 가질 수 있겠습니까? 이렇게 혼란스러울 수밖에 없고 자신에게 속을 수밖에 없는 우리에게 죄 고백과 용서의 문제를 사적인 감정과 확신에 매어 놓지 않도록 공적으로 끌어올려 주시니 감사드립니다. 그것이 바로 예배임을 알게 하시니 감사합니다.

하나님 아버지, 우리는 아무리 회개해도 회개할 것이 남아 있는 자들이며, 오직 우리 바깥에 계신 예수 그리스도를 바라볼 때 우리에게 용서와 의와 평강이 주어짐을 압니다. 예배 때 죄 고백과 사죄 선언이 있기에 우리는 날마다 용서받고 있음을 확신하며 살아갈 수 있사오니, 죄 고백이 우리에게서 끊어지지 않게 하옵소서. 용서의 말씀이 우리에게 끊어지지 않게 하옵소서. 우리를 위해 십자가를 지시고 사흘 만에 부활하사 우리의 구속자가 되신 우리 주 예수 그리스도의 이름으로 기도드립니다. 아멘

요약

예배에는 하나님의 용서가 있다. 예배의 두 번째 파트는 하나님께서 우리를 용서해 주시는 파트이다. 예배 인도자가 '십계명'(↓)을 읽고, 회중이 언약의 열 가지 말씀으로 자신을 돌아보면서 '회개 기도'(↑)를 하면, 목사는 말씀으로 '사죄 선언'(↓)을 한다. 용서의 말씀을 들은 회중은 하나님께 '감사 찬송'(↑)을 올려 드린다. 이렇게 예배에는 '죄 고백'과 '사죄 선언'이 있기 때문에, 우리는 공적으로 용서받았다는 것을 확인하며 확신 가운데 예배하며 살아갈 수 있다.

나눔을 위한 질문

1. 공예배 때 죄를 고백하는 순서가 있는 것이 이상하지 않은가? 중세 교회에 있었던 고해성사의 핵심은 무엇이며, 죄 고백의 성경적 근거를 말해 보자.

2. 죄 고백 전에 십계명을 낭독하는 이유는 무엇인가? 또한 예배 때 어떻게 죄 고백을 하며, 죄 고백이 예배 안에 있다는 것은 무엇을 의미하는가?

3. 사죄 선언은 어떤 방식이 좋은지, 사죄 선언의 문구들은 어떤 것들이 있는지 말해 보자. 칼뱅이 십계명 선포를 사죄 선언 후에 했다고 하는데, 그 이유는 무엇인가?

4. 공예배에서 "하나님께서 용서하십니다"라는 파트가 있는 것의 중요성을 말해 보자. 우리는 이미 용서를 받았는데, 왜 공예배에서 계속적으로 회개하고 용서를 받아야 하는지 나누어 보자.

죄 고백의 역사

1 공예배 때 죄 고백의 순서를 가질 수 있는가? 예배 때 어떻게 신자들이 자신들의 사사로운 죄를 고백할 수 있다는 말인가? 그 고백을 듣는 이들이 무슨 생각을 하겠는가? 교회가 큰 혼란에 빠지지 않겠는가? 우리 죄는 오직 하나님께만 개인적으로 고백해야 하는 것이라 생각하는가? 굳이 죄를 고백해야 한다면, 로마 가톨릭교회에서 사제에게 사적으로 죄를 고백하듯이 할 수는 있겠지만 공예배 때 죄를 고백한다는 것은 들어 본 적도 없을 뿐만 아니라 그렇게 해서는 절대로 안 될 것 같다고 생각하지 않는가?

2 고대 교회에서는 공적으로 죄를 고백했다. 물론 그 죄는 죽음에 이르는 심각한 죄를 지은 경우에 한했다. 살인, 간음, 우상 숭배가 대표적인 대죄였다. 이런 죄는 반드시 교회에 알려서 공적인 고해자로 등록하고, 온 교회가 그것을 알게 된 상태에서 속죄하는 과정을 밟고, 그 과정을 다 밟았다면 죄를 공적으로 사해 주는 과정을 밟는다. 이렇게 고대 교회에서 죄 고백은 철저하게 공적이었다.

3 죄 고백이 사적으로 바뀐 것은 섬나라 아일랜드에 복음이 들어가고, 그곳에서 다시금 대륙으로 선교사들이 파송되면서 일어났다. 아일랜드에서는 수도원 제도가 발전해 있었는데, 수도사들이 수도원장에게 자신의 죄를 고백하는 제도가 있었다. 이때 수도원장은 그들의 죄에 해당하는 벌을 정확하게 정해 주었다. 그 벌을 다 받으면 그들의 죄가 씻어진다고 믿었다. 이런 관습이 대륙에 소개되면서, 대륙에서도 서서히 사적인 고해가 자리 잡아 갔다.

4 사적인 고해의 문제점은 교회가 사죄를 독점하게 되었다는 것이다. 그리고 이것이 발전하여 나중에는 면벌부 판매까지 이루어졌다. 천국에 있는 보고의 창고에는 순교자를 포함한 성인들의 공로가 쌓여 있는데, 교회가 그것을 나누어 줄 수 있다고 믿었다. 그 누구도 그 창고를 보지 못했는데 말이다. 이에 교회는 신자들의 죄를 들은 것으로 신자들의 삶을 옥죄기 시작했다. 고해를 성사로 만들면서, 사제는 신자들의 목줄을 쥐게 되었다고 볼 수 있다. 오직 하나님만이 용서해 주실 수 있는 죄, 그리고 그 죄에 대한 벌을 교회가 씻어 줄 수 있다고 주장했다.

5 종교개혁자들은 한결같이 고해성사를 비판했다. 마르틴 루터가 1517년에 비텐베르크 성곽교회당 문에 붙인 95개조 반박문에서도 고해성사에 대한 반대가 주를 이루었다. 즉, 그는 첫 번째 테제부터 바로 회개에 대한 것을 지적했다. 그리스도께서 "회개하라, 천국이 가까이 왔다"라고 하셨을 때, 그 "회개하라"라는 것은 고해를 하라는 것이 아니라 "평생 회개하는 삶을 살라"라고 하신 것이라 지적했다. 이처럼 종교개혁은 고해성사도 개혁했다.

6 제네바의 개혁자 칼뱅은 예배의 가장 앞부분에 공적으로 죄를 고백하는 순서를 넣으려고 했다. 우리는 이미 용서받은 사람들이지만 하나님 앞에 나아갈 때는 계속적으로 용서받아야 한다고 믿었기 때문이다. 즉, 사적인 고해를 공적인 고백으로 바꾸어야만 신자들에게 용서받음에 대한 확신을 가지고 하나님께 나아가 예배할 수 있다고 보았다.

7 예배의 '용서 파트'를 위해 등장한 것이 바로 십계명이다. 십계명을 통해 우리의 죄를 분명하게 알 수 있기 때문이다. 그래서 매 예배 때 십계명을 낭독한다. 목사와 회중이 교독으로 할 수도 있겠지만, 목사가 선포하는 것이 좋겠다. 매 주일 똑같은 것을 반복해서 선포하면 지겨워지고 습관적인 것이 되지 않겠냐고 말하는 이들이 있을 수 있다. 우리는 한 주간의 삶을 가지고 주일에 모여 예배하기 때문에, 십계명 선포는 매 주일 다른 의미를 가진다. 그래서 매 예배 때 똑같은 십계명을 낭독해도 그 십계명은 다를 수밖에 없다. 우리의 죄를 구석구석 드러내기 때문이다.

8 그래도 십계명을 매번 반복하는 것이 너무나 형식적으로 보인다면, 매 예배 때 한 계명씩 읽고 그 계명을 해설한 「웨스트민스터 대교리문답」을 읽으며 자신을 돌아보면서 회개하기를 요청할 수도 있다. 이럴 때도 특정한 계명만이 아니라 우리가 계명을 하나도 지키지 못했다는 것을 고백하는 시간이 되어야 하겠다. 즉, 우리는 부분적으로 죄인인 것이 아니라, 철저하게 죄인이라는 것을 고백하고 용서를 구해야 한다.

9 우리는 십계명을 포함한 모든 계명이 그리스도를 가리키고 있다는 것을 알아야 한다. 계명 하나하나 그리스도를 기대하고 있다. 그래서 그리스도는 모든 계명 하나하나를 다 지키셨고, 그 계명들을 지키지 못하여 우리가 받을 벌과 저주를 친히 당하셨다. 우리는 십계명을 통해 그리스도를 분명하게 알 수 있다. 그리스도가 어떤 분이며, 어떤 일을 하셨는지 십계명을 통해 분명히 알 수 있다. 이것이 신약 시대를 사는 우리들이 십계명을 통해서 누릴 수 있는 특권이다.

10 십계명을 읽고 회개 기도를 한 후에 목사는 용서의 말씀을 선언한다. 성경 말씀으로 용서의 말씀을 선언하면, 회중은 공적으로 용서의 확신을 가질 수 있다. 이것이 없으면 신자는 사적으로 죄 용서를 확신할 때까지 끝없이 씨름해야 한다. 심지어, 무슨 음성을 들어야 한다고 생각하기도 한다. 여기에 '신비주의'가 파고들 수 있다. 그리스도 없이 하나님을 만나려고 하는 것이 신비주의인데, 이를 조심해야 한다. 공적으로 회개하고, 공적으로 용서의 말씀을 듣는 것이야말로 신자에게 얼마나 큰 확신과 기쁨을 주는지 모른다. 이제 우리는 두려움이 없이 주님과 이웃을 섬길 수 있다. 이제 십계명은 우리의 죄를 지적하고 드러내어 주는 역할을 할 뿐만 아니라, 우리로 하여금 순종의 삶을 살 것을 요청한다.

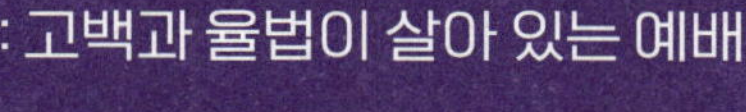

6장
사도신경과 십계명
: 고백과 율법이 살아 있는 예배

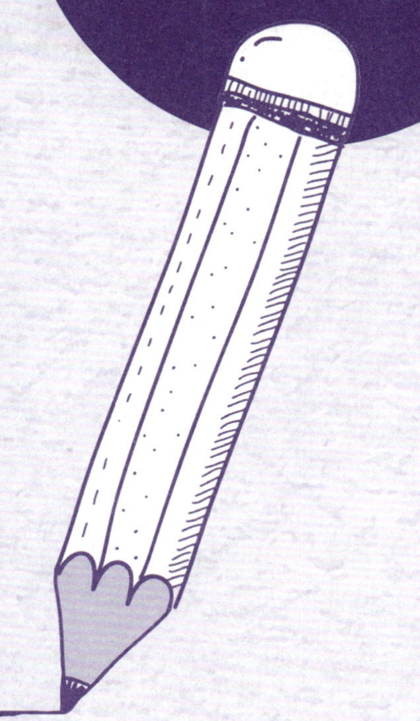

10 네가 호렙산에서 네 하나님 여호와 앞에 섰던 날에 여호와께서 내게 이르시기를 나에게 백성을 모으라 내가 그들에게 내 말을 들려주어 그들이 세상에 사는 날 동안 나를 경외함을 배우게 하며 그 자녀에게 가르치게 하리라 하시매

11 너희가 가까이 나아와서 산 아래에 서니 그 산에 불이 붙어 불길이 충천하고 어둠과 구름과 흑암이 덮였는데

12 여호와께서 불길 중에서 너희에게 말씀하시되 음성뿐이므로 너희가 그 말소리만 듣고 형상은 보지 못하였느니라

13 여호와께서 그의 언약을 너희에게 반포하시고 너희에게 지키라 명령하셨으니 곧 십계명이며 두 돌판에 친히 쓰신 것이라

14 그때에 여호와께서 내게 명령하사 너희에게 규례와 법도를 교훈하게 하셨나니 이는 너희가 거기로 건너가 받을 땅에서 행하게 하려 하심이니라

롬 10:10-15

10 사람이 마음으로 믿어 의에 이르고 입으로 시인하여 구원에 이르느니라

11 성경에 이르되 누구든지 그를 믿는 자는 부끄러움을 당하지 아니하리라 하니

12 유대인이나 헬라인이나 차별이 없음이라 한 분이신 주께서 모든 사람의 주가 되사 그를 부르는 모든 사람에게 부요하시도다

13 누구든지 주의 이름을 부르는 자는 구원을 받으리라

14 그런즉 그들이 믿지 아니하는 이를 어찌 부르리요 듣지도 못한 이를 어찌 믿으리요 전파하는 자가 없이 어찌 들으리요

15 보내심을 받지 아니하였으면 어찌 전파하리요 기록된 바 아름답도다 좋은 소식을 전하는 자들의 발이여 함과 같으니라

● **생각해 보기**

❶ 예배 때 사도신경을 고백하지 않는 교회는 이단인가요?

❷ 십계명은 신약 시대에도 유효한 율법인가요?

❸ 고백과 (   )이 있는 예배야말로 (   )적인 예배이다.

고백과 율법이 예배 순서에 등장한다

'예배 부름'으로 예배가 시작됩니다. 이 예배 부름을 따라오는 순서가 '기원', 즉 하나님의 인사입니다. 하나님의 백성들이 하나님을 향한 전적인 신뢰를 표현하면, 하나님께서 복이 가득 담긴 인사말을 해 주십니다. 인사말 다음의 순서가 '찬송'입니다. 하나님의 백성들이 하나님의 인사말을 듣고는 하나님을 경배하면서 첫 번째 찬송을 합니다. 이 예배 부름, 복의 기원, 경배 찬송을 '예배 시작의 3가지'라고 부릅니다. 예배 시작 순서들을 통해 우리는 하나님의 임재를 확신합니다. 예배 시작 순서들은 하나님의 현존 가운데로 들어가는 출입구 역할을 합니다. 하나님이 계신 궁전 문을 힘껏 열어젖히는 것이 바로 이 예배 시작 순서들의 역할입니다.

이번에는 예배 시작 순서들을 뒤따르고 있는 '신앙 고백'과 '율법 선포'에 관하여 살펴보려고 합니다. 왜 신앙고백인 '사도신경'과 율법인 '십계명'이 예배 중에 포함되어 있을까요? 한국 교회 교인들은 신앙고백, 특히 사도신경을 고백하지 않는 예배를 상상하기 힘들 것입니다. 혹여 예배 중에 사도신경을 고백하지 않으면 많은 분이 '그 교회, 이단 아니야?'라고 생각할지도 모릅니다. 예배 때 사도신경을 고백하냐, 안 하냐를 가지고 참교회와 거짓 교회를 구분하기도 합니다. 사실 사도신경은 성경 어디에서도 찾아볼 수 없는데 말입니다. 게다가 예배 중에 율법, 특히 십계명을 낭독하는 것을 보면,

                    6장 사도신경과 십계명

사도신경을 고백하지 않는 교회보다 더 이상하게 생각할지도 모르겠습니다. '신약 시대의 교회가 왜 십계명을 예배 때마다 낭독하지? 참 이상한 교회네. 구약 시대로 돌아가려는 것인가?'라고 생각할 수도 있죠.

종교개혁 이후, 교회는 주일에 두 번의 예배를 했습니다. 이것은 성전에서 제사장들이 아침저녁으로 번제를 드렸던 것에서 착안한 것입니다. 개혁자들은 주일 오전 예배와 오후 예배를 한 쌍으로 생각했습니다. 주일 예배는 오전 예배와 오후 예배, 총 두 번이어야 하고, 두 예배는 짝을 이루고 있다고 생각했습니다. 그래서 대개 오전 예배에는 율법을 넣었고, 오후 예배에는 신앙고백을 넣었습니다. 십계명과 사도신경이 한 번의 예배 때 다 낭독되면 너무 많은 요소가 들어 있는 것이라고 생각했습니다. 두 가지가 다 있으면 예배가 과잉된다고 생각한 것이죠. 그러나 제가 섬기는 교회의 예배 순서를 보면, 신앙고백이 "하나님께서 부르십니다"라는 예배 시작 파트에 포함되어 있습니다. 그다음에 바로 십계명이 나옵니다. 이 십계명 선포는 예배의 두 번째 파트, 즉 "하나님께서 용서하십니다"라는 파트를 이끌고 있습니다.

신앙고백은 하나님께 나아가는 패스워드와 같다

먼저 '신앙고백'에 대해 생각해 보겠습니다. 우리는 종교개혁의 후예로서 '오직 성경'의 원리를 따릅니다. 그런데 왜 성경에도 없는 사도신경을 고백하는 것일까요? '오직 성경'의 원리를 아주 좁은 의미에서 이해하는 교회들은 사도신경이 필요 없다고 생각합니다. 성경만을 믿어야 하는데, 왜 성경에도 없는 사도신경을 예배 때마다 고백하냐는 것입니다. 일리가 있습니다. 공예배 때 사도신경을 고백하지 않는다고 해서 이단이라고 볼 수는 없습니다. 게다가 신앙고백에 사도신경만 있는 것은 아닙니다. 모든 예배 때마다 신앙고백이 꼭 들어가야 하는 것도 아닙니다. 중요한 것은, 교회는 처음부터 고백하는 교회였으며, 그래서 예배 때 고백이 적절한 자리를 차지해야 한다는 사실입니다. 오늘 본문 말씀인 로마서 10장 10절 말씀에서도 '입으로 시인하는 것', 즉 '고백하는 것'이 매우 중요하다는 것을 강조하고 있습니다. "사람이 마음으로 믿어 의에 이르고 입으로 시인하여 구원에 이르느니라."

기독교 신앙은 내적 성찰로 끝나지 않습니다. 마음이 변화되어야 하지만, 자신이 내적으로 성찰했다고 해서 끝나는 것은 아닙니다. 기독교는 심리 종교도 아니고, 성찰 종교도 아닙니다. 내적으로 성찰하고 끝나는 것이 아니라 입으로 시인해야 합니다. 여기서 시인한다는 단어는 같은 것을 말한다는 뜻을 가지고 있습니다. 소위 말해서 '복창'하는 것입니다. 군대에서 자주 하는 것인데요. 군대는 전쟁을 해야 하니까 명령이 정확하게 전달되는 것이 무엇보다 중요합니다. 수많은 사람들의 목숨이 왔다 갔다 하는 일이니까요. 그래서 명령이 전달될 때, 복창을 하도록 합니다. 지휘관이 명령을 하면 하급자들이 그 명령을 그대로 따라서 외칩니다. 토씨 하나 틀리지 않게 복창해야 합니다. 그래야 정확하게 전달되고 알아들었음을 서로가 확인할 수 있기 때문입니다. 이게 바로 '시인함'이요, '복창'하는 것입니다. 교회는 어느 시대에나 삼위 하나님을 동일하게 고백합니다. 우리는 이 시인이 공적인 것임을 알아야 합니다. 사사로이 고백하는 것으로 끝내는 것이 아니라, 예배를 포함하여 공적인 자리에서 고백하는 삶을 사는 것입니다. "나는 삼위 하나님을 믿는 사람이다"라고 고백하며 사는 것입니다.

신앙고백이 예배 순서 어디쯤에 위치하는 것이 좋을까요? 개혁한 교회는 신앙고백을 예배의 다양한 곳에 배치했습니다. 회개와 사죄 선언 이후에 배치하기도 하고, 설교 후에 배치하기도 했습니다. 성찬식 중간에 넣기도 하고, 예배가 마치는 강복 선언 직전에 넣기도 했습니다. 신앙고백을 전적인 헌신의 표로 생각하여 최대한 뒤로 미룬 것이죠. 그래서 이 신앙고백이 '예배 순서의 집시와 같다'라는 말도 있습니다. 정처 없이 이곳저곳 떠돌아다 니다는 말입니다. 이것은 신앙고백을 하찮게 취급한 것이 아니라, 예배의 어떤 순서들과도 연결 지을 수 있다는 뜻입니다.

그런데 제가 섬기는 교회는 신앙고백을 최대한 앞으로 당겨 예배를 여는 순서에 넣었습니다. 이유가 있습니다. 예를 들면, 컴퓨터나 핸드폰을 아무 나 열고 사용하지 못하도록 어떻게 합니까? 패스워드를 걸어 놓지 않습니 까? 맞는 패스워드를 넣어야 화면이 열리고 사용이 가능합니다. 이것처럼 우리 교회는 신앙고백을 하나님께 나아가는 패스워드라고 생각했습니다. 신앙고백을 하나님의 백성인지 아닌지를 판가름하는 패스워드라고 생각한 다면, 순서를 최대한 앞당길 수 있는 것입니다. 그렇게 늦게 고백하지 않아 도 됩니다.

고대로부터 내려오는 3대 보편 신경(信經)^{**}이 있다

고대 교회는 3대 보편 신경을 만들어 고백해 왔습니다. 「사도신경」, 「니케 아 신경」, 그리고 「아타나시우스 신경」입니다.

「사도신경」은 라틴어를 사용한 서방 교회가 고백한 대표적인 신경입니다. 현재의 사도신경은 지금의 프랑스 지역에서 발생하여 로마 가톨릭교회로까 지 들어가게 되어 공식적으로 채택되었습니다. 사도들의 수처럼 12개의 조 항으로 이루어져 있지만, 사도들이 직접 작성한 것은 아닙니다. 사도신경이 발생하게 된 배경은 삼위 하나님의 이름으로 받는 세례에 있었습니다. 부활 하신 예수님께서 제자들에게 명령하셨습니다. "그러므로 너희는 가서 모든

** 신경이란, '믿을 신(信)', '글 경(經)'이 합쳐진 단어로서, 라틴어로 *Credo*, 즉 '나는 믿습니다'의 뜻 을 가진 '믿음의 내용을 담은 글'을 지칭한다. 이는 단순한 개인의 글이 말하는 것이 아니라, 보다 공적인 의미로서 성경의 교리를 따라 작성된 신앙고백문을 말한다.

족속으로 제자를 삼아 아버지와 아들과 성령의 이름으로 세례를 주라." 이 명령에 근거해서, 교회는 세례받는 이들에게 삼위 하나님의 각 위격을 믿는지 묻고, 답을 할 때마다 물에 잠그는 의식을 행했습니다.

먼저 "당신은 전능하신 하나님 아버지, 천지의 창조주를 믿습니까?"라고 물었습니다. "네, 제가 믿습니다"라고 답을 하면 그 사람을 머리까지 물에 잠갔습니다. 둘째로, "당신은 하나님의 독생자 우리 주 예수 그리스도를 믿습니까? 그분은 성령으로 잉태하여 동정녀 마리아에게서 나셨고, 본디오 빌라도 치하에서 고난당하시고, 십자가에 달리시고, 죽으시고, 장사 되시고, 음부에 내려가셨으며, 사흘 만에 죽은 자들로부터 부활하셨고, 하늘에 오르셨고, 전능하신 하나님 아버지의 우편에 앉아 계시는데, 거기서 산 자들과 죽은 자들을 심판하러 오실 것을 믿습니까?"라고 물었습니다. "네, 제가 믿습니다"라고 답하면, 한 번 더 물에 잠갔습니다. 세 번째로, "당신은 성령을 믿습니까? 거룩한 공교회와 성도의 교제와 사죄와 육의 부활과 영생을 믿습니까?"라고 물었습니다. "네, 제가 믿습니다"라고 답하면, 한 번 더 물에 잠갔습니다. 이렇게 세례 예식의 질문에 근거하여 작성된 사도신경은 이후에 신앙을 진술하는 방식으로 예배 때 사용되기 시작했습니다.

「니케아 신경」은 서방 교회가 아닌 동방 교회의 신경입니다. 이 신경은 주후 325년에 콘스탄틴 대제가 소집한 최초의 에큐메니컬 공의회인 니케아 공의회에서 작성한 신경입니다. 예수 그리스도의 신성을 부인한 아리우스(Arius, 256-336)의 주장을 반박하면서 작성한 이 신경은, 사도신경과 동일하게 삼위일체 구조를 가지고 있으면서 삼위가 어떤 관계 속에 있는지를 더 분명하게 진술했습니다. 예를 들면 성자 하나님에 대해 고백하면서 사도신경에 없는 다음과 같은 문구가 첨가되어 있습니다. "그분은 하나님의 독생자이시고, 만세 전에 성부에게서 나신 분이며, 하나님에게서 나신 하나님, 빛에서 나신 빛, 참하나님에게서 나신 참하나님이십니다. 그분은 나셨으나 창조되지 않으셨고, 성부와 동일 본질이시며, 그분으로 말미암아 만물이 창조되었습니다. 그분은 우리 인생들과 우리의 구원을 위하여 하늘에서 내려오셨습니다." 성령 하나님에 대해서는 다음과 같이 고백합니다. "우리는 또한 성령님, 곧 주님이시고 생명의 수여자이신 분을 믿습니다. 그분은 성부와 성자에게서 나오시고, 성부와 성자와 함께 경배와 영광을 받으시는 분이시며, 선지자들을 통해 말씀하신 분이십니다." 이 신경에 삼위 간의 관계가 분명하게 고백되어 있으니, 이것을 제대로 고백하면 이단이 발붙일 여지가 없을 것입니다. 그래서 개혁한 교회들은 사도신경뿐만 아니라 니케아 신경을 예배 때 고백하기도 했습니다. 동·서방 교회를 다 포괄할 수 있는 공교회적 신경이 바로 이 니케아 신경이기 때문입니다.

마지막으로 「아타나시우스 신경」은 니케아 공의회에서 눈부신 활약을 했던 정통의 대명사 아타나시우스(Athanasius, 298-373)의 이름을 딴 신경입니다. 세 신경 중 가장 긴 이 신경은 삼위 하나님에 대한 고백뿐만 아니라 이후에 크게 논쟁이 된 기독론, 특히 그리스도께서 참사람이면서 동시에 참하나님이시라는 고백이 자세하게 고백되어 있습니다. 이 신경은 44개의 항목으로 구성되어 있습니다. 첫 항목과 둘째 항목은 다음과 같습니다. "1. 구원받기를 바라는 자는 그 누구든지 다른 무엇보다도 공적(=보편적) 신앙을 소유해야 한다. 2. 누구라도 이 신앙 전부를 순결하게 보존하지 않으면, 그 사람은 틀림없이 영원히 멸망받을 것이다." 그렇게 삼위 하나님을 충분히 고백하고 난 다음에, 다음의 항목으로 마무리합니다. "44. 이상이 공적 신앙이다. 누구라도 신실하고 확고하게 믿지 않으면, 구원받지 못할 것이다." 아주 단호하고 강렬합니다. 문제는 이 신경이 너무 길어서 예배 때 고백하기에 무리가 있다는 점입니다. 그러나 삼위 하나님을 잘 가르치기 위해서는 이 고백만 한 것이 없기에, 교육 시간에 이를 활용해 보면 유익할 것 같습니다. 사도신경, 니케아 신경, 아타나시우스 신경 순서로 삼위 하나님에 대한 고백이 깊어져 갑니다. 이 세 신경을 잘 이해하고 고백하면, 우리의 신앙이 든든히 뿌리를 내리고 흔들리지 않을 것입니다.

십계명은 언약의 법전으로 지금도 여전히 유효하다

이제 십계명에 대해 생각해 보겠습니다. 한국 교인들은 예배 때 십계명을 낭독하는 것을 이상하게 생각할지도 모르겠습니다. '구약 시대로 돌아가려는 것인가?'라는 생각도 있겠지만, 사실은 십계명을 낭독하는 것이 부담스럽기 때문이 아닐까 생각합니다. 십계명을 낭독하면 자신의 죄를 돌아볼 수밖에 없기 때문입니다. 성경 두 곳에 십계명이 기록되어 있습니다. 하나는 출애굽기 20장에 기록되어 있는데, 출애굽한 직후 시내산에서 하나님께서 모세를 통해 자기 백성들에게 주신 계명입니다. 최초의 공예배가 드려진 그곳에서 하나님께서 자기 백성들에게 이 십계명을 주셨습니다. 다른 하나는 신명기 5장에 있습니다. 이 십계명은 출애굽기의 십계명과 조금 다릅니다. 출애굽한 지 40년이 지나 약속의 땅 입구에 선 하나님의 백성들을 향해 모세가 시내산에서 받은 십계명을 변화된 환경에 적용하고 있습니다. 대동소이하지만, 두 십계명의 차이를 통해 우리는 하나님의 명령을 문자로서 고집하는 것이 얼마나 어리석은지 단번에 알 수 있습니다.

이후에 구약 시대의 교회는 성전에서 제사를 드릴 때도 이 언약의 법을 계속해서 낭독했습니다. 성전이 무너지고 난 다음에도 회당 예배에서 율법을 낭독하는 것이 예배의 가장 중요한 부분이었습니다. 제가 네덜란드에 있을 때 유대인들의 회당 예배에 참석해 본 적이 있는데, 예배실 중앙에 율법 두루마리를 보관하는 큰 함이 있는 것을 보았습니다. 예배가 시작되면, 랍비가 그 두루마리를 꺼내서 회중석을 두루 다닌 후에 앞으로 나가서 그 두루마리를 읽었습니다. 그냥 책 읽듯이 읽는 것이 아니라, 노래하듯이 운율을 넣어서 낭독했고, 회중들도 따라서 낭독했습니다. 간단한 해설이 있긴 했지만, 그 율법을 낭독하는 것이 예배 시간의 대부분을 차지했습니다. 거의 두 시간 가까이나 드리는 예배에서 말입니다.

신약 시대의 교회는 십계명으로 대표되는 율법이 필요 없을까요? 아닙니다. 구약 성경도 하나님의 말씀이며, 특별히 십계명은 모든 시대 모든 하나님의 백성을 향한 도덕법의 요약입니다. 우리가 예배 때 십계명을 낭독하는 것은 구약 시대로 돌아가려는 것이 아닙니다. 십계명을 낭독하는 것은 처음부터 말씀하셨던 하나님에 대한 존경과 신뢰를 담고 있습니다.

본문 말씀인 신명기 4장 13절을 보면, 이 십계명이 단순한 윤리 강령이 아님을 분명하게 알 수 있습니다. "여호와께서 그의 언약을 너희에게 반포하시고 너희에게 지키라 명령하셨으니 곧 십계명이며 두 돌판에 친히 쓰신 것이라." 십계명은 하나님께서 친히 두 돌판에 쓰신 것이며, 언약의 법전이라는 사실을 강조합니다. 이어서 14절에서 말합니다. "그때에 여호와께서 내게 명령하사 너희에게 규례와 법도를 교훈하게 하셨나니 이는 너희가 거기로 건너가 받을 땅에서 행하게 하려 하심이니라." 하나님은 이 십계명이 새겨진 두 돌판을 '증거판'이라고 부르셨습니다. 하나님과 그 백성 사이의 언약 관계를 증거하는 돌판이라는 말입니다.

미국에서 2000년에 '십계명 재판'이라고 하는 유명한 사건이 있었습니다. 공공 기관에 십계명을 부착하는 것은 미국 헌법의 정교 분리 정신에 어긋나니, 십계명을 제거해 달라고 소송을 제기한 이들이 있었는데, 이에 기독교가 들고 일어난 사건입니다. 당시 미국에서는 기독교 정신이 무너졌다는 탄식 소리가 컸습니다. 어떤 기독교인 법관은 궁여지책으로, 십계명은 기독교의 법전이 아니라 사회를 규율하기 위한 비종교적인 규범이니 불법이 아니라는 법리 해석을 내놓기도 했습니다. 구차한 발언이죠. 결과적으로는 2003년에 연방 대법원에서는 공공 기관에서 십계명을 떼어야 한다고 결정했습니다.

공공 기관에서 십계명을 떼 낸다고 교회가 분노할 이유는 없습니다. 십계명은 사회를 규율하기 위한 윤리 강령이기 이전에 교회에 주신 언약의 법전이기 때문입니다. 교회만이 이 십계명을 바르게 알고 사용할 수 있는 것입니다. 십계명을 해설해 주신 예수님의 말씀을 보면 이 사실을 분명하게 알 수 있습니다. 일반 사회에 십계명이 사라지는 것이 문제가 아니라, 교회에서 십계명이 사라지고 있는 것이 문제입니다. 교회에서 더 이상 십계명을 들을 수 없는데, 공공 기관에 십계명을 붙여 놓는다고 해서 사회가 정화되겠습니까?

십계명은 감사의 중요한 부분이기도 하다

'아무리 그래도 예배 때 십계명을 굳이 낭독할 필요가 있겠는가?'라는 반론이 만만치 않습니다. 유럽의 어떤 교회들은 십계명이 기록된 돌판 두 개를 예배당 벽에 붙여 놓기도 하는데, 이런 경우에는 예배 때 굳이 십계명을 낭독하지 않아도 됩니다. 예배당에 들어오면 누구나 바로 십계명을 볼 수 있으니 말입니다. 그런데 그 십계명이 마음에 새겨지는 것은 다른 문제입니다. 다른 대안은 없을까요? 예를 들면 예수님의 유명한 답변이 있지 않습니까? 어떤 서기관이 예수님께 "모든 계명 중에 첫째가 무엇입니까?"라고 묻자, 예수님께서 이렇게 답하셨습니다. "첫째는 이것이니, 이스라엘아 들으라. 주 곧 우리 하나님은 유일한 주시라. 네 마음을 다하고 목숨을 다하고 뜻을 다하고 힘을 다하여 주 너희 하나님을 사랑하라 하신 것이요, 둘째는 이것이니 네 이웃을 네 자신과 같이 사랑하라 하신 것이라. 이보다 더 큰 계명이 없느니라"(막 12:29-31). 예수님의 이 말씀이 모든 구약의 율법을 요약한 것이니, 이 말씀을 예배 시간에 낭독하면 되지 않을까요? 그럴 수도 있습니다. 하지만 십계명 전체를 낭독한다고 해서 시간을 얼마나 잡아먹겠습니까? 하나님께서 친히 돌판에 새긴 언약의 법을 낭독하는 것에 우리가 인색할 필요가 있을까요?

그렇다면, 십계명이 예배 순서에서 어디쯤 자리를 잡는 것이 좋을까요? 제가 섬기는 교회는 이 십계명을 예배의 두 번째 파트인 "하나님께서 용서하십니다" 파트를 이끄는 순서로 잡았습니다. 십계명은 우리의 죄악을 비춰 보기 위한 '거울' 역할을 하기 때문입니다. 이런 생각은 독일의 종교개혁자 마르틴 루터의 생각에 가깝습니다. 루터는 하나님께서 율법을 주신 주된 목적이 우리의 죄를 밝히 드러내기 위함이라고 생각했습니다. 율법을 선포해서 죄가 드러나야 비로소 복음을 통해 예수님께 갈 수 있다고 생각한 것입니다. 종교개혁자 칼뱅은 여기서 한 걸음 더 나아갔습니다. 그는 신자들에게 율법은 무엇보다 '감사의 요소'라고 생각했습니다. 예배하는 하나님의 회중은 죄를 씻고 구원받기를 갈망하는 무리가 아니라, 이미 구원받은 신자들의 모임이기 때문이라는 것입니다. 그래서 칼뱅은 십계명을 두고서 회개하기 위해 자극을 주는 말씀이 아니라, 어떻게 하면 감사하는 삶을 살 것인가를 보여 주는 말씀으로 대하는 것이 좋겠다고 했습니다. 십계명은 감사하는 삶의 주요한 부분이라는 말입니다.

십계명을 오직 나의 죄를 찾아내는 계명으로 대하는 것은 사실 십계명을 소극적으로 대하는 것입니다. 십계명을 우리의 삶 전체를 통해 영광 받기 원하시는 하나님의 구속과 사랑의 말씀으로 대하는 것이야말로 율법을 적극적으로 대하는 것이며, 하나님의 기뻐하심을 헤아리는 태도입니다. 이것이 잘 이해되지 않는다면, 십계명의 서문을 주목해서 보십시오. '이렇게 해라, 저렇게 해라, 이것도 하지 말고, 저것도 하지 말라' 등과 같은 모든 조문을 언급하기 전에, 하나님께서 이것을 먼저 말씀하십니다. "나는 너를 애굽 땅, 종 되었던 집에서 인도하여 낸 네 하나님 여호와니라"(출 20:2). 하나님은 애굽 땅, 노예살이하던 집, 죄악으로 인해 마귀 손아귀에 있던 자리에서 이스라엘을 구출해 주신 후, 이 언약의 법을 주셨습니다. 이것을 지키면 구출해 주겠다고 하지 않으셨습니다. 은혜로 구속해 주시고 난 다음에, 구속받은 자의 영광스러움이 계속해서 빛날 수 있도록 십계명을 주셨습니다. 자유를 주셔 놓고 자유를 남용할까 봐 한계를 두기 위해서 십계명을 주신 것이 아닙니다. 십계명은 하나님만 바라보라고 한눈팔지 못하도록 거리에 둔 신호등과 같은 것이 아닙니다. 십계명은 하나님을 섬기고 이웃과 더불어 살아가는 복된 지침으로서 주신 것입니다.

감사하는 삶을 살기 위한 언약의 법으로서 십계명을 대해야 한다는 관점에서 보자면, 십계명이 예배 순서에서 용서에 관한 부분이 아니라 다른 곳에 배치되어야 합니다. 어디에 배치되어야 할까요? 설교가 끝난 후, 예배 마치기 직전에 십계명이 오면 됩니다. 예배를 마치고 가정으로, 세상으로 돌아가는 신자들이 이 세상 속에서 감사로 순종하며 살겠다는 고백으로 십계명을 낭독할 수 있습니다. 그런데 율법을 감사의 요소로 사용해야 한다고 적극적으로 주장했던 칼뱅조차도, 실제로는 십계명을 최대한 뒤로 미루지는 않고 회개와 사죄의 선언 부분에서 사용했습니다. 그렇다고 회개하기 이전에 배치한 것은 아니고, 사죄 선언 후에 십계명을 노래로 불렀습니다. 이것처럼 우리도 말씀을 충분히 받아서 육체의 정욕대로 행하지 않고 성령을 따라 행하게 된다면, 십계명을 감사의 요소로 얼마든지 사용할 수 있을 것입니다. 그런 날이 빨리 오면 좋겠습니다.

고백과 율법이 살아 있는 예배와 신앙생활이 되어야 한다

개혁한 교회는 고백(↑)과 율법(↓), 즉 사도신경과 십계명을 예배의 중요한 요소라고 생각해 왔습니다. 앞서 말씀드렸듯이 개혁한 교회는 주일 오전과 오후 예배에 십계명과 사도신경을 각각 나누어 배치했습니다. 이것은 구약과 신약, 율법과 복음을 대조하기 위함이 아닙니다. 개혁자들은 율법과 고백을 통합된 관점에서 바라보았기에, 오전 예배에서는 율법을 내세웠고, 오후 예배에서는 고백을 내세웠습니다. 율법을 먼저 내세우고 고백을 후에 내세운 것을 꼭 따르지 않아도 됩니다. 순서는 얼마든지 바꿀 수 있습니다. 중요한 것은 고백과 율법, 율법과 고백이 서로를 불러낸다는 사실입니다. 우리는 사도신경을 고백함으로써 세상과 구별된 하나님의 백성이라는 확증을 가지고 삼위 하나님께 나아갈 뿐만 아니라, 삼위 하나님께 전적인 헌신을 표합니다. 또한 우리는 십계명을 통해 우리의 죄악을 돌아볼 뿐만 아니라, 우리 삶의 모든 부분을 하나님께 감사와 순종으로 드립니다.

율법과 고백이 성찬식에서는 어떤 역할을 할까요? 성찬식의 중요한 부분을 차지하는 것이 바로 율법(십계명)과 고백(사도신경)입니다. 성찬 예식문 중 십계명은 자기를 돌아보기 위해 사용되고, 사도신경은 떡과 잔을 받기 직전에 성찬에 참여할 신자의 고백과 헌신을 위해 사용됩니다. 매 주일 예배 때마다 성찬식을 가진다면 십계명과 사도신경을 예배 순서에 따로 넣지 않아도 된다는 말입니다.

율법(↓)과 고백(↑)은 처음부터 예배의 중요한 요소였습니다. 그런데 십계명과 사도신경을 어떤 방식으로 표현하냐에 조금 차이가 있습니다. 언약의 법전인 십계명은 예배 인도자가 낭독합니다. 하나님께서 자기 백성에게 선포하신 말씀이기 때문입니다. 공교회의 신앙고백인 사도신경은 회중이 다 같이 외칩니다. 하나님의 백성이 하나님께 올려 드리는 교회의 고백이기 때문입니다. 이렇게 십계명과 사도신경은 서로를 마주 보면서, 서로를 향해 아름답게 화답합니다. 따라서 예배 인도자가 십계명을 낭독하는 시간은 따분한 시간이 아니라 교회가 하나님의 나라로 선포되고 구별되는 영광스러운 시간입니다. 개인적인 고백을 넘어 하나님의 회중이 한마음과 한목소리로 사도신경을 고백할 때, 마귀와 세상이 두려움 가운데 벌벌 떱니다.

고백과 헌신, 회개와 감사의 이 외침이야말로 천사들까지도 흠모하는 감격스러운 장면입니다. 고백과 율법이 있는 예배야말로 분파주의적인 예배가 아니라 전 교회 역사와 통합되는 공교회적 예배입니다. 제가 섬기는 교회는 과잉이라고 생각될망정 한 예배 안에 사도신경과 십계명을 같이 넣었습니다. 사도신경을 통해 우리의 고백과 헌신을 하나님께 올려 드리고, 십계명을 통해 하나님의 규례와 법도를 감사함으로 받습니다. 신경과 율법, 고백과 언약법이 없으면 우리의 예배는 한없이 초라하고 빈약해질 것입니다. 우리의 신앙생활도 피상적이고 연약해질 수밖에 없습니다. 고백과 율법이 살아 넘치는 예배와 삶이 되기를 바랍니다.

기도

하나님 아버지, 성령의 능력으로 예수 그리스도를 통해 우리를 불러 주심을 감사드립니다. 우리로 하여금 성부, 성자, 성령의 삼위일체 하나님을 알고 고백할 수 있게 하셨습니다. 막연한 신에 대한 고백이 아니라 삼위일체 하나님에 대한 고백이야말로 패스워드와 같은 역할을 해서 삼위일체 하나님께 즉시로 나아갈 수 있게 되었습니다. 예배에 고백과 더불어 율법을 주셔서 감사합니다. 고백이 하나님께 나아가는 문이 된다면, 율법은 하나님께로 지속적으로 나아가는 길이 된다는 것을 압니다. 고백과 헌신, 회개와 감사를 통해 우리 교회가 공교회에 속해 있음을 분명하게 드러내게 도와주옵소서. 우리에게 고백과 율법을 주셔서 하나님을 지속적으로 누리게 해 주시니 감사합니다. 저희들이 예배를 통해 삼위 하나님을 누렸으니, 이 땅에서 삼위일체 하나님을 드러낼 수 있도록 도와주옵소서. 오직 삼위 하나님께만 구원과 복이 있음을 온 땅이 알게 해 주옵소서. 우리 주 예수 그리스도의 이름으로 기도합니다. 아멘!

요약

예배에는 '고백'(↑)과 '율법'(↓)이 있다. 예배의 첫 번째 파트인 "하나님께서 부르십니다"에 신앙고백을 올려 드리고, 예배의 두 번째 파트인 "하나님께서 용서하십니다"를 이끄는 순서로 십계명 낭독이 있다. 이때 3대 공교회 신경을 고백하고, 두 개의 십계명을 돌아가면서 선포하면 좋겠다. 신앙고백은 삼위 하나님께 나아가는 패스워드와 같고, 십계명은 지금도 여전히 유효한 언약의 말씀들이요 감사의 중요한 한 요소이다. 우리는 고백과 율법이 살아 있는 예배와 신앙생활을 해야 한다.

1. '예배 시작의 3가지'가 무엇인지 말해 보자. 이 3가지가 예배 시작에 자리 잡고 있는 이유는 무엇인가?

2. 사도신경이 발생하게 된 배경은 무엇인가? 세례와 연관 지어서 설명해 보자. 초대 교회의 3대 보편 신경이란 어떤 것들인가? 이 신경들을 예배 때 사용할 수 있을까?

3. 십계명이 두 버전(출 20장, 신 5장)을 가지고 있다는 것은 무엇을 의미하는가? 십계명 선포는 예배 순서 어디에 자리 잡는 것이 좋을까?

4. 고백(사도신경)과 율법(십계명)이 예배에서만이 아니라 신앙생활에서 차지하는 중요성을 묵상하고 나누어 보자.

'시인(是認)'의 중요성

1 현대 교회는 가면 갈수록 고백을 중요하게 생각하지 않는다. 쉽게 말해, 교리를 중요하게 생각하지 않는다. 종교개혁의 구호 중 하나가 '오직 성경'인데, 무슨 교리를 중요하게 여기냐고 할지 모르겠다. 그런데 '오직 성경'은 '모든(전체) 성경'을 말하는 것이고, 그 모든 성경의 가르침이 교리로 정리되었다. 즉, 성경은 하나님을 아는 지식과 사람을 아는 지식으로 이루어져 있는데, 성경을 교리로 대하지 않을 때는 그냥 하나의 이야기나 문학 작품, 교훈서나 경건 서적에 불과할 수 있다는 것이다. 성경은 우리의 구원을 위해 주신 한 하나님의 계시의 말씀이요, 우리가 믿고 고백해야 할 삶의 원리요 교리로서 인식함이 필요하다.

2 기독교회는 처음부터 고백하는 교회이다. 예수님께서 가이사랴 빌립보에서 베드로의 고백을 받으시고는 이 반석 위에 나의 교회를 세우겠다고 하지 않으셨는가? 예수님에 대한 분명한 고백이야말로 교회의 기초이다. 그래서 사도 바울은 그리스도께서 모퉁잇돌이고 사도와 선지자들이 기초라고 말했다. 예수님께서 산상보훈을 마무리하시면서 반석 위에 지은 집을 말씀하셨듯이, 우리가 반석이신 그리스도에 대한 분명한 고백 위에 서지 않으면 교회는 무너질 수밖에 없고, 사탄의 회가 될 수밖에 없다.

3 예수님은 고백을 '시인'이라고 표현하셨다. 이 시인은 어떤 내용이나 사실이 옳음이나 동의함을 공개적으로 표현하는 것을 말한다. 마음속으로만 고백하는 것이 아니라 입 밖으로 내뱉는 것이 고백이요 시인이다. 우리는 다원주의 사회를 살아가고 있지만 예수님이 그리스도시요, 우리의 유일한 구세주라는 것을 고백해야 한다. 물론, 입으로만 고백하는 것이 아니라 우리의 삶으로 고백해야 한다. 그것이야말로 그리스도인다운 모습이다.

4 우리는 예배를 통해 우리의 신앙을 고백한다. 우리는 하나님이 삼위일체 하나님이심을 고백한다. 고대 교회의 공적 고백들이 다 이렇게 삼위 하나님을 고백했다. 우리가 믿는 하나님은 유대교의 여호와가 아니다. 우리가 믿는 하나님은 이슬람의 알라가 아니다. 우리가 믿는 하나님은 아드님이신 그리스도께서 보여 주신 하나님, 성령님께서 친히 증거하시는 하나님이시다. 그렇기에 삼위일체 하나님을 고백할 수 없다면 기독교인이라고 부를 수 없고, 그러한 고백 없이 예배하는 것은 막연한 종교 행사에 불과하다.

5 우리는 서방 교회의 신경인 「사도신경」을 고백하는데, 동방 교회의 신경인 「니케아 신경」도 고백할 수 있다. 어떤 이들은 사도신경이 성경에 없기에 그것을 고백하는 것은 성경적이지 않다고 생각한다. 이렇게 문자주의에 사로잡히는 것이야말로 그리스도께서 모든 말씀을 성취하셨다는 것을 믿지 못하는 것이다. 우리는 사도신경으로 좁혔다가 성경 전체로 넓어져야 한다.

6 독일에서 나치가 득세하여 국가 교회조차 나치를 구세주처럼 떠받들 때, 고백 교회가 탄생했다. 오직 그리스도만이 우리의 주님이시라고 고백한 교회였다. 우리나라에서도 일제 강점기 때, 신사에 참배할 수 없고 오직 하나님만 예배하겠다고 한 이들이 기존 교회에서 쫓겨났는데, 이때 고백 교회가 탄생했다. 오늘날에도 우리는 예배에서 사도신경을 고백하며 오직 이 하나님께만 예배하겠다고 고백해야 한다. 이 고백이 예배 전체를 지배한다. 우리가 하나님께 올려 드리는 모든 것은 이 고백에 근거하고 있다.

7 신앙고백은 그냥 입에만 발린 형식적인 문구가 아니다. 하나님의 이름으로 서약하는 것과 다르지 않다. 장로교회의 신앙고백서인 「웨스트민스터 신앙고백서」 제22장은 합법적인 서약이 예배의 한 부분이라는 것을 분명하게 밝힌다. 우리는 오직 하나님의 이름으로 서약하는 사람들이다. 예수님은 도무지 맹세하지 말라고 하셨지만, 우리는 세상 정부가 요구할 때 합법적인 서약을 하고, 그 서약을 신실하게 지키면서 하나님의 이름에 영광을 돌린다. 이 서약이야말로 예배와 삶이 나누어질 수 없다는 것을 보여 준다.

8 고백하는 예배는 십계명의 제3계명과 깊이 관련을 맺고 있다. 하나님의 이름을 헛되이 부르거나 함부로 사용해서는 안 되기 때문이다. 우리는 자신이 한 말이나 사적 약속에 대한 신빙성을 보여 주기 위해 하나님의 이름을 사용해서는 안 된다. 그래서 예수님은 아무 것으로도 맹세하지 말고 '예, 아니요'라고만 말하라고 하셨다. 하나님의 이름을 잘못 사용하거나 악의적으로 이용하는 이들에게는 하나님이 죄 없다 하지 않으신다고, 즉 큰 죄를 범하는 것이라고 하셨다.

9 교회가 고백하는 교회가 되지 않고서는 그냥 이익 단체의 하나에 불과하다. 우리는 예배 시에 사도신경을 앵무새처럼 외는 것으로 만족하지 말고 매사에 하나님의 이름을 부르는 교회가 되어야 한다. 우리가 사람 앞에서 그리스도를 시인하면, 마지막 날에 주님께서 우리를 시인해 주실 것이다. 과연 주님께서 마지막 날에 우리를 시인해 주실까? 우리를 안다고 하실까? 내가 너희를 도무지 알지 못한다고 하지 않으실까? 우리의 고백과 그 고백대로 사는 삶에 달렸다.

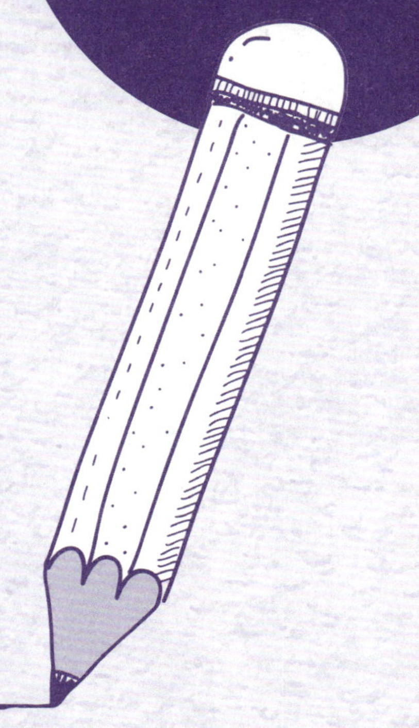

7장
찬송

: 새 노래가 흘러넘치는 예배

출 15:1-5

1 이때에 모세와 이스라엘 자손이 이 노래로 여호와께 노래하니 일렀으되 내가 여호와를 찬송하리니 그는 높고 영화로우심이요 말과 그 탄 자를 바다에 던지셨음이로다
2 여호와는 나의 힘이요 노래시며 나의 구원이시로다 그는 나의 하나님이시니 내가 그를 찬송할 것이요 내 아버지의 하나님이시니 내가 그를 높이리로다
3 여호와는 용사시니 여호와는 그의 이름이시로다
4 그가 바로의 병거와 그의 군대를 바다에 던지시니 최고의 지휘관들이 홍해에 잠겼고
5 깊은 물이 그들을 덮으니 그들이 돌처럼 깊음 속에 가라앉았도다

고전 14:26

26 그런즉 형제들아 어찌할까 너희가 모일 때에 각각 찬송시도 있으며 가르치는 말씀도 있으며 계시도 있으며 방언도 있으며 통역함도 있나니 모든 것을 덕을 세우기 위하여 하라

계 15:2-4

2 또 내가 보니 불이 섞인 유리 바다 같은 것이 있고 짐승과 그의 우상과 그의 이름의 수를 이기고 벗어난 자들이 유리 바다 가에 서서 하나님의 거문고를 가지고
3 하나님의 종 모세의 노래, 어린 양의 노래를 불러 이르되 주 하나님 곧 전능하신 이시여 하시는 일이 크고 놀라우시도다 만국의 왕이시여 주의 길이 의롭고 참되시도다
4 주여 누가 주의 이름을 두려워하지 아니하며 영화롭게 하지 아니하오리이까 오직 주만 거룩하시니이다 주의 의로우신 일이 나타났으매 만국이 와서 주께 경배하리이다 하더라

● 생각해 보기

❶ 예배 때, 찬송은 많을수록 좋을까요?

❷ 예배 때 부르는 예배 찬송이 따로 정해져 있나요?

❸ 예배 찬송은 공교회적인 (   )고백을 하는 (   )노래이다.

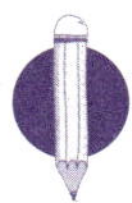

예배할 때 음악이 빠지면 안된다

공예배 때, 제일 힘들고 문제가 되는 것이 무엇입니까? 여러 가지가 있을 수 있지만, 아마도 예배 음악, 즉 찬송이 그중에 하나일 것입니다. 세대 차이가 가장 민감하게 드러나기 때문입니다. 형식적인 문제도 있습니다. 지나간 이야기지만, 코로나 팬데믹 시대에는 찬송이 더 어려움이 되기도 했습니다. 독일에서는 코로나 팬데믹으로 인해 예배를 한다 해도 찬송을 부르는 시간이 15분 이상 넘지 않아야 한다는 제한을 두기도 했다고 합니다. 찬송을 하다 보면 사람의 비말 등이 튈 수 있어서 코로나 바이러스 감염의 위험성이 커진다는 것 때문입니다. 온라인으로 예배해야 할 때 제일 문제가 되는 것도 바로 찬송일 것입니다. 또 반주자도 필요하죠. 악기나 반주 없이 목소리로만 찬송해도 좋겠지만, 음정을 잘 맞추지 못해 엉망이 될 수 있으니 악기나 반주자가 없는 경우 음원을 찾아서 틀어놓고 함께 찬송하곤 하는데, 그것도 웬만한 컴퓨터 및 음향 설비를 잘 갖추지 않으면 쉽지 않은 일입니다.

예전에 제가 2012년에 있었던 제30회 런던 올림픽 폐막식 장면을 꼼꼼히 본 적이 있습니다. 전 세계가 어우러진 올림픽 폐막식의 주요 메뉴는 한마디로 말해서 '음악'이었습니다. '음악이 빠지면 아무것도 안 되는구나'라는 생각을 했습니다. 중요한 행사나 예식에서 음악의 존재 가치는 위대합니다. 예배에서도 마찬가지가 아니겠습니까? 예배에서 음악이 빠지면 뭔가 문제가 있다고 말할 것입니다. 쉽게 말해서, 예배 때 찬송이 없어서는 안 된다는 것이죠. 그래서 교회들은 무엇보다 음악에 대해, 찬송에 대해 굉장히 신경을 씁니다. 예전에는 교회가 세상의 음악을 주도하던 때가 있었습니다. 이제는 교회가 음악을 주도하던 시절이 지났죠. 그래서 교회의 고민이 이만저만이 아닙니다. 교회가 어떤 음악으로 사람들의 마음을 사로잡을 수 있을까요? 교회 음악으로 요즘 젊은이들의 마음을 과연 사로잡을 수 있을까요?

회중은 구원의 감격을 새 노래로 부른다

본문 말씀인 출애굽기 15장 말씀은 홍해에서 구출받은 하나님의 백성들이 최초로 회중 찬송을 하는 장면입니다. 이후에 이 찬송은 '모세의 노래'라고 불렸습니다. 모세가 가사를 지었을 거라고 생각할 수도 있겠지만, 곡조는 어떤 곡조를 사용했는지 알 수 없습니다. 시편 표제에 곡조에 대한 언급들이 있는데, 모세가 어떤 곡조를 사용했는지는 알 수 없습니다. 모세는 가사만 짓고 누이 미리암이 곡조를 지었는지도 모르겠습니다. 모세가 가사를 지었지만, 하나님의 백성들은 하나님께서 행하신 위대한 구원의 일을 경험하고서는 자발적으로 하나님을 찬양했습니다. 개인적이고 내밀한 특정 경험에 근거해서 찬양한 것이 아니라, 하나님께서 당신 백성 전체에게 행하신 위대한 구속 사역을 찬양했습니다. 이 찬양의 가사를 읽어 보면 우리가 하나님을 어떻게 찬양해야 하는지 알 수 있습니다.

흥미로운 사실은, 본문 말씀인 요한계시록 15장을 보면 하늘로부터 임하는 마지막 재앙을 언급하는 문맥에서 모세의 노래가 다시금 언급된다는 것입니다. 하나님의 재앙을 벗어난 하나님의 백성들이 유리 바닷가에 서서 하나님의 거문고를 가지고 모세의 노래를 부르는데, 그 노래를 '어린양의 노래'라고도 부릅니다. 여기서 말하는 '어린양'은 유월절 어린양을 성취하는 예수 그리스도를 가리킵니다. 하나님의 백성을 구원하는 것은 모세가 시작했지만, 그것을 완성하는 것은 어린양이신 예수 그리스도께서 하신다는 것이죠. 그 가사를 다시 확인해 보십시오. "주 하나님 곧 전능하신 이시여, 하시는 일이 크고 놀라우시도다. 만국의 왕이시여, 주의 길이 의롭고 참되시도다. 주여, 누가 주의 이름을 두려워하지 아니하며, 영화롭게 하지 아니하오리이까? 오직 주만 거룩하시니이다. 주의 의로우신 일이 나타났으매 만국이 와서 주께 경배하리이다"(계 15:3-4).

하나님의 백성들이 마지막 날에 부를 노래는 '모세의 노래'의 변주곡, '어린양의 노래'의 변주곡입니다. 가장 오래 기억될 노래, 영원히 불릴 노래가 바로 이 가장 오래된 모세의 노래인 것입니다.

요한계시록을 보면 '새 노래'라는 표현이 종종 등장합니다. 이것을 이 모세의 노래와 견주어서 생각할 필요가 있습니다. 사실, 하나님의 백성들은 늘 새로운 노래를 하는 자들입니다. 새로운 노래라고 하니까 최신의 가사와 곡조를 말하는 것 같지만, 그렇지 않습니다. 하나님께서 하신 옛일, 하나님께서 하신 모든 일을 '리메이크'해서 부르는 것이 '새 노래'입니다. 모세의 노래는 흘러간 추억의 옛 노래가 아니라 지속적으로 변주되는 새로운 노래입니다. 이 노래는 구약 시대만의 노래가 아니라, 영원히 계속될 새 노래입니다. 하나님의 백성들이 하나님께서 구원해 주신 은혜를 늘 새롭게 상기하고 노래하면, 그 노래가 새 노래가 됩니다. 하나님의 백성들은 하나님의 구원을 다양한 방식으로 변주해 내어 노래합니다. 하나님의 구원은 과거 사건에 불과한 것이 아니라, 지금도 계속적으로 이루어져 가는 구원이기 때문입니다.

교회에서 예배 음악이 자연스럽게 자리를 잡았다

이스라엘 자손들이 약속의 땅 가나안을 차지하고 난 다음, 예배 음악이 본격적으로 자리를 잡습니다. '예배 음악의 창시자'는 다윗이라고 말할 수 있습니다. 그는 성전을 짓겠다고 할 만큼 하나님을 향한 경배에 자신을 헌신했습니다. 그는 레위인들을 조직해서 악기를 연주하고 노래하는 자들로 세웠으며, 성전이 하나님께 제사하는 장소일 뿐만 아니라 하나님을 찬송하는 장소가 되기를 원했습니다. 다윗은 또 많은 시편을 지었습니다. 놀랍게도 하나님은 다윗의 개인 경험을 노래한 시들을 교회의 찬송이 되게 해 주셨습니다. 하나님께서 그와 맺은 영원한 왕권의 언약이 작용하여 아름다운 시와 노래가 만들어졌습니다. 그것이 바로 구약 성경의 '시편'입니다. 구약 시대의 교회는 그 시편을 가지고 하나님이 자신들의 왕이심을 노래했습니다. 그때부터 시편은 교회의 주요한 예배 찬송이 되었습니다.

교회 음악은 신약 시대에도 결코 쇠퇴하지 않았습니다. 둘째 본문 말씀인 고린도전서 14장 26절 말씀을 보면 흥미롭습니다. 이 말씀은 신약 시대 교회의 예배 요소들을 소개하고 있는 본문입니다. 가장 먼저는 찬송시가 언급되었습니다. 그다음에는 가르치는 말씀과 계시, 즉 설교가 언급되었고, 그다음에는 방언과 통역을 말하고 있습니다. 찬송시가 가장 먼저 언급되어 있다는 것은 신약 시대의 교회가 처음부터 시편을 노래했다는 것을 보여 줍니다. 처음에는 멜로디를 사용하여 회중이 유니송(Unison, 한 선율로 합창함)으로 불렀을 것입니다.

신약 시대의 교회는 하나님께서 그리스도를 통해 이루신 놀라운 구원을 성령으로 말미암아 경험했기에 다양한 노래들이 터져 나오기 시작했습니다. 신약 시대의 교회는 시편만을 고집하지는 않았습니다. 서신서들을 보면 '시와 찬송과 신령한 노래들'이라는 표현이 등장합니다. '시'는 시편을 말합니다. '찬송'은 하나님께서 그리스도를 통해 이루신 구원을 노래한 것이라고 볼 수 있습니다. '신령한 노래들'은 모든 종류의 노래를 신령한 방식으로 부른 것을 가리킵니다. 그런데 이 세 가지는 명확하게 구분되어 있는 노래의 '장르'를 말하는 것이 아닙니다. 클래식이냐, 랩이냐, 팝송이냐 하는 장르의 구분이 아닙니다. 시, 찬송 그리고 신령한 노래들은 하나님을 예배(찬송)하는 다양한 방식을 보여 줍니다.

우리는 신약 성경에서 이미 신약 시대의 교회가 노래했던 찬송의 다양한 내용을 확인할 수 있습니다. 초대 교회는 누가복음 1장에 기록되어 있는 '마리아의 찬가'(눅 1:47-55, 마리아의 찬가 첫 라틴어 글자를 따서 Magnificat이라고 부름)와 제사장 '사가랴의 찬가'(눅 1:68-79, 사가랴의 찬가 첫 라틴어 글자를 따서 Benedictus라고 부름)를 불렀습니다. 또 그 유명한 빌립보서 2장 6-11절, "너희 안에 이 마음을 품으라, 곧 그리스도 예수의 마음이니"라는 구절도 초대 교회에서 불렸던 찬송이라고 알려져 있습니다.

개혁한 교회는 회중 찬송을 회복했다

중세가 되면서 교회 음악은 외형적으로 보기에는 놀라운 발전을 거듭합니다. 하지만 실제 교회 음악은 퇴보의 길로 접어듭니다. 예배를 드릴 때 찬송은 오직 성직자들이 성가대를 이루어서 노래했고, 찬양대 학교가 곳곳에 세워졌으며, 이런 학교들에서 음악을 전문적으로 훈련받은 이들이 예배 음악을 장악했습니다. 예배 찬송이 전문가들과 성직자들의 전유물이 된 것입니다. 게다가 노랫말은 오직 라틴어로만 불렸기에 회중은 전혀 알아들을 수가 없었습니다.

주후 8세기 이후에 악보가 만들어지고, 아름답고 웅장한 멜로디가 붙여진 '그레고리안 찬트'가 만들어지면서, 예배는 더더욱 음악 중심의 예배가 되어 갔습니다. 예배하는 회중은 가사를 모른 채 끊임없이 반복되는 운율과 분위기에 자신들의 귀와 몸을 맡길 수밖에 없었습니다. 회중이 찬송에서 철저하게 소외된 것입니다. 예배 때 그들의 눈은 활짝 열려 있었습니다. 예배당 안에는 보이는 요소들이 많았습니다. 하지만 그들의 귀는 반쯤 열렸고, 그들의 입은 완전히 닫혔습니다.

예배 음악에 있어서 종교개혁이 했던 중요한 기여는 '성가대', 즉 성직자들이 전유한 찬송을 회중의 입에 되돌려 준 것에 있습니다. 독일의 종교개혁자 마르틴 루터는 당시 유행하던 곡조에 자신이 지은 가사를 실어 회중들이 부르게 했습니다. 우리가 잘 아는 「내 주는 강한 성이요」라는 찬송이 그 중에 하나입니다. 또한 종교개혁자 장 칼뱅이 했던 중요한 기여는 경건한 작곡가를 고용하여 시편 150편 전체에 곡을 달아서 예배 때 회중이 부르게 한 것입니다. 이 곡을 '제네바 시편송(Genevan Psalter)'이라 부르는데, 개혁 교회들에서는 이 시편 찬송이 예배 찬송의 절대적인 부분을 차지합니다.

개혁한 교회는 회중 찬송을 회복했습니다. 예배 때는 모든 회중이 다 같이 찬송해야 합니다. 특정한 그룹이나 특정한 이들이 찬송을 주도하고, 나머지 회중은 구경꾼이 되는 것은 결코 바람직하지 않습니다. 그렇다면 여러분은 당장 찬양대(성가대) 문제를 거론하시겠죠? 어느덧 한국 교회에서는 찬양대가 없는 교회, 특별 찬양이 없는 예배를 상상하기가 힘든 현실입니다. 찬양대가 없으면 예배가 예배다울 수 없다고도 생각합니다. 찬양대가 없으면 교회가 부흥할 수 없다는 생각마저 합니다. 그래서 아무리 작은 교회라도 찬양대를 만들어 유지하려고 합니다. 교회의 규모가 어느 정도 커지면, 찬양대의 퀄리티를 높이기 위해 전공자들을 고용합니다. 지휘자, 반주자, 심지어 관현악단을 구성하고자 애를 씁니다.

찬양대와 악기 문제를 신중하게 고려해야 한다

우선, 우리는 중세 교회의 '성가대'라는 말보다는 '찬양대'라는 말을 사용하는 것이 좋겠습니다. 그런데 어떤 이들은 "교회에서 찬양대가 절대적으로 필요합니까?"라고 묻습니다. 반대로, 어떤 이들은 "교회에서 찬양대가 아예 필요 없습니까?"라고 묻습니다. 이 두 물음 모두 잘못되었습니다. 찬양대는 교회 형편에 맞게 있어도 되고 없어도 됩니다. 찬양대가 있다고 하더라도, 찬양대의 역할이 무엇인지 분명히 해야 합니다. 찬양대 문제를 거론할 수밖에 없는 것은 가면 갈수록 찬양대의 찬양이 중세 교회처럼 연주회가 되어 가고 있기 때문입니다. 회중은 가사를 알아듣지 못한 채 곡조만 듣고서는 '좋았다, 좋지 않았다' 혹은 '감동스럽다, 감동스럽지 않다'라는 느낌만 가집니다.

회중이 공감할 수 없고, 아멘으로 화답할 없는 찬양이라면 문제가 더 심각합니다. 우스갯소리인데요. 어느 찬양대 지휘자가 담임 목사에게 찾아와서 한 대원에 대해 불평했습니다. 노래를 너무 못 부르는 대원이 있는데, 내보내려고 해도 꿋꿋하게 버티고 있다는 것입니다. 그 사람이 찬양대에서 나가지 않으면 지휘자인 자기가 나가겠다고 최후통첩을 한 것이죠. 목사가 그 찬양대원을 불러서 말했습니다. "성도님의 목소리를 못 듣겠다는 교우들이 여러 명 있습니다. 혹시 찬양대를 내려놓으시면 안 되겠습니까?"라고요. 그랬더니 그 대원이 이렇게 말했답니다. "네? 그게 무슨 말이죠? 저는 목사님 설교 못 듣겠다는 사람을 50명 넘게 알고 있는데요!"

찬양대는 철저하게 회중과 관련을 맺고 있어야 합니다. 찬양대는 회중의 찬양을 도울 뿐만 아니라 회중의 찬양을 잘 인도해야 합니다. 찬양대는 어떻게 하면 회중이 하나님을 잘 찬양할 수 있도록 도울까를 생각해야 합니다. 찬양대의 찬양을 들으면서 회중이 같이 하나님을 찬양하고픈 마음이 들어야 합니다. 찬양대는 회중의 찬양을 대신해 주는 사람들이 아닙니다. 회중이 구경하라고 찬양하는 것도 아닙니다. 찬양대는 회중과 함께 찬양해야 합니다. 찬양대와 회중은 예배 때 따로 놀면 안 됩니다.

예배 음악과 관련된 또 하나의 문제는 악기입니다. 예배 때 어떤 악기를 사용하는 것이 좋을까요? 악기의 중요성은 두말하면 잔소리죠? 앞서 오르간 이야기를 드렸습니다만, 종교개혁 이후 다소 엄격했던 이들은 오르간조차 마귀가 좋아하는 악기라고 생각했습니다. 그래서 지금까지 예배 때 악기를 전혀 사용하지 않는 교회들이 있습니다. 예배 때, 소위 말하는 '생음악'으로만 찬송합니다. 이런 경우에는 찬송 인도하는 사람의 역할이 중요합니다. '칸토르(Cantor)'라고 불리기도 했던 좋은 음감을 가진 사람이 찬송을 인도하는 것이 좋겠죠. 그렇지 않으면 찬송이 엉망이 될 수도 있으니까요.

이후에 대부분의 교회에서는 오르간이 예배 악기로 자리를 잡았습니다. 오르간이 예배 음악에 가장 적합하다는 생각을 전통적인 사고방식으로만 치부할 수는 없습니다. 회중들이 찬양을 부를 때, 실제 오르간이 가장 적합하기 때문입니다. 한국 교회 초창기에는 풍금을 사용했었습니다. 그러다 어느 순간부터 피아노로 대체되었습니다. 한국의 음악 문화 때문이기도 하고, 더 크게는 경제적 요인 때문이기도 합니다. 파이프 오르간을 제작해서 들여놓을 수 있는 교회가 몇 곳이나 되겠습니까? 전자 오르간 정도면 모르겠지만 말입니다. 연주자를 구하기도 힘들고요. 피아노가 예배 악기로서 보편화된 상황에서, 우리는 예배 음악에 대한 더 깊은 고민이 필요합니다.

문제는 여기서 그치지 않습니다. 이제는 수많은 전자 악기들이 교회에 들어왔습니다. 기타는 어떻습니까? 드럼은 어떤가요? 우리 고유의 민속 악기는 어떻습니까? 이런 악기들을 예배 때 사용해도 되는 걸까요? 시편 마지막 편인 150편을 보면 하나님을 찬양하기 위해 다양한 악기들이 동원되는 것을 볼 수 있습니다. "나팔 소리로 찬양하며, 비파와 수금으로 찬양할지어다.

소고 치며 춤추어 찬양하며, 현악과 퉁소로 찬양할지어다. 큰 소리 나는 제금으로 찬양하며, 높은 소리 나는 제금으로 찬양할지어다"(시 150:3-5). 타악기도 있고, 관악기도 있고, 현악기도 있습니다. 춤추는 것도 있습니다. 물론 마지막 절은 성악에 관해서 말합니다. "호흡이 있는 자마다 여호와를 찬양할지어다"(시 150:6). 우리가 읽었던 출애굽기 말씀에도, 하나님의 백성들이 찬양하고 나니까 모세의 누이인 미리암이 손에 소고를 들고 나오자 여인들이 덩달아 소고를 치면서 춤을 추었습니다. 악기에 대한 이 모든 논의는 예배의 공적인 성격, 특히 예배 음악은 회중 찬송이 핵심이라는 사실을 염두에 두고 진지하게 논의해 가야 할 것입니다.

예배에는 다양한 찬송이 배치되어 있다

제가 섬기는 교회는 예배 때 최소한 세 번 이상의 찬송을 부릅니다. 예배의 중요한 파트마다 하나씩 찬송이 자리 잡고 있습니다. 우리는 각 파트에 자리 잡고 있는 찬송을 통해 찬송의 다양한 성격을 확인해 볼 수 있습니다.

예배 첫 파트, "하나님께서 부르십니다"에서 우리는 하나님의 거룩한 임재 가운데로 들어가면서 하나님의 영광을 찬양합니다. 이때의 찬송은 찬송가 앞부분에 배치된 '경배와 찬양' 위주의 곡을 선택하는 것이 좋습니다. 초대 교회 때부터 불렀던 '송영'을 이때 부르는 것도 좋겠습니다. 우리가 사용하는 새 찬송가 3장, 4장, 7장 등을 보면 '글로리아 파트리(Gloria Patri)'라는 표제가 붙어 있는데, 초대 교회가 불렀던 성부께 영광을 돌리는 '송영'입니다. 이런 송영을 부르면 우리는 타임머신을 타고 고대로 돌아간 듯 초대 교회 신자들과 하나라는 놀라운 경험을 하게 될 것입니다.

용서의 파트인 "하나님께서 용서하십니다"에서 우리는 두 번째 찬송을 부를 수 있습니다. 교회가 이 부분에서 노래한 곡을 전통적으로 '키리에 엘레

이손(Kyrie eleison)'이라고 불렀습니다. "주여, 우리를 불쌍히 여기소서"라는 가사의 곡입니다. 새 찬송가 632장("주여, 주여, 우리를 불쌍히 여기소서! 그리스도여, 그리스도여, 우리를 불쌍히 여기소서! 주여, 주여, 우리를 불쌍히 여기소서!")으로 딱 한 곡이 수록되어 있습니다. 죄를 고백하고 용서의 말씀이 선포된 후에는 예수 그리스도께서 구속하신 은덕을 찬송하는 것이 좋겠습니다. 그리스도께서 십자가와 부활로 말미암아 우리의 모든 죄를 씻어 주신 것을 찬송할 때, 얼마나 큰 위로와 감격이 넘치겠습니까. 이 순서에서 우리는 부활에 대한 찬송도 자주 하면 좋겠습니다. 부활 주일만이 아니라 매 주일이 부활의 날이기 때문입니다.

예배의 세 번째 파트인 "하나님께서 말씀하십니다"에서 말씀의 선포 이후에 우리는 그 말씀에 대한 반응으로 감사하면서 찬송합니다. 이때 찬송은 설교 내용과 딱 맞아떨어지는 찬송이 되는 것이 좋겠습니다. 하지만 설교와 꼭 맞아떨어지는 찬송이 없는 경우가 있겠죠. 설교에 화답하는 찬송을 고르기가 쉽지 않습니다. 예배를 준비하는 목사에게 두 가지 큰 고민이 있다고 들 합니다. 하나는 설교 본문을 정하는 것이고, 다른 하나는 그 말씀과 맞는 찬송을 정하는 것입니다. 설교의 주제와 꼭 맞아떨어지는 찬송을 찾기가 힘들다면 '아멘'만으로 노래해도 됩니다. 한국 교회에서 예배 때 찬양대가 기도의 후주로 종종 사용하는 아멘송이 새 찬송가 640장부터 나와 있습니다. 두 번의 아멘, 세 번의 아멘, 네 번의 아멘, 일곱 번의 아멘 등이 있습니다. 설교 후에 이 아멘송으로 화답하는 것도 좋겠습니다.

예배의 마지막 파트인 "하나님께서 보내십니다"에서도 찬송을 부를 수 있습니다. 하나님께서 당신의 백성을 세상으로 파송하시기 직전에 우리는 찬송합니다. 주기도송을 단골 노래로 부르는 교회들이 많습니다. 그러나 굳이 주기도송을 고집할 이유는 없습니다. 하나님께서 당신의 백성을 세상으로 내보내시기에 세상으로 진군하는 진군가를 부른다고 생각해도 될 것입니

다. 우리는 세상을 정복하러 가는 것이 아니라, 세상을 섬기기 위해서 나아
갑니다. 하나님의 복을 받은 이들이 세상에서 복이 되기 위해 나아갑니다.
예배 마지막에 어떤 찬송을 하는 것이 좋을지 깊이 생각해 볼 필요가 있습
니다.

예배 음악은 얼마든지 발전될 수 있다

여러분은 여러분의 교회의 예배 음악을 어떻게 평가하십니까? 혹시 여러
분의 교회의 예배 음악이 구태의연할 뿐만 아니라 다양한 음악을 억압하고
있습니까? 그런 의미에서 교회마다 '음악 위원회'를 두는 것도 고려해 볼 필
요가 있습니다. 예배 음악은 목사 한 사람의 개인적인 취향에 맡겨 둘 일이
아닙니다. 당회가 예배를 책임지고 있지만, 당회가 교회 음악의 모든 부분
을 다 책임지기에는 벅찹니다. 교회에는 예배 음악의 문제를 넘어서 음악과
관련된 많은 문제가 있기 때문입니다. 예배가 아닌 경건 활동을 위한 모임
등에 사용할 음악이라든지, 개인적으로 부를 찬송을 가르치는 것이라든지,
우리 자녀들이 교회 음악을 잘 배워 가야 하는 문제 등도 있습니다. 생각 외
로 교회에는 음악과 관련한 수많은 문제가 있습니다.

우리는 교회 역사로부터 배울 필요가 있습니다. 교회 역사로부터 배울 수
있는 한두 가지만 언급해 보려고 합니다. 로마의 콘스탄티누스 대제가 기독
교를 공인하고 난 다음에 예배에서 찬양이 자리 잡기 시작했는데, 그중에
하나가 바로 시편의 교독 내지는 시편의 교송이었습니다. 한국 교회에는 시
편 찬송을 부르는 전통은 없지만, 시편을 교독하는 전통은 있습니다. 그런
데 찬송가 뒷부분에 있는 아주 제한적인 시편 교독문에 의존하기 때문에 다
소 아쉽습니다. 따라서 시편 교독을 계속하려고 한다면 시편 전체로 확대하
는 것이 좋겠습니다. 그리고 쉽지는 않겠지만 시편 찬송을 적극적으로 도입

하는 것이 좋겠습니다. 예배 때 '고려서원'에서 나온 『시편찬송』을 사용할 수도 있습니다. 이후에 예배 찬송의 더 획기적인 발전은 예배 인도자와 회중이 시편을 교독하거나 교송하는 것을 넘어서 전체 회중이 두 파트로 나누어서 시편이나 찬송을 교창하는 것이었습니다. 시편 자체에 서로 화답하는 내용들이 있기 때문입니다. 우리는 이 교창을 회복하는 것이 좋겠다고 생각합니다.

다음으로, 성경 자체에 나와 있는 다양한 고백들과 찬양들을 회복해야 합니다. 그것들을 가사로 사용하여 곡을 붙여 노래하면 좋겠습니다. 사도신경, 십계명, 주기도문도 낭독이 아니라 곡조를 붙여서 찬송할 수도 있습니다. 우리가 같이 읽었던 모세의 노래에 곡을 붙인 것도 있습니다. 이사야 40장의 그 유명한 가사들이나 하박국 3장의 고백도 찬송으로 부르기에 적절합니다. 신약 성경에서 활용할 수 있는 것도 얼마든지 있습니다. 이렇듯 성경에 나와 있는 다양한 고백과 찬양에 곡을 붙여 예배 때 노래하면 좋겠습니다. 이미 곡조화된 것들이 많이 있으니 얼마든지 활용할 수 있을 겁니다.

예배 음악은 신학적 확신과 고백의 문제이다

예배 음악은 취향의 문제, 교회가 가진 능력이나 여건의 문제가 아니라 신학적 확신의 문제입니다. 성경을 어떻게 받아들이는가, 하나님을 어떤 분으로 아는가, 그리스도의 구속이 어떤 의미를 지닌 것으로 아는가의 문제입니다. 하나님의 회중은 한마음, 한 믿음으로 노래합니다. 예배 찬송은 공교회적으로 신앙고백을 하는 새 노래입니다. 개인적으로 찬송할 때는 얼마든지 내밀한 경험이나 감정을 자유자재로 표현할 수 있습니다. 새 찬송가의 주류를 이루고 있는 19세기, 20세기 부흥 시기에 작사 작곡된 복음성가나 CCM이라고 하는 것들을 부를 수도 있습니다. 개인적인 감정과 체험을 풍성하게 표현하고 있기 때문입니다. 하지만 하나님의 회중이 예배 때 부르는 찬송은 신중하게 골라야 합니다. 예배는 사적인 일이 아니라 하나님의 회중이 함께 하는 공적인 일이기 때문입니다. 예배 때는 모든 신자가 다 같이 흔쾌히 동의하고 고백할 수 있는 공교회적인 고백에 합당한 찬송을 해야 합니다.

찬송은 일차적으로 삼위 하나님을 향한 송영입니다. 우리는 하나님께서 독생자 그리스도를 통해 성령의 능력으로 행하신 것을 찬송합니다. 찬송은 하나님의 백성들 가운데 행하신 구원의 은혜를 찬양하는 것입니다. 예배 때 하나님께서 하신 일을 바르게 알고 고백하며 찬양하는 신자들은 이 세상 속에서도 하나님께서 하실 일을 기대하며 찬송 가운데 살아갑니다. 이 세상 속에서의 성도의 삶은 예배 때 어떤 찬송을 드렸는가에 의해 결정됩니다. 구원받은 하나님의 백성들은 이 세상에서도 늘 새 노래를 부릅니다. 신자들이야말로 늘 최신 유행가를 부르는 사람들입니다. 천상의 유행가를 부르는 사람들입니다. 주위 환경이 급변할수록 하나님의 구원은 늘 새롭기 때문에, 신자들은 새 노래를 부를 수밖에 없고, 고난 가운데서는 더더욱 새 노래를 부릅니다. 신자들은 구원받은 은혜를 늘 새로운 마음과 새로운 방식으로 노래합니다. 이런 찬송이야말로 고백이요, 기도요, 말씀 선포입니다.

기도

하나님 아버지, 우리의 영원한 찬송과 경배와 송영이 되신 하나님 아버지께 영광을 돌립니다. 우리를 예수 그리스도 안에서 구속하여 주시고, 우리를 예배로 불러 주셔서, 하나님을 영원히 찬송하게 하시니 감사하고, 헛된 소리에 귀 기울이던 우리의 귀를 열어 주셔서 하나님의 구속에 관한 말씀을 받게 하시니 감사하며, 헛된 소리를 지절거리던 우리의 입을 열어 주셔서 하나님의 영광과 구속의 은혜를 찬송하게 하시니 감사합니다. 하나님께서 우리에게 주신 말씀을 우리의 입술과 마음에 담아 하나님께 올려 드릴 때, 하나님이여 참으로 예배를 받아 주옵소서. 저희들이 이 세상에서 고난 가운데 있지만, 새 노래를 부르게 하시고, 교회로 모여 예배할 때 하나님의 회중이 한마음으로 새 노래를 부르게 하옵소서. 이 새 노래야말로 온 세상을 진동시키고, 하나님의 대적을 전율케 하는 것임을 알게 하옵소서. 우리의 입술과 마음에 새 노래를 담아 주신 은혜를 진심으로 감사드리며, 우리 주 예수 그리스도의 이름으로 기도드립니다. 아멘!

요약

구약 시대부터 회중은 구원의 은혜를 새 노래로 찬송하기 시작했고 그리스도로 인해 찬송이 터져 나왔다. 그러나 **중세 교회는 찬송에서 회중을 배제했고, 종교개혁은 회중의 입에 찬송을 돌려주었다. 찬양대와 악기 문제는 신중하게 살펴서 예배를 돕도록 해야 한다.** 우리는 예배 시, 찬송을 여러 번 부른다. 불러 예배하게 하시는 하나님께 찬송하고, 사죄 선언의 말씀을 듣고 찬송하고, 주신 말씀을 새기면서 찬송하고, 성찬식에서도 찬송하고, 하나님께서 신자들을 세상으로 보내실 때도 찬송한다. 하나님께 송영을 올려드리는 찬송은 얼마든지 발전할 수 있고 계속해서 발전해 나가야 한다.

1. 찬송이 현대인과 신자의 삶에서 어떤 영향을 끼치고 있는지 말해 보고, 구약과 신약이 하나라면 '모세의 노래'가 교회의 삶에서 어떻게 이어지는지 말해 보자.

2. 구약과 신약의 예배 음악은 어떻게 발전해 왔는가? 종교개혁은 중세 교회의 예배 음악을 어떤 방식으로 회복했는가?

3. 현대 교회는 아무리 작은 교회라도 찬양대를 두려고 한다. 예배 때 찬양대와 악기의 역할은 무엇인가? 예배 순서에 들어 있는 찬양의 다양함을 말해 보자.

4. 개혁한 교회의 예배는 성가대를 없애고 회중 찬양을 회복한 것이다. 그렇다면 예배 중 회중 찬양을 발전시킬 수 있는 방안들에 대해 생각해 보자.

시편 찬송

1 현대 교회가 시편 찬송을 잃은 것은 너무나 애석한 일이다. 고대로부터 예배 가운데 항상 사용했던 찬송이었으니 말이다. 지금도 유럽의 개혁 교회들은 예배 때 시편 찬송을 주로 부른다. 복음주의 교회들의 경우에는 시편 찬송을 거의 부르지 않고, 소위 말하는 복음성가를 주로 부른다. 이런 복음성가는 곡조도 곡조이거니와 공예배에 적합하지 않은, 즉 공적인 고백에 적합하지 않은 것들도 있어서 주의가 필요하다.

2 시편 찬송은 소위 말하는 복음송과의 차이점이 있다. 곡조부터 그러하다. 개혁자들이 당시에 유행하던 곡조를 가지고 시편 찬송을 지었음에도 불구하고, 지금은 아주 오래된 옛날의 곡조라고 생각할 수밖에 없다. 우리는 우리 시대의 곡조를 가지고 시편 찬송을 평가할 것이 아니라, 그 곡조가 당시의 유행가 곡조를 그대로 가져와 노래했다는 것을 알 때에 종교개혁이 얼마나 시장의 언어와 곡조를 잘 사용했는지 알 수 있다.

3 시편 찬송의 가사는 시편 자체이기 때문에 어떤 찬송가보다 더 성경적이라고 할 수 있다. 게다가 시편 찬송은 3분의 2 정도가 단조의 곡이다. 고통과 고난 가운데 있는 성도가, 원수의 공격과 핍박을 겪는 성도가 하나님께 탄식하며 부르짖는 가사가 많기에 당연히 단조가 많을 수밖에 없다. 우리의 삶이 기쁨보다는 한숨과 탄식, 눈물이 더 많을 수밖에 없기에 시편 찬송은 우리의 현실을 숨기지 않고 우리의 감정을 솔직하게 드러내기에 합당한 찬송이라는 것을 알 수 있다.

4 종교개혁은 무엇보다 예배의 개혁이 핵심이었는데, 예배의 개혁 중 하나가 바로 찬송의 개혁이었다. 중세 시대에는 성직자인 성가대가 예배 찬양을 도맡았다. 그럴 수밖에 없는 것이, 라틴어 찬송이었으니 말이다. 회중은 예배 중에 수없이 불리는 찬양을 이해할 수 없었기에, 그냥 듣기만 했다. 곡조에만 취해서 들었다. 종교개혁은 성가대가 전유한 찬송을 회중의 입에 돌려주었다. 종교개혁의 찬양은 철저하게 회중 찬양이었다는 말이다. 그러기 위해서 각 나라의 말로 찬양 가사를 번역해 내었다.

5 시중에는 다양한 시편 찬송이 나와 있다. 동일한 곡이지만 가사가 천차만별이다. 곡조에 맞추어서 가사를 달아야 하다 보니 시편의 구절을 그대로 넣기가 힘든 것이 사실이다. 제네바 시편을 번역하여 보급하고 있는 곳도 있고, 스코틀랜드나 유럽 각지의 시편 찬송을 펴내어서 보급하고 있는 곳도 있다. 다양한 교회들이 시편 찬송에 새로운 곡조를 입히는 시도를 하고 있기도 하다. 예장 고신 교회에서는 고려서원에서 출간한, 스코틀랜드의 곡이 주로 들어가 있는 시편 찬송을 예배 찬송으로 사용하도록 권장하고 있다. 각 교회에서 이 시편 찬송을 사용하기 시작하고 있다.

6 "공예배 때는 시편 찬송만을 불러야 한다"라고 주장할 필요는 없다. 우선은, 시편 찬송을 한 곡이라도 부르기 시작하는 것이 중요하다. 이것을 위해서는 미리 연습하는 것이 필요한데, 찬양대가 그 역할을 감당하면 좋겠다. 찬양대가 여러 번 시편 찬송을 부르고 난 다음 회중이 부르면 그 곡을 익히는 데 큰 어려움이 없을 것이다. 그리고 한 곡을 한 달간 반복해서 노래하는 것도 도움이 될 것이다. 매 주일 반드시 시편 찬송을 바꾸어 부를 이유는 없기 때문이다.

7 시편 찬송을 부르자고 결정했으면, 제일 먼저 목사가 해당 시편을 설교하거나 설명해 주는 것이 우선이어야 한다. 시편 말씀을 잘 설교하여 그 시편의 가사가 마음에 와닿아야 한다. 그다음에 비로소 시편을 찬송하는 것이 좋다. 예를 들면, 한 달에 한 편씩 시편을 설교하고 그 시편을 한 달간 부르는 것이 자연스러울 것이다. 이렇게 시편의 가사를 잘 이해하는 가운데 시편 찬송을 부른다면, 그 찬송이 너무나 큰 기쁨과 감사의 찬송이 될 것이다.

8 제네바 시편송의 경우 곡조가 어려운 것이 사실이다. 대부분의 곡조가 어려워서 따라 부르기 힘들다. 당시 시대성과 지역성이 반영된 오늘날과는 다른 곡의 형식이기 때문이다. 물론 계속해서 부르다 보면 익숙해진다. 따라서 이런 경우에는 반주자의 역할이 중요하다. 그리고 찬송을 인도하는 사람의 역할도 중요하다. 중요한 것은 충분히 곡을 익힌 다음에 찬송하는 것이 중요하다. 그러기 위해서는 공예배를 시작하기 20분 정도 전에 시편 찬송을 배우는 시간을 가지고, 그 곡으로 예배에서 찬송하는 것도 좋은 방법이다.

9 고대 교회 신자들은 들이나 부엌에서 시편 찬송을 흥얼거렸다. 그만큼 성경에도 익숙해 있었다. 그런데 요즘에는 성경을 잘 모를 뿐만 아니라 시편 찬송도 거의 모른다. 그렇다면 예배 때 시편 찬송을 부르기 시작해야 할 뿐만 아니라, 이것을 격려하도록 시편 찬송을 외워서 부르는 찬양 모임을 가져도 좋겠다. 구역이나 연령별 모임으로 나누어서 암송하여 함께 부르면, 그것이 익어서 일상생활에서도 자연스럽게 그 곡조만이 아니라 가사를 흥얼거리게 될 것이다. 1년에 한두 차례 악기도 동원하여 시편 찬양제를 가지는 것도 추천한다. 이렇게 시편 찬송을 부르기 시작하면, 예배가 풍성해질 뿐만 아니라 교회의 삶이나 성도들의 일상이 더 아름답고 단정해질 것이다.

8장

기도

: 감사가 향연(香煙)처럼
올라가는 예배

4 여호와께서 이와 같이 말씀하시기를 나의 안식일을 지키며 내가 기뻐하는 일을 선택하며 나의 언약을 굳게 잡는 고자들에게는

5 내가 내 집에서, 내 성 안에서 아들이나 딸보다 나은 기념물과 이름을 그들에게 주며 영원한 이름을 주어 끊어지지 아니하게 할 것이며

6 또 여호와와 연합하여 그를 섬기며 여호와의 이름을 사랑하며 그의 종이 되며 안식일을 지켜 더럽히지 아니하며 나의 언약을 굳게 지키는 이방인마다

7 내가 곧 그들을 나의 성산으로 인도하여 기도하는 내 집에서 그들을 기쁘게 할 것이며 그들의 번제와 희생을 나의 제단에서 기꺼이 받게 되리니 이는 내 집은 만민이 기도하는 집이라 일컬음이 될 것임이라

8 이스라엘의 쫓겨난 자를 모으시는 주 여호와가 말하노니 내가 이미 모은 백성 외에 또 모아 그에게 속하게 하리라 하셨느니라

딤전 2:1-4

1 그러므로 내가 첫째로 권하노니 모든 사람을 위하여 간구와 기도와 도고와 감사를 하되

2 임금들과 높은 지위에 있는 모든 사람을 위하여 하라 이는 우리가 모든 경건과 단정함으로 고요하고 평안한 생활을 하려 함이라

3 이것이 우리 구주 하나님 앞에 선하고 받으실 만한 것이니

4 하나님은 모든 사람이 구원을 받으며 진리를 아는 데에 이르기를 원하시느니라

● 생각해 보기

❶ 기독교의 기도와 다른 종교의 기도는 무엇이 다를까요?

❷ 기도문 없이 즉흥적으로 기도할 줄 아는 사람이 신앙이 깊은 사람일까요?

❸ 기도는 (   )함으로 모든 필요를 구하는 하나님과의 (   )이다.

기도가 은혜의 방편일 수 있다

모든 종교마다 기도가 있습니다. 기도는 신에게 자신의 소원을 비는 것이라고 말할 수 있습니다. 믿지 않는 이들도 기도하곤 합니다. 기독교인의 기도는 이 모든 기도와 다른 것일까요? 간절함에서 다를까요? 기독교인들보다 훨씬 더 간절하게 기도하는 타 종교인들이 많습니다. 그 준비와 간절함에 혀를 내두를 정도입니다. 옛날 우리 어머니들은 새벽같이 일어나 목욕재계한 후 정화수를 떠 놓고서 "비나이다, 비나이다" 하며 손이 닳도록 빌었습니다. 그것과 비교해서 오늘날 신자들의 기도는 아무런 정성도 없이 입으로만 나불거리는 기도일 때가 많습니다. 우리 기도가 독특한 것은 막연한 신이나 미지의 운명이 아니라 살아 계신 하나님께 우리의 간구를 올려 드리기 때문입니다.

전통적으로, 개혁한 교회는 말씀과 성례를 '은혜의 방편'이라고 불러 왔습니다. 은혜가 거저 주어지는 선물이라고 해서 아무렇게나 막 퍼부어지는 것이 아닙니다. 하나님은 말씀과 성례를 통해서 당신의 백성들에게 은혜를 베푸십니다. 말씀을 통해서 우리에게 믿음을 불러일으키시고, 말씀을 통해 불러일으키신 그 믿음을 성례를 통해 굳세게 하십니다. 말씀과 성례야말로 하나님께서 주로 사용하시는 은혜의 방편입니다. 그런데 어떤 분들은 기도를 더 강조하곤 합니다. 말씀 듣는 것도 중요하지만, 기도를 많이 하면 하나님의 은혜를 더 충만하게 받을 수 있다고 말합니다. 기도가 은혜의 방편이 될 수 있을까요? 기도는 은혜의 방편이 아니라 받은 은혜에 대한 감사의 표현이 아닐까요?

우리 장로교회의 교리 문서인 「웨스트민스터 소요리문답」 제88문답에 의하면, 기도도 은혜의 방편입니다. "그리스도께서 우리에게 구속의 은덕을 끼치는 데 쓰시는 통상적인 방도는 그분이 정하신 것인데, 특히 말씀과 성례와 기도입니다. 이 모든 것이 택함받은 사람들에게 구원을 위하여 효력 있게 됩니다." 아주 도전적인 해석입니다. 기도를 과도하게 격상시킨 것일까요? 아닙니다. 기도는 인간의 막연한 간구에 불과한 것이 아니라 하나님과의 대화요 교제입니다. 우리는 하나님께서 우리에게 들려주신 말씀을 기도로 다시금 하나님께 돌려드립니다. 하나님께서 하신 말씀을 하나님께 돌려드리면서 그 말씀대로 성취해 달라고 하는 것이 기도입니다. 기도는 말씀과 떼려야 뗄 수 없이 연결되어 있습니다. 말씀 없이 기도만 많이 하면 이단이 되기 쉽습니다. 이단 교주들은 다 기도를 많이 한 사람들입니다. 반대로 기도 없이 말씀만 붙잡고 있으면 죽은 정통이 됩니다. 말씀을 붙잡은 기도는 인간의 간구에 불과한 것이 아니라 하나님의 말씀을 재차 선포하는 것이요, 하나님께서 당신을 계시하시고 우리에게 믿음을 주시는 방편이 됩니다.

기도하는 전통이 계속해서 이어져 내려왔다

본문 말씀인 이사야 56장 7절을 보면, '성전'을 '기도하는 집'이라고 부릅니다. 이상하지 않나요? 성전은 제사를 드리는 집인데, 왜 기도하는 집이라고 부를까요? 장차 성전이 이방인들조차 나아와 기도하는 곳이 될 것이라고 합니다. 그것은 제사가 단지 종교적인 의식이 아니라 자신들의 죄를 하나님께 고하는 기도였기 때문입니다. 솔로몬이 성전을 짓고 난 다음에 낙성식을 하고 나자, 하나님께서 나타나셔서 하신 말씀이 바로 이것이었습니다. 역대하 7장입니다. "내가 이미 네 기도를 듣고 이곳을 택하여 내게 제사하는 성전을 삼았으니 혹 내가 하늘을 닫고 비를 내리지 아니하거나 혹 메뚜기들에게 토산을 먹게 하거나 혹 전염병이 내 백성 가운데에 유행하게 할 때에 내 이름으로 일컫는 내 백성이 그들의 악한 길에 떠나 스스로 낮추고 기도하여 내 얼굴을 찾으면 내가 하늘에서 듣고 그들의 죄를 사하고 그들의 땅을 고칠지라"(대하 7:12-14).

바벨론 유수로 인해 전 세계에 흩어진 유대인들은 가는 곳곳마다 회당을 세워 예배했습니다. 제사를 드릴 수 없었으니, 그때부터 기도가 회당 예배의 중요한 요소로 자리 잡았습니다. 오순절 성령 강림으로 세워진 신약 시대의 교회도 예외가 아니었습니다. 초대 교회는 사도들의 가르침을 받아서 모일 때마다 기도하기에 힘썼습니다. 사도행전 2장 42절에서 말합니다. "그들이 사도의 가르침을 받아 서로 교제하고 떡을 떼며 오로지 기도하기를 힘쓰니라." 기독교 신자들은 유대인들로부터 핍박받기 시작했습니다. 이때 신자들은 자신들의 구체적인 상황을 하나님께 아뢰었습니다. 사도행전 12장을 보면, 사도 야고보를 칼로 죽인 헤롯 왕이 유대인들이 기뻐하는 것을 보고는 사도 베드로도 잡아 감옥에 가두었습니다. 이때 교회가 베드로를 위해 간절히 기도했는데, 놀라운 역사가 일어났습니다. 하나님께서 베드로를 구출해 주신 것입니다. 그러나 기도한 교회는 이를 믿지 않았습니다. 하나님은 그런 연약한 기도조차도 이용하셔서 하나님의 뜻을 이루셨습니다.

예배하기 전에 우리는 예배를 위해 기도합니다. 예배 시에도 기도 순서가 있습니다. 예배 시의 기도는 공적 기도이기에 사적 기도보다 더 큰 중요성이 있습니다. 종교개혁가들은 예배 시에 드리는 공기도가 얼마나 중요한지를 재발견했습니다. 종교개혁가들은 미사 시에 성직자만이 고정된 기도문을 낭송하고 신자들은 기도를 듣기만 하던 것을 개혁했습니다. 종교개혁가들도 공예배 시 목사가 모든 회중을 위해서 기도하는 것이 매우 중요하다고 보았습니다. 하지만 그 기도는 회중의 기도를 인도하는 기도라고 이해하였습니다. 더 나아가 종교개혁가들은 일상의 삶에서 하나님께 기도하는 것이 중요하다는 것을 가르쳤습니다. 신자의 삶 자체가 기도하는 삶이라는 사실을 강조했습니다.

기도하는 태도도 중요하다

여러분은 기도의 태도, 즉 몸의 자세와 기도의 관계가 중요하다고 생각해 본 적 있습니까? 기도할 때, 이왕이면 무릎을 꿇고 기도하는 것이 좋을까요? 시편 95편 6절 말씀에서 "오라 우리가 굽혀 경배하며 우리를 지으신 여호와 앞에 무릎을 꿇자"라고 노래하는데요. 이것이 동양 문화입니다. 우리 한국도 오랫동안 마룻바닥 문화였습니다. 바닥에 앉아서 교제하고 놀았습니다. 예전에는 마룻바닥에 앉아서 예배했고, 기도할 때는 바닥에 무릎을 꿇고 했습니다. 요즘도 기도원 예배실은 대부분 바닥입니다. 그런데 의자가 도입되면서 우리는 바닥에 앉거나 무릎을 꿇고서 기도하는 것을 힘들어합니다.

예배 때 무릎을 꿇고 기도하는 것은 로마 가톨릭교회의 유산이 아닌가 하고 생각할지도 모르겠습니다. 그렇습니다. 지금도 로마 가톨릭교회에서는 기도할 때 무릎을 꿇고 기도합니다. 또한 성찬의 떡을 받을 때도 무릎을 꿇고 받습니다. 어떻게 감히 성체를 서서 받을 수 있냐는 것입니다. 무릎 꿇고 받아야 한다는 생각입니다. 성당의 의자는 일반 의자들과 달리, 기도하기 편하게 만들어졌습니다. 엉덩이를 놓는 좌석은 낮고 등을 기대는 부분은 높습니다. 등받이 뒤로는 팔꿈치를 놓을 수 있는 여유 공간이 있었고, 등받이 가장 아래쪽에는 무릎 꿇고 기도할 수 있도록 바닥으로 내릴 수 있는 평평

한 판이 붙어 있습니다.

개혁한 교회는 이 기도 의자를 사용하여 한동안 무릎을 꿇고 기도했습니다. 유럽의 예배당을 구경해 본 분들은 알겠지만, 예배실 바닥이 본래는 묘지였습니다. 주중에 장례식이 있을 수 있기에 평상시에는 의자를 쌓아 놓았다가 예배 때 각자가 의자를 가져다 놓고 앉습니다. 이때 앞뒤 좌석 간격을 넓게 놓아서 기도할 때 무릎을 꿇고 기도할 수 있는 공간을 확보했습니다. 이후에 새로운 건물이 세워지면서 공간 문제로 앞뒤 좌석 간격이 좁아지게 되었고, 더 이상 무릎을 꿇고서 기도하지 않게 되었습니다. 잉글랜드의 청교도들은 무릎을 꿇고 기도하는 것 자체를 경건의 행위로 생각할 우려가 있다고 하면서 적극적으로 반대했습니다. 이것은 지나친 반작용입니다. 우리는 기도의 정신이 어떻게 표현되어야 할지를 고민해야 합니다. 다시 말해, 우리는 본질을 가장 잘 담아낼 수 있는 형식의 문제를 진지하게 논의할 필요가 있습니다.

기도는 향연이 퍼져 위로 올라가는 것과 같다

성경은 기도를 하나님께 올려 드리는 향연에 비유하곤 합니다. 성소에 향단이 있었고, 그 향단에서 끊임없이 향을 피우고 향연이 자욱했던 것이 바로 이것을 보여 줍니다. 구약 시대의 교회는 그 향연이 위로 올라가는 것을 성도들의 기도가 하나님께 올라가는 것이라고 생각했습니다. 이에 시편 기자들도 자신들의 기도를 분향에 비유하곤 했습니다. 시편 141편 2절에서 이렇게 노래합니다. "나의 기도가 주의 앞에 분향함과 같이 되며 나의 손 드는 것이 저녁 제사같이 되게 하소서." 시인은 자신의 기도를 분향하는 것에 비유하며, 자신이 손 드는 것을 제사에 비유하고 있습니다. 손 드는 것도 사실 기도를 가리키고 있습니다. 구약 시대의 신자들은 손을 들고 기도했습니다. 기도를 분향에 빗댄 이것에 착안하여 로마 가톨릭교회와 동방 정교회에서는 지금도 예배할 때 예배당을 향연으로 가득 채웁니다.

신약 시대에 교회가 세워졌을 때, 교회는 예배 때 분향을 하지 않았습니다. 이방 신전에서 분향하는 것이 일상적이었고, 이교도들의 예배 형태와 기독교회의 예배를 구별할 필요성이 있었기 때문입니다. 그런데 로마 제국이 기독교를 국교화하면서, 로마 가톨릭교회는 분향을 도입합니다. 사제가 향로를 예배당 안에 들고 들어가서 예배당 전체를 향연으로 가득 채웠습니다. 9세기 이후로 미사를 시작할 때 향로를 들고 들어가는 것이 정착되었습니다. 이후에는 제단에도 분향을 했고, 심지어 회중석을 돌면서 회중 전체에게 분향을 했습니다. 말 그대로 예배당 전체가 향의 연기로 가득 찼습니다. 이런 관습은 요한계시록의 말씀 때문에 더 강화되었습니다.

요한계시록 5장을 보면, 하늘 성전에서의 예배 장면을 보여 주고 있습니다. 하나님의 손에 일곱 인으로 봉해진 두루마리가 들려 있는데, 그 인을 뗄 자가 없었다가 한 어린양이 나와서 그 두루마리를 취합니다. 그 어린양이 두루마리를 봉한 인을 뗄 것이라는 것이 예상됩니다. 그다음 장면이 바로 향연이 나는 장면입니다. 어린양이신 그리스도께서 두루마리의 인을 떼면, 그 속에 기록된 내용대로 이 땅에 하나님의 심판이 내릴 것입니다. 이 심판은 고난받고 있는 성도들이 간절히 기도하는 바를 성취하는 것임을 보여 주고 있습니다. 하늘 성전에 향을 가득 채운 금 대접이 보였습니다. "그 두루마리를 취하시매 네 생물과 이십사 장로들이 그 어린 양 아에 엎드려 각각 거문고와 향이 가득한 금 대접을 가졌으니 이 향은 성도의 기도들이라"(계 5:8). 성도들의 기도가 향연처럼 하늘 성전으로 올라가고 있다는 것을 보여 주고 있습니다.

요한계시록 8장에 가면 이를 더 구체적으로 보여 줍니다. 하나님의 첫째 심판인 일곱 인의 심판이 진행되는데, 마지막 일곱째 인을 떼자 두 번째 심판인 일곱 나팔 재앙이 시작되려고 하고, 바로 이때 금향로가 등장합니다. 한 천사가 금향로에 많은 향을 받았습니다. 거기서는 향로의 향과 성도의 기도를 구분하고 있습니다. "또 다른 천사가 와서 제단 곁에 서서 금향로를 가지고 많은 향을 받았으니 이는 모든 성도의 기도와 합하여 보좌 앞 금 제단에 드리고자 함이라"(계 8:3). 이렇게 향과 기도를 구분한 것이 오히려 성도의 기도가 향연처럼 위로 올라간다는 것을 잘 보여 줍니다. 향연이 하나님 앞으로 올라감으로써 기도가 하나님 앞으로 올라간다는 것을 보여 주고, 하나님께서 그 향연을 받으시는 것을 보자 천사가 향로에 제단의 불을 담아서 땅에 쏟습니다. 그러자 우레와 음성과 번개와 지진이 납니다. 이것은 하나님께서 성도의 기도를 받으시고 이 땅에 심판을 베푸신다는 것을 보여 줍니다. 하나님은 성도의 기도를 들으시고는 이 땅에서 일하십니다. 성도의 기도가 하나님의 손발이라고 말할 수도 있습니다. 이렇듯 우리의 기도가 너무나 중요합니다. 기도는 향연이 두루 퍼져 나가 위로 올라가는 것과 같습니다. 이번 장의 제목처럼 예배는 기도의 향연이 넘쳐 나는 예배, 기도의 향연이 올라가는 예배입니다.

공적 기도는 잘 준비해서 해야 한다

기도문을 가지고 기도하는 것과 즉흥적으로 기도하는 것 중에 어떤 것이 좋겠습니까? 우리는 종종 즉흥 기도를 잘하고, 기도를 길게 이어 갈 수 있는 능력을 성령 충만의 증거라고 생각하곤 합니다. 기도문을 적어서 기도하는 것은 신앙이 깊지 못한 증거라고 생각하기도 합니다. 이런 생각은 옳지 않습니다. 개혁은 양극단을 경계했습니다. 로마 가톨릭교회식의 정형화된 기도문으로만 기도하는 것을 경계했고, 다른 극단인 재세례파식의 주장, 즉 성령님의 감동으로 기도해야 하는 즉흥 기도만 강조한 것도 경계했습니다.

그렇습니다. 기도할 때, 성령님의 인도가 중요합니다. 하지만 예배 시에는 교회의 구체적인 필요를 구하는 치밀함이 필요합니다. 즉흥 기도를 하게 되면, 신앙고백(교리)과 상충하는 기도를 하기가 쉽습니다. 물론 기도문을 준비해서 기도할 때는 그것을 읽는 것에만 익숙해져서 성령의 인도를 무시할 수도 있습니다. 따라서 적절한 균형이 필요합니다. 좋은 기도문을 통해 균형 잡힌 기도를 배워 가야 하고, 성령의 인도에 민감한 것도 놓치지 말아야 합니다. 공적 기도에서도 자유가 주어져야 하고, 그렇다고 그것이 질서를 무시하는 것이 되어서는 안 됩니다.

종교개혁의 기운이 확산하면서 점차로 설교 전에 하는 기도가 즉흥 기도로 바뀌고, 길이도 길어졌습니다. 잉글랜드의 청교도와 독일의 경건주의자들은 기도문으로 기도하는 것을 싫어하고 마음으로부터 우러나오는 즉흥 기도를 강조했습니다. 기도문으로 기도하는 것은 죽은 기도이며, 성령의 감동으로 즉흥적으로 기도하는 것만이 살아 있고 능력 있는 기도라고 주장하기도 했습니다. 그래서 예배 시 주기도문을 사용하는 것조차도 꺼렸습니다. 17세기 말에는 길게 기도를 이어 갈 수 있는 '기도의 은사'를 받은 이들이 아니면 교회 직분자로 선출되기가 힘들 정도였습니다.

공적 기도는 성경적이어야 하고 신앙고백에 충실해야 합니다. 공적 기도는 기도자 개인의 주관적 체험이나 사상을 자랑하는 시간이 아닙니다. 평상시 하고 싶었던 말들을 이 기도 시간에 늘어놓을 수도 있습니다. 듣는 이들이 참 괴로울 때가 많습니다. 예배에서의 기도 인도자는 공적 임무를 맡았습니다. 사인(私人)이 아니라 공인(公人)으로 기도하는 것입니다. 기도 인도자는 성경과 신앙고백을 재해석할 줄 알아야 합니다. 기도는 일종의 성경 해석이요, 고백의 한 방식입니다.

우리는 예수님께서 말씀하셨듯이 사람들에게 자신을 드러내 보이기 위해 기도하는 것을 조심해야 합니다. 기도를 설교 시간으로 착각하는 경우도 있습니다. 설교만으로도 충분한데, 기도조차 설교 시간으로 만들어 버립니다. 공기도는 하나님의 회중을 가르치는 시간이 아니라 회중을 대표하여, 그리고 하나님의 모든 회중과 함께 하나님께 나아가는 시간입니다. 이런 관점에서 볼 때 성도의 교제가 풍성하지 않으면, 공기도가 힘들 수밖에 없습니다. 성도의 교제가 풍성하지 않으면, 참된 기도를 할 수 없습니다. 자신의 개인적인 생각만 늘어놓을 수 있기 때문입니다. 개인적인 기도도 나 홀로 외롭게 하나님께 나아가기보다 성도의 교제의 기반 위에서 하나님께 나아가야 하는데, 공기도는 더더욱 그렇게 해야 합니다.

예배 때는 여러 번의 기도가 있다

예배 때는 몇 번의 기도를 하는 것이 좋을까요? 여러분의 교회에 공예배 순서를 한번 생각해 보십시오. 몇 번의 기도가 있습니까? 종교개혁가들은 공예배 때 세 번의 중요한 기도를 배치했습니다. 첫째는 '죄 고백의 기도'입니다. 예배가 시작하는 파트에서 십계명을 읽고 난 다음에 죄를 하나님께 고하는 기도입니다.

둘째는 설교 전에 하는 기도인데, '조명을 위한 기도'라고 부릅니다. 이 기도는 말씀을 여는 것과 성령님께서 그 말씀 선포를 통해 회중의 생각과 마음을 조명해 달라는(빛을 비추어 달라는) 기도입니다. 이런 전통이 지금까지 내려왔기에, 설교자는 보통 성경 봉독 후 설교하기 직전에 이 기도를 하곤 합니다. 하나님께서 말씀을 열어 주셔서 그 말씀을 깨닫게 해 달라고 기도합니다.

조명을 위한 기도를 할 때, 목사는 자신에 대해서도 기도하곤 합니다. 자신의 생각이 아니라 하나님의 말씀을 바르게 선포하게 해 달라고 기도하곤 합니다. 목사가 평상시에 이 조명의 기도를 하지 않다가 어느 주일에 이런 기도를 한다면 아마도 설교 준비가 충분하지 못했기 때문일 수도 있습니다. 목사의 마음이 그만큼 절박하기 때문입니다. 성령님께서 자신이 준비하지 못했던 것까지 즉석에서 나올 수 있도록 해 주시면 좋겠다는 생각을 할 수도 있습니다.

설교 준비가 이미 끝났고, 설교문이 나와 있는데도 불구하고 이런 기도가 필요할까요? 그렇습니다. 설교는 잘 준비된 설교문에 달려 있는 것이 아니라, 성령님께서 그 설교를 사용하시는 것에 달려 있기 때문입니다.

마지막 기도는 설교 후에 하는 기도인데 '중보하는 기도'라고 부릅니다. 이 세 번째 기도에 들어가야 할 세 가지 중요한 기도의 영역이 있습니다. 우선은 회중의 구체적인 필요를 위해 구하는 것입니다. 다음으로는 디모데전서 2장 2절에 나와 있듯이 '정부를 위한 기도'가 포함됩니다. 이와 관련된 기도문의 예를 들어 보겠습니다. "주님, 주님께서 우리 위에 세우신 대통령과 정부와 시의 모든 관리들을 위해 기도합니다. 그들의 직무 수행을 통해 만왕의 왕께서 그들과 그들의 국민들/시민들을 통치해 주시길 원합니다. 주의 종들인 그들이 불법의 나라인 사탄의 나라를 대항하도록 하옵소서. 그들의 통치의 보호하에 우리가 모든 면에서 조용하고 평화로운 삶, 경건하고 존경할 만한 삶을 살게 하옵소서." 이 기도에는 복음을 대적하는 이들을 위한 기도와 복음 전파를 위한 기도가 포함됩니다. 역시 기도문을 소개해 보겠습니다. "주님, 이 세상에서 소망도 주님도 없이 살고 있는 유대인들과 회교도들과 이교도들을 위해 기도합니다. 자신들을 기독교인이라고 부름에도 교리와 삶에서 주의 진리로부터 빗나간 자들을 위해 간구하오니, 그들이 진정한 복음을 받게 하옵소서."

설교 후의 이 중보 기도[***]가 제일 긴 기도입니다. 소위 말하는 '기독교의

[***] 중보 기도, 즉 하늘 아버지께 죄인들의 죄를 사해 달라고 기도하는 것은 예수 그리스도만이 하실

모든 필요를 구하는 기도'가 여기에 속합니다. 개혁한 교회는 이 중보 기도의 실제 성격을 고려해서, 주로 설교 후에 배치했고 예배 인도자가 기도했습니다. 말씀 선포 후에 그 말씀에 근거해서 기독교의 모든 필요를 하나님께 올려 드리는 것이 자연스럽기 때문입니다.

예배 때 설교하는 것이 목사의 주된 일이라고 생각하지만, 목사는 기도를 인도하는 일도 합니다. 한국 교회에서는 예배 때 목사가 하는 기도를 '목회 기도'라고 부르는데, 이 목회 기도가 바로 개혁자들이 말한 설교 후의 중보 기도입니다. 목사는 성령의 감동 가운데 교회와 신자, 그리고 이 땅의 모든 필요를 잘 계획해서 기도해야 할 것입니다. 이 기도가 좋은 예가 되어서 교인들이 가정에서, 그리고 세상에서 어떻게 기도해야 할지를 배웁니다. 목사는 기도에 있어서도 중요한 역할을 합니다.

우리 한국 교회는 주로 설교 전에 대표 기도를 배치했고, 장로가 기도하는 전통을 세웠습니다. 우리는 장로가 교회를 말씀으로 돌아보는 직분을 가지고 있기에, 예배 때 이 중보 기도를 할 수 있다고 봅니다. 집사에게까지 이 중보 기도 인도를 확대할 수 있을까요? 아마도 부정적으로 생각하는 분들이 많을 것입니다. 목사, 장로가 당회를 이루어서 교회를 다스리고 돌아보는 일을 하기에 공예배에서의 기도는, 특히 목회 기도는 목사와 장로만이 할 수 있다고 생각하는 것입니다. 그런데 (안수) 집사직도 중요합니다. 집사직도 교회를 돌아보는 일을 맡은 직분자입니다. 집사직은 정서적이고 물질적인 부분에서까지 교인들을 돌아봅니다. 그렇다면 집사직에까지 이 중보 기도(목회 기도)를 확대할 수 있습니다.

이상으로 예배 속의 기도들이 다 언급되었을까요? 예배에 더 이상의 기도

수 있다. 우리는 이와 같이 우리 죄를 사해 달라고 예수님과 같은 중보 기도를 할 수는 없겠지만, 서로의 연약함을 위해서는 기도할 수 있다. 이것도 편의상 '중보 기도'라고 통칭하려 한다.

가 있지 않나요? 우리 한국 교회는 예배 시작부터 묵상 기도로 시작합니다. 설교 후에 회중이 다 같이 통성으로 기도하는 순서를 갖기도 합니다. 한국 교회의 대표적인 기도가 '통성 기도'인데, 이것을 지나치게 낮추어 보아서는 안 됩니다. 우리의 간절함을 표현하는 방법 중 하나이니까요. 그럼에도 공예배에서는 질서가 중요하다는 것을 무엇보다 유의해야 합니다.

헌금한 후에 목사가 봉헌물을 들고 기도하면서 복을 빌어 주기도 합니다. 이 기도를 잘하지 않으면 헌금이 줄어든다고 말하는 분들도 있습니다. 감사 기도 내용을 적게 하고, 그 감사의 내용을 일일이 읽어 주기도 합니다. 교육적인 효과가 있다고 말입니다. '아, 저런 것을 가지고도 감사할 수 있구나'라고 생각할 수 있다는 것이죠. 그래서 그 감사의 제목을 주보에 적기도 합니다. 그리고 십일조를 드린 분들의 성함을 불러서 기도해 주기도 합니다. 이 점은 우리가 깊이 고민해 보아야 할 부분입니다.

한 가지 중요한 것이 빠졌는데, 바로 '주기도'입니다. 예수님께서 친히 가르쳐 주신 주기도보다 더 나은 기도가 있을까요? 예배 순서에서 주기도문으로 기도하는 것은 어디에 위치하는 것이 좋겠습니까? 한국 교회에서는 주기도문을 주일 낮 예배 외의 각종 경건 모임을 마치는 순서에 사용합니다. 주일 오전 예배 마지막 찬송을 '주기도송'으로 하는 경우도 많습니다. 교회 역사를 보면, 대체로 설교가 끝나고 목회 기도 이후에 목사가 "이어서 주님께서 가르쳐 주신 기도로 기도하오니"라고 말하면, 온 회중이 다 같이 주기도문을 낭독하곤 했습니다.

기도의 가장 중요한 요소는 감사이다

그렇다면, 기도의 가장 중요한 요소는 무엇일까요? 무엇보다 '감사'일 것입니다. 기도는 감사함으로 하나님의 말씀을 복창하면서 모든 필요를 구하는 하나님과의 교제입니다. 본문 말씀인 디모데전서 2장 1절에서 중보 기도에 관해 언급하며 감사를 언급한 이유가 바로 여기에 있습니다. "그러므로 내가 첫째로 권하노니 모든 사람을 위하여 간구와 기도와 도고와 감사를 하라"라고 한 후에 중보 기도의 내용을 말합니다. 여기서 간구, 기도, 도고, 감사는 기도의 종류를 말하기도 하겠거니와, 모든 기도가 감사로 드려져야 한다는 사실도 보여 주고 있습니다. 골로새서 3장 16-17절에서도 이렇게 말합니다. "그리스도의 말씀이 너희 속에 풍성히 거하여 모든 지혜로 피차 가르치며 권면하고 시와 찬송과 신령한 노래를 부르며 감사하는 마음으로 하나님을 찬양하고 무엇을 하든지 말에나 일에나 다 주 예수의 이름으로 하고 그를 힘입어 하나님 아버지께 감사하라." 기도도 감사로 하고, 찬송도 감사로 하고, 무슨 일을 하든지 감사함으로 하라고 말합니다.

신자는 성부께서 성자를 통해 성령의 능력으로 베풀어 주신 말로 다할 수 없는 모든 은혜에 감사해야 합니다. 신자의 기도는 하나님께서 주신 은혜와 말씀에 대한 복창입니다. 신자는 하나님께서 베풀어 주신 것 외에 자신이 만든 것을 가지고 하나님께 나아갈 수 없습니다. 우리가 구체적인 중보의 기도를 할 때도 하나님을 향한 감사와 송영을 놓지 말아야 합니다. 감사는 기도의 요소 중 하나 정도가 아니라, 모든 기도를 지배해야 하는 정신입니다. 기도가 곧 감사입니다. 그래서 「하이델베르크 요리문답」 제3부, 감사의 파트에서 주기도문 해설이 중요하게 자리 잡고 있습니다. 기도는 하나님께 드려지는 거룩한 찬양의 제사입니다. 기도의 최고봉은 하나님을 불러 찬송하는 송영입니다. 히브리서 13장 15절에서 이렇게 말합니다. "그러므로 우리는 예수로 말미암아 항상 찬송의 제사를 하나님께 드리자. 이는 그 이름을 증언하는 입술의 열매니라."

성찬식이 기도와 관련을 맺고 있습니다. 성찬상은 제사상이 아닙니다. 우리의 희생을 주님께 보여 드리는 시간도 아닙니다. 성찬상은 그리스도의 모든 은덕을 누릴 수 있도록 우리를 초대해 주시는 기쁜 식탁이요 잔치상입니다. 이 성찬상에는 간구와 감사가 넘쳐 납니다. 우리는 우리의 죄를 고백하면서 성찬식에 참여합니다. 우리는 그리스도께서 우리 속에 들어와 우리와 하나가 되신 것을 크게 기뻐하면서 성찬상으로 나아갑니다. 더 나아가 우리는 그리스도께서 속히 임하셔서 우리를 구원해 달라고 기도하며 나아갑니다. 성찬식 기도문에 나와 있듯이, 우리의 낮은 몸도 주님의 영광스러운 몸과 같이 변화시켜 주실 것을 구하면서 성찬상에 참여합니다. 성찬식에는 풍성한 기도와 간구, 넘치는 기쁨과 감사가 있습니다.

기도

하나님 아버지, 이 세상을 살아가면서 저희들은 무언가 필요한 것이 생길 때마다 하나님께 간구합니다. 하지만 돌아서면 자신이 무엇을 구했는지 까마득하게 잊어버리곤 합니다. 하나님께서 내 기도에 응답하시는지 의문을 품을 때도 많습니다. 그런 저희를 불러 주셔서 온 회중이 그리스도의 이름을 힘입어서 한마음으로 은혜를 구하게 하시니 참으로 감사합니다. 성전을 기도하는 집이라고 하신 하나님, 우리가 주의 거룩한 몸을 이루어서 하나님 앞에 나와서 기도하게 하시니 웬 은혜인지 모르겠습니다. 예배 속에 기도가 있을 뿐만 아니라 기도가 곧 찬양이고 예배임을 알게 하시니 감사합니다.

우리가 회중 가운데서 하나님을 찬양하고 하나님께 감사하면서 하나님의 뜻 가운데로 나아간다는 사실을 잊지 않도록 도와주옵소서. 기도를 사적인 경건 행위 정도로 이해하여 우리의 고집이 굳어지지 않도록 도와주옵소서.
우리의 기도가 하나님의 말씀을 복창하는 것이 되게 하시고, 하나님의 은혜
를 받는 방편이 되도록 도와주옵소서. 어떤 기도라도 우리가 나 홀로 소원
을 구하는 것이 아님을 알게 하시고, 성도의 교제의 기반 위에서 오직 우리
주 예수 그리스도의 이름으로 구하는 것임을 잊지 않게 하옵소서. 늘 기도
하셨던 우리 주 예수 그리스도의 이름으로 기도합니다. 아멘!

요약

예배의 중요한 요소로, 찬송과 함께 기도가 있다. 기도는 은혜의 방편이
다. 구약 시대부터 기도하는 전통이 내려왔는데 신약 시대의 교회는 그리스
도의 이름으로 기도하기 시작했다. 기도가 공로가 되는 때에 종교개혁은 기
도를 회복했고, 기도하는 삶을 살도록 했다. **기도는 우리의 마음만이 아니
라 몸을 드리는 태도를 보여야 하고, 그런 기도는 향연처럼 하나님의 보좌
로 올라간다.** 예배 때 죄 용서받은 후, 말씀을 선포하기 직전, 그리고 말씀
을 선포하고 난 후에 직분자는 회중을 위해 기도한다. 기도도 직분자의 일
이다. 이 모든 예배 기도는 공적인 기도이기에 잘 준비해서 기도해야 하는
데, 무엇보다 기도가 간구이기 이전에 감사의 표현이라는 것을 아는 것이
중요하다.

나눔을 위한 질문

1. 말씀과 성례 외에 기도가 은혜의 방편이라고 말하는 이유는 무엇인가? 성전에서부터 시작된 기도의 전통에 대해 말해 보고, 종교개혁이 기도를 어떻게 회복했는지도 말해 보자.

2. 예배 때 하는 기도들, 특히 중보 기도의 중요성을 말해 보자. 목사는 예배 전체를 인도하기에 기도와 관련해서도 역할을 맡고 있다. 목사는 기도 인도자다. 목사의 이 역할에 대해 자세히 말해 보자.

3. 공기도의 중요성을 말해 보고, 어떻게 기도를 준비해야 하는지 나누어 보자. 기도문을 가지고 기도하는 것과 즉흥 기도 중 어떤 것이 바람직한지도 나누어 보자.

4. 「하이델베르크 요리문답」에서는 기도의 가장 중요한 요소가 '감사'라고 말하고 있다. 기도가 감사라는 것을 삶에 어떻게 적용하면 좋을지 말해 보자.

공기도의 중요성

1 공적 기도는 예배 순서에 있어서 중요한 요소이다. 구약 시대에는 성전을 '기도하는 집'(사 56:7)이라 불렀고, 하나님은 그곳에서 하는 기도에 귀 기울이겠다고 말씀하셨다(대하 7:15). 바벨론 유수 이후에 유대인들이 회당을 세워 예배드릴 때에도, 기도는 회당 예배의 중요한 요소로 자리 잡았다. 오순절 성령 강림으로 세워진 신약 시대의 교회도 예외가 아니었다. 초대 교회는 사도들의 가르침을 받아 모일 때마다 기도하기에 힘썼을 뿐만 아니라(행 2:42), 핍박받는 구체적인 상황을 하나님께 아뢰었다(행 4:24; 12:5). 사도들은 기도하는 일과 말씀 전하는 일에 힘썼을 뿐만 아니라, 안수를 겸한 기도를 통해 직분자들을 세웠다(행 6:4, 6).

2 종교개혁가들은 공예배 시에 드리는 공기도가 얼마나 중요한지를 재발견했다. 종교개혁가들은 로마 교회에서 미사 시 성직자만이 고정된 기도문을 낭송하는 것을 개혁했다. 종교개혁가들도 공예배 시 목사가 모든 회중을 위해서 기도하는 것이 중요하다고 보았지만, 그보다도 공예배의 기도는 회중의 기도를 인도하는 기도라고 이해했다. 종교개혁가들이 기도문을 완전히 배척하지 않은 것은 훈련받지 않은 회중들을 위해서였다. 기도문을 통해 기도에 좀 더 쉽게 접근할 수 있게 했기 때문이다. 물론 기도문으로 기도하지 않는 자유로운 기도도 허용했다. 기도하도록 하시는 분은 우리 마음속에 임한 성령님이시기 때문이다. 「하이델베르크 요리문답」 제34주일에서는 4계명을 해설하면서 "우리는 공적 기도를 드리기 위해서 주일에 모인다"라는 표현을 사용하기도 한다. 종교개혁은 공예배를 개혁했고, 공적 기도를 개혁했다.

3 종교개혁가들은 공예배 순서에 세 번의 중요한 기도를 배치했다. 첫째는 '죄 고백의 기도'인데, 예배가 시작하는 파트에서 십계명을 읽고 난 다음에 죄를 하나님께 고하는 기도였다. 둘째는 설교 전에 하는 기도인데, '조명을 위한 기도'라고 부른다. 이 기도는 말씀을 여는 것과 성령님께서 그 말씀 선포를 통해 우리의 생각과 마음을 조명해 주시기를 바라는 기도이다. 마지막 세 번째 기도는 설교 후에 하는 기도인데, '중보하는 기도'이다. 이 세 번째 기도에 들어가야 할 세 가지 중요한 기도의 영역이 있다. 회중의 구체적인 필요를 위해 구할 뿐만 아니라, 정부를 위한 기도(딤전 2:1–4), 복음을 대적하는 이들을 위한 기도(마 5:43–48)와 복음 전파를 위한 기도(엡 6:19–20)가 포함되어야 한다. 이 기도는 설교 전에 하는 기도보다 길다. 소위 말하는 '기독교의 모든 필요를 구하는 기도'가 여기에 속한다.

4 종교개혁의 기운이 확산하면서 공예배와 공기도에 대한 변화가 일어났다. 점차로 설교 전에 하는 기도가 즉흥 기도로 바뀌고, 길이도 길어지게 되었다. 영국과 스코틀랜드의 청교도, 독일의 경건주의자들은 기도문으로 기도하는 것을 싫어하고 마음으로부터 우러나오는 즉흥 기도를 강조했다. 기도문으로 기도하는 것은 죽은 기도이며, 성령님의 감동에

따라 즉흥적으로 기도하는 것만이 살아 있는 기도라는 주장이다. 그 결과 예배 시 주기 도문을 사용하는 것조차도 꺼렸다. 17세기 말에는 무엇보다 길게 기도를 이어 갈 수 있는 '기도의 은사'를 받은 이들이 교회 직분자로 선출되는 일이 벌어졌다.

5 종교개혁 시에는 죄를 고백하는 기도와 조명을 구하는 기도, 그리고 중보 기도가 각각 제 역할을 분명히 했다. 하지만 오늘날에는 설교 전에 하는 대표 기도를 통해 이 세 가지 기 도를 한꺼번에 통합해서 해 버린다. 이 세 기도는 예배 시 차지하는 독특한 자리들이 있 고, 초대 교회 때부터 내려오는 전통에 근거하고 있기에 각각의 독특성을 살리는 것이 좋 겠다. 특히 각 기도의 성격을 고려한다면, 중보 기도는 설교 후에 넣는 것이 좋겠다. 하나 님의 말씀 선포를 들은 후, 그 말씀에 근거해서 우리의 소원과 간구를 하나님께 올려 드리는 것이 자연스럽기 때문이다. 「하이델베르크 요리문답」 제38주일에서도 주일에 드리는 예배의 순서를 "하나님의 말씀을 경청하고, 성례에 참여하며, 주님을 공적으로 부르고, 가난한 자들에게 기독교적 자비를 행하는 것"이라고 말하고 있다.

6 공적 기도는 잘 준비되어야 한다. 우리는 종종 즉흥 기도, 그리고 아주 길게 기도하는 것을 영적인 것으로 생각하고, 기도문을 적어서 기도하는 것은 신앙이 깊지 못하다는 증거로 생각하곤 하는데, 이런 생각은 다분히 경건주의적이다. 종교개혁자들은 로마 가톨릭 교회식의 정형화된 기도문과 재세례파의 성령의 감동으로 인한 즉흥 기도 둘 다를 경계했다. 성령의 인도가 중요하지만, 교회의 구체적 필요를 구하는 치밀함도 중요하다. 즉흥 기도를 하다가 신앙고백(교리)과 상충되는 기도를 하기가 쉽고, 기도문을 준비해서 그것을 읽는 것에만 익숙해져서 성령의 인도를 무시할 수도 있다. 공적 기도에서는 자유가 주어져야 하고, 그렇다고 그것이 질서를 무시하는 것이 되어서는 안 된다.

7 목사는 공예배 시에 공적 기도를 인도해야 할 책임이 있다. 이 기도를 일반적으로 '목회 기도'라고 부르기도 한다. 공예배는 직분 사역의 중요한 장이라는 말이다. 우리는 교회를 영적으로 감독하는 장로, 물질적인 부분까지 돌아보는 집사도 공적 기도를 인도할 수 있다고 본다. 우리는 기도의 은사를 받은 사람이 즉흥적으로 길게 기도하는 것을 선호하여 죄의 고백과 성령의 조명을 구하는 기도를 무시해서는 안 된다. 죄의 고백과 설교 시 성령의 조명을 구하는 기도가 상대적으로 짧다고 해서 이 공적 기도의 성격을 무시하고, 길게 기도하는 즉흥 기도를 우위에 둔다면 신앙생활이 주관적이고 개인적이 되는 대가를 치루어야 할 것이다.

8 공적 기도는 철저하게 성경적이고 신앙고백적이어야 한다. 모든 성도가 함께 하나님 앞에 나아가는 공예배 때 드려지는 기도는 사적인 기도와 그 성격이 많이 다르다. 공적 기도는 기도자 개인의 주관적 체험이나 주관적 사상을 드러내는 시간이 아니다. 지구상에서 일어난 재난이나 성도들에게 일어난 일들도 언급할 수는 있지만, 공적 기도는 철저하게 성경 말씀과 언약에 대한 반응이어야 한다. 즉 기도 인도자는 성경과 고백을 재해석해

서 아뢸 수 있어야 한다. 고백의 한 방식이 공기도인 것이다. 게다가 기도는 오직 예수 그리스도의 이름으로 하나님께 구해야 한다. 은혜에 반하여 기도자의 의와 열심에 근거하여 구하는 것이 되어서는 안 된다. 공적 기도를 할 때는 표현과 용어조차도 신중하게 고려하여 자극적이고 극단적인 표현을 삼가야 하며, 가능한 한 이해하기 쉬운 단어와 표현을 사용하여 모든 성도가 아멘으로 화답할 수 있어야 한다(고전 14:15-16).

9 공적 기도는 설교 시간이 아니다. 종종 공적 기도를 교인들을 가르치는 시간으로 착각하는 경우가 있다. 설교자가 하나님을 대신하여 하나님의 말씀을 선포하는 시간은 따로 있다. 공기도 시간은 성도를 대신하여 하나님께 간구하는 시간이다. 공기도를 통해 성도들이나 목사, 더 나아가 교회 전체를 가르치려고 하는 경우를 종종 볼 수 있다. 공기도는 같은 죄인의 입장에 있어 죄인임을 고백하면서 하나님의 크신 긍휼과 자비를 구하는 기도여야 한다. 그렇다고 죄인이기 때문에 하나님께 아무것도 구할 수 없다는 무기력함에 사로잡혀서는 안 된다. 우리는 예수 그리스도의 이름으로 무엇이든지 하나님께 구할 수 있고, 하나님은 그 기도에 대해 넘치도록 응답하신다.

10 공적 기도의 가장 중요한 요소는 무엇보다 감사다(골 3:16-17; 딤전 2:1). 우리는 성부께서 성자를 통해 성령으로 우리에게 베풀어 주신 말로 다할 수 없는 모든 은혜에 감사해야 한다. 성도의 기도는 하나님께서 주신 은혜와 말씀에 대한 복창이다. 우리는 하나님께서 우리에게 베풀어 주신 것 외에 다른 것을 가지고 하나님께 나아갈 수 없다. 우리는 구체적인 중보의 기도를 올려 드릴 때도 하나님을 향한 감사의 마음을 놓지 말아야 한다. 감사는 기도의 요소 중에 하나 정도가 아니라 모든 기도를 지배해야 하는 정신이다. 기도가 곧 감사라고 말할 수 있다. 기도는 하나님께 드려지는 거룩한 찬양의 제사이다(히 13:15).

9장

설교

: 하나님께서 친히 말씀하시는 예배

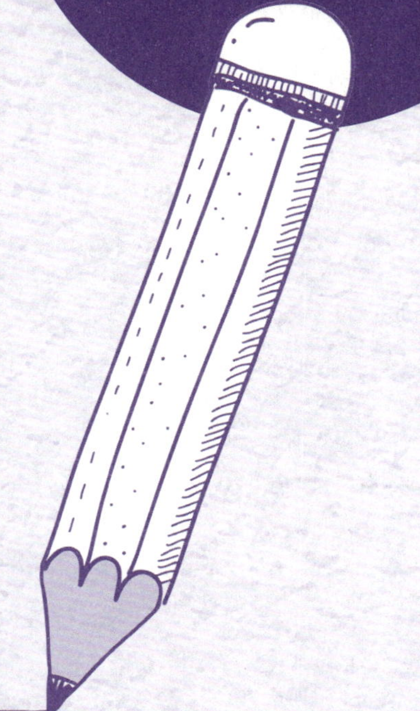

1 이스라엘 자손이 자기들의 성읍에 거주하였더니 일곱째 달에 이르러 모든 백성이 일제히 수문 앞 광장에 모여 학사 에스라에게 여호와께서 이스라엘에게 명령하신 모세의 율법책을 가져오기를 청하매

2 일곱째 달 초하루에 제사장 에스라가 율법책을 가지고 회중 앞 곧 남자나 여자나 알아들을 만한 모든 사람 앞에 이르러

3 수문 앞 광장에서 새벽부터 정오까지 남자나 여자나 알아들을 만한 모든 사람 앞에서 읽으매 뭇 백성이 그 율법책에 귀를 기울였는데

4 그때에 학사 에스라가 특별히 지은 나무 강단에 서고 그의 곁 오른쪽에 선 자는 맛디댜와 스마와 아나야와 우리야와 힐기야와 마아세야요 그의 왼쪽에 선 자는 브다야와 미사엘과 말기야와 하숨과 하스밧다나와 스가랴와 므술람이라

5 에스라가 모든 백성 위에 서서 그들 목전에 책을 펴니 책을 펼 때에 모든 백성이 일어서니라

6 에스라가 위대하신 하나님 여호와를 송축하매 모든 백성이 손을 들고 아멘 아멘 하고 응답하고 몸을 굽혀 얼굴을 땅에 대고 여호와께 경배하니라

1 내 아들아 그러므로 너는 그리스도 예수 안에 있는 은혜 가운데서 강하고

2 또 네가 많은 증인 앞에서 내게 들은 바를 충성된 사람들에게 부탁하라 그들이 또 다른 사람들을 가르칠 수 있으리라

● **생각해 보기**

❶ 설교는 성경을 해설하는 것이니 길면 길수록 좋지 않을까요?

❷ 설교는 목사의 일방적인 독백이어야 할까요? 회중과의 대화여야 할까요?

❸ 설교 시간에 (   )이 열리고, 그 말씀을 받지 않을 때 천국이 (   ).

개신교회 예배는 말로 가득 찬 예배이다

예배 순서 중에 제일 많은 시간을 차지하는 순서가 무엇일까요? 설교겠죠? 설교가 예배 시간의 절반 이상을 차지합니다. 이것이 우리 개신교회 예배의 특징입니다. 오늘날의 설교는 예전에 비해 많이 짧아지기는 했습니다. 하지만 설교가 예배의 핵심이라는 사실은 누구도 부인하기 힘들 것입니다. 예배는 설교를 중심으로 그 이전 순서와 그 이후 순서로 나뉜다고 말하기도 합니다. 그만큼 설교가 예배를 이끌고 있을 뿐만 아니라, 예배의 모든 순서가 설교를 중심으로 배치된다는 것입니다. 게다가 설교 이전의 순서는 그 자체로 큰 의미가 없고, 설교의 마중물 역할을 한다고 생각하기도 합니다. 또 설교 이후의 순서는 설교의 효과를 지속시키기 위한 역할을 한다고도 하는데, 이런 식의 생각은 아무런 오류가 없을까요? 혹시 예배에서 설교가 너무 과도한 비중을 차지하고 있다고 생각하지 않나요?

우리 개신교회의 예배는 사실 말이 많은 예배입니다. 말로 가득 찬 예배입니다. 설교 위주의 예배니까 그럴 수밖에 없습니다. 예배 순서가 이미 주보에 나와 있음에도 불구하고 그 순서에 대해 재차 언급하며, 이런저런 설명들로 채우기도 합니다. 이런 말의 홍수 속에서 침묵이 중요해지고 있습니다. 침묵이 더 많은 말을 할 때가 있습니다. 말이 많은 우리 개신교회의 예배는 여백과 침묵을 조금씩 확대해 갈 필요가 있습니다. 말로만 가득 찬 예배가 과연 하나님의 회중을 변화시키고 충분히 성숙시킬 수 있는지 물어봐야 합니다. 성령님은 말씀을 통하지 않고서는 역사하지 않으십니다. 하지만 말씀 사이의 여백을 통해서도 역사하십니다. 말의 홍수 속에서 정작 그 말의 의미를 잃어가고 있지는 않은지 돌아볼 필요가 있습니다.

구약 시대부터 말씀을 해설하는 것이 중요한 위치를 차지했다

예배 때 설교가 차지하는 위상을 파악하기 위해서는 역사를 거슬러 올라가 볼 필요가 있습니다. 구약 시대는 제사가 주도하던 시대였습니다. 예루살렘 성전이 중심이 되어 이스라엘의 종교적이고 일상적인 삶 전체가 규율화되었기 때문입니다. 물론 이스라엘에 선지자들이 있었습니다. 선지자들은 하나님으로부터 말씀을 받아서 전했습니다. 그들은 하나님께서 기뻐하시는 것이 번제를 포함한 제사가 아니라 하나님의 율법을 지키는 것이라고 말하기도 했습니다(미 6:6-8). 어떤 선지자는 하나님께서 성전 문을 닫아 걸어 버렸으면 좋겠다고 말씀하신다고도 했습니다(말 1:10). 제사장과 선지자는 서로 갈등 관계에 있었을까요? 우리는 제사장과 선지자 사이의 갈등을 과장하지 말아야 합니다. 놀라운 사실은 제사장은 단순히 제사를 드리는 일만 했던 것이 아니라, 자기가 거주하고 있는 곳에서 율법을 가르쳤다는 사실입니다(레 10:8-10). 제사장과 선지자 둘 다 율법과 관련을 맺고 있는 직분이었습니다.

바벨론 제국에 의해 예루살렘 성전이 무너지고 나서, 유대인들이 전 세계로 뿔뿔이 흩어지고, 회당이 유대인들의 삶의 중심이 됩니다. 바벨론 포로 생활이 끝나고서 예루살렘으로의 귀환이 이루어지고, 성전이 재건됩니다. 그럼에도 불구하고 이스라엘에서조차 지역별로 회당이 중심 역할을 합니다. 회당 예배는 단순했습니다. 다음과 같은 순서를 가지고 있었습니다.

먼저 신명기 6장 4절의 그 유명한 '쉐마' 말씀을 다 같이 낭독했습니다. "이스라엘아 들으라, 우리 하나님 여호와는 오직 한 분인 여호와시니"라는 유명한 구절 말입니다. 유대인들은 지금도 가정에서 아침저녁으로 이 문구를 낭독합니다. 그러고는 한 사람이 열여덟 가지 청원으로 이루어진 긴 기도를 인도하면, 온 회중이 '아멘'으로 화답합니다. 그 후에 예배 강복 선언문으로 사용하는 민수기 6장의 아론의 대제사장적 복을 선언한 다음, 성경 낭독과 해설이 있었습니다. 성경 낭독은 율법서 중 한 부분, 선지서 중 한 부분을 읽었습니다. 이런 순서들 중간중간에 시편송을 여러 번 불렀습니다.

누가복음 4장 16절부터의 말씀을 보면, 회당 예배에서 있었던 성경 낭독과 해설이 어떠했는지를 확인해 볼 수 있습니다. 예수님께서 본인이 자라신 나사렛에 가셔서 안식일에 평소 하시던 대로 회당에 들어가십니다. 회당장이 예수님의 손에 선지자 이사야의 두루마리를 들려 줍니다. 예수님께서 그중에 성령이 임하시는 부분을 찾아 읽으시고는 그 말씀의 뜻을 해설하십니다. 이 말씀이 너희들 눈앞에서 지금 성취되었다고 하십니다. 그것을 들은 이들이 깜짝 놀랍니다. 하나님의 말씀이 지금 자기들 가운데 성취되었다는 것을 들었기 때문입니다. 사도행전을 보면 사도 바울의 경우에도 마찬가지였습니다. 그는 이방 땅에 전도하러 갔을 때, 이방인들에게 복음을 전하기 전에 안식일에 회당을 찾아가서 예배했습니다. 회당장이 바울을 향해 성경을 해설해 달라고 하면, 펼쳐 준 성경을 읽고는 해설하면서 복음을 전하며 예수 그리스도를 전했습니다.

초대 교회의 예배 골격은 회당 예배로부터 빚졌습니다. 초대 교회는 회당의 말씀 중심 예배를 그대로 이어받았습니다. 성경 낭독과 해설이 예배의 핵심이 된 것입니다. 그런데 초대 교회는 말씀과 더불어 그리스도의 죽으심을 기념하는 성찬이 예배의 중요한 부분을 차지했습니다. 1부 예배는 말씀 예전이었고, 2부 예배는 성찬 예전이었습니다. 중세가 되면서는 말씀 예전이 점차로 줄어들고 성찬 중심의 예배로 바뀌어 갔습니다. 4세기가 결정적 전환기인데, 그때 설교는 거의 사라지고 성찬만이 중심이 된 예배, 즉 미사가 확립됩니다. 종교개혁자들은 이 미사 중심의 예배를 말씀 중심의 예배로 바꾸었습니다. 하나님의 말씀이 제대로 선포되지 않는 예배는 우상 숭배와 다를 바가 없다는 생각 때문이었습니다.

설교는 하나님 나라의 선포요, 천국의 열쇠다

요즘같이 다양한 매체의 영향을 받고 있는 시대에, 설교가 효력이 있을지 묻는 이들이 많습니다. 설교는 의사소통에 있어서 너무나 전근대적이고 구태의연한 방식이라는 것입니다. 놀랍게도 설교는 항상 효력이 있습니다. 설교는 복음의 선포인데 항상 효과를 불러일으킵니다. 종교개혁자들은 이것을 설교가 가진 '체질 효과'라고 불렀습니다. '체'가 무엇인지 아십니까? 저는 시골에 있을 때 체질 하는 것을 많이 보았습니다. 체질을 하면 알곡은 안으로 모이고, 쭉정이나 겨는 날려 나가는데요. 이것처럼 설교는 체질을 해서 알곡과 쭉정이를 가려내는 기능을 합니다. 하나님의 말씀은 마음의 숨은 생각까지 드러내기 때문입니다. 말씀은 숨은 것을 다 드러내고, 감춘 것을 나타냅니다. 그렇기 때문에 우리는 "어떻게 들을까 스스로 삼가"야 합니다 (눅 8:18).

우리는 말씀이 칼과 같다는 것을 잘 알고 있습니다. 말씀이 "좌우에 날 선 어떤 검보다도 예리"하다는 말씀 말입니다(히 4:12). 종교개혁자들은 말씀을 실제로 양날 가진 칼에 비유했습니다. 한쪽 칼날은 치유하는 칼날이 되고, 다른 쪽 칼날은 죽이는 칼날이 된다고 말입니다. 설교는 사망도 불러일으키고, 생명도 불러일으킵니다. 고린도후서 2장 14절에서 말씀합니다. "항상 우리를 그리스도 안에서 이기게 하시고 우리로 말미암아 각처에서 그리스도를 아는 냄새를 나타내시는 하나님께 감사하노라. 우리는 구원받는 자들에게나 망하는 자들에게 하나님 앞에서 그리스도의 향기니 이 사람에게는 사망으로부터 사망에 이르는 냄새요, 저 사람에게는 생명으로부터 생명에 이르는 냄새라. 누가 이 일을 감당하리요.”

예수님께서 베드로의 신앙고백을 받으시고는, 복 있다고 하시면서 그에게 천국 열쇠를 맡기십니다. 그 천국 열쇠로 이 땅에서 매면 하늘에서도 매이고, 이 땅에서 풀면 하늘에서도 풀린다고 하십니다. 그 천국 열쇠가 무엇입니까? 어떻게 하면 천국을 열고 닫을 수 있다는 말일까요? 목사의 설교가 바로 천국 열쇠입니다. 설교를 듣고 받을 때, 천국이 열립니다. 그 설교를 듣고도 받지 않을 때, 천국은 즉시로 닫힙니다. 설교가 천국을 열고 닫는 열쇠입니다. 설교는 복음 선포요, 하나님 나라의 선포이기 때문입니다.

또 하나의 천국 열쇠가 있습니다. 교회의 권징입니다. 설교는 천국을 열고 닫는 반면, 권징은 반대로 천국을 닫고 엽니다. 이렇게 설교와 권징을 통해 교회는 천국의 열쇠를 실제로 사용할 수 있습니다. 「하이델베르크 요리문답」 제83문답에서 이것을 다룹니다. “천국 열쇠란 무엇입니까?”라고 묻고는 “천국 열쇠란 거룩한 복음의 설교와 교회의 권징인데, 이 두 가지를 통해 믿는 자에게는 천국이 열리고 믿지 않는 자에게는 닫힙니다”라고 답합니다.

설교는 강의나 강연과 같이 사람을 설득하는 웅변술이 아닙니다. 설교는 사람의 감정을 교묘하게 조작하는 상담술이나 도덕적 강화의 수단이 아닙니다. 정치 슬로건은 더더욱 아닙니다. 선거의 계절이 돌아오면 강단에서 정치와 선거 이야기가 흘러나올 수 있습니다. 설교가 정치 슬로건이 되어서는 안 됩니다. 설교는 단순히 성경을 주해하거나 성경을 공부하는 차원도 넘어섭니다. 설교자는 하나님 나라의 사신이 되어 하나님의 모든 뜻을 남김 없이 선포해야 합니다(행 20:27). 설교는 인간이 하는 것임에도 불구하고 하나님의 말씀입니다. 데살로니가전서 2장 13절을 보니, 데살로니가 교회 교인들은 사도 바울이 한 말을 하나님의 말씀으로 받았습니다. "이러므로 우리가 하나님께 끊임없이 감사함은 너희가 우리에게 들은 바 하나님의 말씀을 받을 때에 사람의 말로 받지 아니하고 하나님의 말씀으로 받음이니 진실로 그러하도다. 이 말씀이 또한 너희 믿는 자 가운데에서 역사하느니라." 데살로니가 교회 교인들이 너무 순진했던 것일까요? 그렇지 않습니다. 성령님께서 역사하시니 인간의 설교였음에도 불구하고, 하나님의 말씀으로 받은 것입니다.

요즘 유행하는 말 중에 "제발, 설교 좀 하지 마!"라는 말이 있다고 합니다. 가르치려 하지 말고, 잔소리 좀 하지 말라는 뜻일 텐데, 설교도 인간의 잔소리처럼 들릴 수 있겠죠? 그렇습니다. 그렇게 듣지 않으려 노력한다고 하더라도, 실수나 오류가 많은 목사의 설교를 어떻게 하나님의 말씀으로 받을 수 있겠습니까?

이처럼 설교가 성경 말씀의 바른 해명이 아니라, 목사 자신의 경험담이나 사사로운 의견 개진 정도로 격하될 때 우리는 어떻게 해야 할까요? 아주 극단적인 경우이지만, 여러분도 설교 시간이 너무나 고역이라 그 자리를 박차고 나가고 싶은데 차마 그렇게 하지는 못하고 머리를 쥐어짰을 때가 있지 않나요?

하나님께서 교회에 장로의 직분을 허락하신 이유가 바로 여기에 있습니다. 장로는 목사의 설교를 감독해야 할 책임이 있습니다. 자신의 마음에 들지 않는 설교라서 싫어하는 것이 아니라, 말씀대로 설교하기 위해 같이 협력해야 한다는 사실입니다. 설교에 대한 책임을 목사와 장로가 함께 짊어져야 합니다. 설교는 교회가 서고 넘어지는 문제이므로, 당회는 목사의 설교를 잘 감독해야 합니다.

설교는 성경 낭독과 별개의 순서가 아니다

설교 직전에 주로 성경을 낭독합니다. 우리는 대개 설교할 본문 말씀만 낭독하는데, 교회사를 살펴보면 성경 낭독은 성경 전체와 관련을 맺고 있습니다. 회당에서 예배할 때는, 율법과 선지서 두 부분을 낭독했습니다. 이후에 신약 시대의 교회에서는 구약의 말씀뿐 아니라 신약의 복음서, 그리고 서신서의 말씀 등을 낭독했습니다. 교회 절기에 맞추어서 정해진 성경 말씀을 읽어 가기도 했고, 특정한 성경 말씀을 정해서 연속적으로 읽어 가기도 했습니다. 이런 연속적인 성경 낭독(*Lectio Continua*)은 요즘의 연속 강해 설교와 같다고 보면 되겠습니다. 설교를 위한 성경 낭독만이 아니라, 예배 시작 전에도 성경을 낭독했습니다. 성경을 낭독하면서 예배를 준비하는 시간을 가진 것이죠. 이렇게 다양한 모습의 성경 낭독이 있었습니다.

설교 직전의 성경 낭독은 설교할 본문과 관련된 성경 구절들의 낭독이 되어야 합니다. 이 성경 낭독은 설교와 별개의 것이 아닙니다. 성경 낭독은 설교와 상호보완적인 시간입니다. 성경 낭독과 설교는 하나의 세트입니다. 한 번 생각해 보십시오. 설교 하나에만 집중되다 보면, 예배의 객관적인 성격보다는 주관적인 성격이 더 강화될 수 있습니다. 설교는 하나님 말씀의 선포이기에 너무나 객관적이라고 생각할 수 있지만, 사실 이것만큼 주관적인 것도 많지 않습니다. 보통은 목사가 성경 말씀을 연속적으로 읽는 것이 아니라, 성경의 어느 한 본문을 읽고는 그것을 가지고 해설하고 적용하기 때문입니다.

목사 개인의 취향과 자질, 의도에 의해 좌우되기 쉬운 것이 설교입니다. 목사는 설교에서 엄청난 자유를 누릴 수 있습니다. 하지만 성경 낭독이 있습니다. 일정한 성경 말씀을 읽고 나면, 설교는 그 성경 말씀에 의해 할 말이 정해집니다. 목사의 자유가 제한되는 것이죠. 성경 낭독 때문에 설교에서 목사의 자유가 제한됩니다. 설교에서 목사의 자유가 무제한적일 수가 없는 이유가 여기에 있습니다.

교인들이 설교에서 가장 중요하게 생각하고 있는 적용 이야기를 잠시 해 보겠습니다. 회중은 설교를 들으면서 자기들 상황에 적합한 적용을 해 주길 기대합니다. 또 설교가 적용으로 마쳐지기를 바랍니다. 적용이 없는 설교는 뭔가 모자라는 설교라고 생각하는 이들도 있습니다. 하지만 성경 본문을 선택하는 것과 성경을 낭독하는 것이 사실 가장 큰 적용입니다. 성경 본문 선택이 중요한 이유가 여기에 있습니다. 적용은 설교 끝부분에 비로소 나오는 것이 아니라, 성경 본문이 선택될 때 이미 큰 틀의 적용이 시작된 것입니다. 성경 낭독과 설교는 전체가 하나의 거대한 적용입니다. 유럽의 개혁 교회들은 매 주일 오후에 정해진 '교리문답 설교'를 함으로써 주일 오전에 했던 목사의 자유로운 성경 본문 선택을 보완하곤 합니다.

성경은 하나님의 회중 전체의 것이다

성경 낭독은 매우 중요합니다. 하나님의 말씀 그 자체를 읽고 듣는 것이기 때문입니다. 성경 낭독 자체로 하나님 말씀의 선포가 됩니다. 어떤 경우에는 설교 없이 성경 낭독만으로 충분할 수도 있습니다. 미국의 어떤 신학교에서는 성경 낭독 과목이 있다고 합니다. 성경을 어떻게 낭독해야 회중에게 하나님의 말씀으로 들릴 수 있는지를 가르치는 과목입니다. 그 과목이 구체적으로 어떻게 진행되는지 들어 보지는 못했지만, 아마도 연극배우가 하듯이 낭독해야 하는 것은 아닐 것입니다. 발성만 가르치는 것도 아니겠고요. 말씀의 문맥을 잘 알고서 그 말씀을 읽는다면 분명히 다를 것입니다. 성경 낭독만으로도 하나님의 뜻이 충분히 드러날 수 있다는 것이 얼마나 큰 도전인지 모르겠습니다.

성경 낭독이 이렇게 중요하다면, 누가 성경을 낭독하는 것이 좋을까요? 설교할 목사만큼 그 성경 본문을 잘 아는 사람이 있을까요? 설교할 목사가 그 성경 본문을 낭독하는 것이 가장 자연스러울 것입니다. 웨스트민스터 총회에서 작성한 「예배 지침」에는 성경 낭독이 목사의 중요한 역할임을 명시하고 있습니다.

> 교회 안에서 말씀을 읽는 것은 우리가 하나님께 의존하여 있는 것을 승인하는 것으로서, 하나님의 공중 예배의 일부분이며, 주님께서 그의 백성을 세우기 위하여 거룩하게 하시는 방편이요, 목사와 교사들이 행해야 할 것이다. 그러나 목사 후보생(강도사, 전도사)도 노회가 허락하는 한, 경우에 따라서는 회중에서 말씀을 읽는 것과 설교하는 은사를 같이 행사해도 된다. 신구약 성경 전부를 자국어로 회중 앞에서 읽되, 본문을 정확하고 분명하게 읽어 모든 사람이 듣고 이해하게 해야 한다.

요즘 많은 교회들에서는 설교자와 회중이 성경을 합독하든지 교독하곤 합니다. 그리고 교인들이 성경 낭독을 하는 경우가 종종 있습니다. 목사가 아닌 교인이 성경을 낭독해도 될까요? 아마도 교인들의 참여를 독려하기 위해서 그렇게 하는 것 같습니다. 그러나 교인들이 성경을 낭독한다고 할 때는 보다 신중해야 합니다. 설교할 목사보다 그 성경 본문을 잘 아는 교인들이 있기는 힘들지만, 그 성경 본문이 목사에게만 속한 것은 아닙니다. 그 성경 말씀은 모든 회중에게 속해 있습니다. 그런 의미에서 설교자가 아닌 직분자들이나 교인들이 등단해서 성경을 낭독할 수 있습니다. 그러나 잘 준비하여 낭독하지 않으면 하지 않는 것이 낫습니다. 온 회중은 '잘 낭독하는지 보자'라고 하며 구경할 것이 아니라 말씀에 귀와 마음을 기울여야겠죠. 그리고 하나님께서 우리 온 회중을 위해 우리가 읽어서 이해할 수 있는 말씀을 주셨다는 사실에 크게 감사해야 합니다.

본문 말씀인 느헤미야 8장 말씀을 보면, 학사 에스라가 온 회중을 불러놓고 하나님의 말씀을 해설하고 있는 장면을 볼 수 있습니다. 학사 에스라가 특별히 만든 나무 강단에 서서 율법 두루마리를 펼쳤는데, 이때 온 회중이 일제히 일어섰습니다. 에스라가 하나님을 송축하니 모든 회중이 손을 높이 들고는 "아멘, 아멘" 하면서 몸을 굽혀 얼굴을 땅에 댔습니다. 얼마나 감격스러운 장면입니까? 하나님의 말씀에 대한 극진한 존경을 표하고 있습니다.

이런 전통이 유대인의 회당에 지금까지 남아 있습니다. 그들은 율법을 낭독하기 전에 율법 두루마리를 회중 사이로 들고 다닙니다. 이때 온 회중이 일어서서 그 율법을 바라본 것이죠. 동방 교회에도 이런 전통이 남아 있습니다. 하나님의 말씀을 낭독하기 전에 성스러운 향으로 교회를 정화하는데, 향이 예배실을 가득 채울 때 사제는 성경책을 높이 들고는 회중 사이를 행진합니다.

우리도 성경을 낭독할 때 온 회중이 일제히 기립하면 어떨까요? 설교 시간 내내 앉아서 하나님의 말씀을 들을 테니, 성경 낭독할 때만큼이라도 서서 하나님의 말씀을 듣는 것은 충분히 적용해 볼 만한 방식입니다.

설교는 하나님의 뜻을 공적으로 전달하는 것이다

성경 낭독이 너무나 중요하지만, 설교는 성경 낭독 못지않게 중요합니다. 성경 낭독을 되도록이면 많이 하고 설교 시간은 줄여 가야 한다고 생각하는 것은 잘못입니다. 설교는 목사의 해설이지만, 그 설교가 하나님의 말씀입니다. 성경 낭독과 설교를 나누고, 어느 것이 더 중요한가를 따지는 것은 맥락을 잘못 짚은 시도입니다. 하나님은 설교를 통해서 하나님의 공적인 뜻을 전달하십니다. 하나님 말씀의 바른 해설인 설교가 없이는 이 세상에 하나님의 말씀이 없다고 할 수 있습니다. 그래서 개혁가들은 엄청난 오해를 불러일으킬 수 있음에도 불구하고 "목사가 없이는 교회가 없다"라고까지 말했습니다. 말씀의 바른 해설 없이 교회는 설 수 없기 때문입니다.

목사는 자신의 능력으로 말씀을 전하는 것이 아닙니다. 성경 지식이 풍부하거나 전달 능력이 뛰어나다고 해서 되는 문제가 아닙니다. 그래서 성경 낭독 후 설교하기 전에 '조명을 구하는 기도'를 하곤 합니다. 성경을 기록하도록 감동을 주신 성령님께서 그 성경을 잘 선포할 수 있도록 역사해 주실 것을 구합니다. 결국에는 성령님께서 역사해 주셔야 문자가 살아 역사하는 말씀이 될 수 있습니다. 그 소리가 하나님 말씀의 선포가 될 수 있습니다. 조명을 구하는 기도가 습관적인 것이 되지 않아야 합니다. 그 순서가 혹여 없더라도, 설교자와 더불어 온 회중은 하나님께서 성령님을 통해 자신의 마음을 깨우쳐 주시기를 구해야 합니다.

신자는 개인적으로 성경을 많이 읽어야 하지만, 예배 때는 하나님께서 목사를 통해 성경 말씀을 공적으로 해설하게 하십니다. 그 설교야말로 회중을 위해 하나님께서 하시는 말씀입니다. 개인적인 성경 묵상으로 공적인 하나님 말씀의 선포를 대체할 수 없습니다. 디모데후서 2장 2절을 보니, 사도 바울이 믿음의 아들 디모데를 향해 당부합니다. "네가 많은 증인 앞에서 내게 들은 바를 충성된 사람들에게 부탁하라. 그들이 또 다른 사람들을 가르칠 수 있으리라." 바울이 디모데에게 들려준 것이 있습니다. 디모데가 충성된 사람들에게 부탁한 것이 있는데, 그 충성된 사람들이 다른 사람들을 가르친 것이 있다는 것입니다. 그게 무엇일까요? 성경 공부나 제자 훈련, 더 나아가 전도를 말하는 것일까요? 일차적으로는 설교를 가리킵니다. 설교자가 하나님의 말씀을 바르게 선포하는 것이 중요하다는 말입니다. 설교도 설교지만, 그것보다 제자 훈련이 더 중요하고, 전도가 제일 중요하다고 생각하나요? 전도가 죄인을 구원시키는 하나님의 능력이 되기 위해서는 하나님의 말씀, 즉 복음이 교회 가운데 순전하게 유지되어야 합니다. 마지막 날까지 교회 가운데 하나님의 말씀이 오염됨 없이 순전하게 유지되는 것이 가장 효과적인 전도의 방법입니다. 그래서 설교가 무엇보다 중요합니다.

설교는 목사의 일방적인 독백이 아닙니다. 혼자 소리를 냅다 지르는 것이 아닙니다. 설교는 대화입니다. 설교는 하나님의 백성들을 향해 말을 건네는 것입니다. 그런 의미에서 목사는 설교할 성경 본문을 미리 알리는 것이 좋고, 설교문을 작성해 놓았다 하더라도 자연스럽게 말하듯 전달할 수 있도록 노력해야 합니다. 어떤 목사는 설교 준비를 금요일까지 끝내 놓고 토요일에는 두문불출하면서 하루 종일 설교문 전체를 달달 외운다고 합니다. 그리고 강단에 올라갈 때는 한 장짜리 요약문만 가지고 올라가서 설교한다고 합니다. 이렇게 한번 설교를 하고 나면 몸무게가 2-3kg이나 빠진다고 하는데, 저는 아직 그런 수준은 언감생심 꿈도 못 꾸는 어설픈 목사입니다. 아직까지 설교문에 많이 매여 있는 편이거든요. 설교문에 매이는 방식은 딱 한 가지 장점이 있습니다. 설교가 삼천포로 빠지지 않고, 횡설수설하지 않고, 설교가 무한정 길어지지 않는다는 것입니다.

설교 시간 이야기가 나와서 말인데요. 설교는 몇 분 정도 하는 것이 좋을까요? 아무리 길어도 40분을 넘기면 안 된다고 생각하십니까? 예전에 유럽에서는 설교가 정말 길었습니다. 1시간은 기본이고 2시간까지도 갔다고 합니다. 그래서 교인들은 설교 시간에 대놓고 졸았습니다. 언제 끝날지 몰랐기 때문입니다. 설교가 길어지지 않도록 강단 바로 옆에 시계를 갔다 두기도 했습니다. 설교자는 설교 시간이 길어지면 슬쩍 시계를 돌려놓기도 했다는데, 그래서 시청에서 개입하기도 했습니다. 예배 시간을 아예 고정해 놓고, 길어지면 벌금을 내도록 한 것입니다. 그러면 목사는 설교 시간이 길어진다 싶을 때, 나머지 예배 순서를 생략하고 예배를 흐지부지 끝내 버렸지요.

요즘은 정반대 현상이 벌어지고 있습니다. 최근에 '5분 설교'라는 말마저 등장했습니다. 사도행전 2장을 보면 오순절에 성령님께서 강림하신 후에 베드로가 설교한 내용이 기록되어 있습니다. 베드로의 그 설교를 읽어 보면 딱 5분이 걸립니다. 그래서 5분 설교로 충분하다는 것입니다. 성경 기록이 당시 상황을 정확하게 재현한 것이라고 본 것입니다. 이것만큼 문자에 집착하는 것도 드물 것입니다.

하나님은 말씀하시고 회중은 아멘으로 화답한다

개신교회의 예배는 '듣는 예배'라고 할 수 있습니다. 로마 가톨릭교회의 예배는 '보는 예배'라고 할 수 있고요. 하나님께서 말씀하시니, 우리는 듣습니다. 우리의 귀를 열어 하나님의 말씀을 잘 들어야 합니다. 우리는 보는 것에 좌우되면 안 됩니다. 잘 들어야 합니다. 설교학에서는 설교를 어떻게 해야 하는지를 가르칩니다. 설교를 어떻게 들어야 하는지를 더 많이 가르칠 필요가 있습니다. 설교자 자신도 듣고 말해야 하기 때문입니다. 설교자도 설교하면서 동시에 그 말씀을 듣는 자리로 돌아가야 합니다. 어쨌든 설교자도 회중도 하나님의 말씀을 잘 들어야 합니다. 하나님께서 말씀하실 때, 아멘으로 화답해야 합니다.

설교가 하나님의 말씀이라는 사실만큼 놀라운 일이 어디 있을까요. 설교에 대한 반응도 그것 못지않게 중요합니다. 설교가 끝났을 때, 회중은 어떻게 반응하면 좋을까요? 대개는 회중이 반응할 시간도 주지 않고 목사가 기도로 마무리하곤 합니다. 어떤 분들은 그런 기도가 필요 없는 것이라고 말하기도 합니다. 이미 길게 설교했는데, 또다시 설교를 요약하는 기도를 하는 건 도대체 왜 필요한지 모르겠다는 것입니다. 한국의 많은 교회들은 설교 후에 다 같이 통성으로 기도하는 시간을 가지기도 합니다. 좋은 전통인가요? 하지만 설교에 대한 반응으로 합당한 것은, 무엇보다 찬송으로써 화답하는 것입니다. 설교 중에도 얼마든지 아멘으로 화답할 수 있습니다. 하지만 설교가 마쳤을 때, 크게 '아멘'으로 화답하며 찬송하는 것은 그야말로 아름다운 모습이 아닐 수 없습니다. 설교는 독백이 아니라 대화입니다. 그러하기에 많은 물소리와 같은 아멘의 화답은 온 하늘과 땅을 진동시킬 것입니다.

설교는 복음의 공적인 선포입니다. 설교 시간에 천국이 열리고, 그 말씀을 받지 않을 때 천국이 닫힙니다. 설교가 천국을 열고 닫습니다. 설교가 하나님 나라를 열고 닫으니 하나님의 회중은 설교를 통해 하나님 나라에 힘 있게 들어갑니다. 설교를 하나님의 말씀으로 받지 않고 인간의 잔소리로 생각하면, 천국은 곧장 닫혀 버립니다. 설교가 아니면, 우리는 이 세상 어디에서 하나님의 말씀을 공적으로 들을 수 있겠습니까?

하나님의 말씀을 받은 우리는 요동치는 온 세상을 향해 외칠 수 있습니다. "하나님께서 그 성전에 계시니 온 땅은 잠잠할지어다." 여러분의 심령을 향해서도 외치십시오. "내 영혼아, 어찌 불안해하는가? 너는 오직 말씀하신 하나님을 바라라." 우리는 이제 하나님께서 그 말씀대로 친히 행하시는 것을 보게 될 것입니다. 성경 낭독과 설교를 통해, 우리는 하나님께서 행하시는 것을 계속해서 봅니다.

기도

하나님 아버지, "태초에 말씀이 계시니라"라고 하셨듯이 하나님께서 처음부터 우리에게 말씀하셨음을 감사합니다. 처음부터 말씀의 영으로 자기 백성 가운데 역사하시고, 이 모든 날 마지막에 말씀 자체이신 우리 주 예수 그리스도를 보내어 주시니 감사합니다. 독생자를 통해 저희에게 최종적으로 말씀하셨으니, 그리스도 외에 구원이 없음을 알고, 설교를 통해 지속적으로 복음이 선포되어 천국을 열게 하여 주옵소서. 교회에 말씀이 순전하게 보존되어 지금 저희가 하나님의 나라에 담대히 들어가게 해 주셨으니, 이 역사가 저희 자녀들과 마지막 세대까지 이어지게 하여 주옵소서. 또한 목사의 설교에 복 주시옵소서. 신학교와 신학 교수들에게 복 주시옵소서. 신실한 말씀의 사역자들이 배출되어 교회가 힘 있게 서고, 복음이 땅끝까지 전해지게 하옵소서. 저희가 세상 모든 소리들 가운데 하나님의 음성을 분별하여 구원을 잃지 않길 원합니다. 이 요동치는 세상 속에서, 저희가 평안 가운데 믿음의 싸움을 잘 싸우게 하여 주옵소서. 하나님의 말씀이신 우리 주 예수 그리스도의 이름으로 기도합니다. 아멘!

요약

예배에는 하나님의 말씀이 있다. 예배의 세 번째 파트라고 할 수 있는 부분은 "하나님께서 말씀하십니다"이다. 예배 인도자나 회중이 '성경 낭독'(↓)을 하고, 설교할 목사가 '조명을 구하는 기도'(↑)를 한 후 '설교'(↓)를 한다. 설교가 끝날 때, 설교자는 기도로 마무리하고, 설교를 다 들은 회중은 '응답 찬송'(↑)을 한다. 이렇게 하나님은 고대로부터 회중에게 말씀하셨고, 지금도 우리는 하나님께서 친히 하시는 말씀을 들을 수 있다. 우리는 **설교를 통해 나 개인을 넘어 주의 교회를 향한 하나님의 뜻을 분명하게 들을 수 있다.** 개인적인 성경 읽기와 묵상을 넘어 하나님께서 공적으로 선포해 주시는 말씀을 회중에 속해서 들을 수 있다는 것이야말로 얼마나 영광스러운 것인지 모른다.

나눔을 위한 질문

1. 구약 시대 선지자와 제사장은 서로 어떤 관계에 있었는가? 회당 예배가 교회의 예배에 끼친 영향은 무엇인가? 종교개혁자들은 중세 교회의 미사 중심의 예배를 어떻게 개혁했는가?

2. 설교는 복음 선포요, 천국 열쇠이다. 설교를 이 두 가지 요소로 설명해 보자.

3. 성경 읽기의 다양한 차원, 그리고 설교와의 관련성을 말해 보자. 우리는 설교를 목사의 독백이라고 생각하곤 하지만, 실은 대화이다. 설교가 대화라면, 이를 어떻게 발전시켜 나갈 수 있을까?

4. 설교가 복음 선포가 아닌 것 같아서 너무 듣기 힘들다고 생각될 때가 있지 않은가? 그 경험을 나누어 보자. 그리고 선포된 하나님의 말씀에 대한 회중의 반응과 화답이 어떠해야 할지도 나누어 보자.

설교 듣기 팁

1 개신교회에서는 예배에서 설교를 무엇보다 중요시한다. 그러면 설교에서 무엇보다 중요한 것은 무엇일까? 결국은 설교자가 제일 중요하고, 목사가 어떻게 설교하느냐가 제일 중요할 것이다. 그런데 '어떻게 설교하냐?'만큼이나 중요한 것은 '어떻게 설교를 듣냐?'이다. '설교 듣기'가 굉장히 중요하다는 사실이다. 설교를 어떻게 들어야 하냐에 관해 들어 본 적이나 배워 본 적이 드물기에, 설교 듣기에 관해 많이 말할 필요가 있다.

2 목사는 교인들에게 설교를 어떻게 들어야 하는지 가르쳐야 한다. 성경에서는 끊임없이 "들을 귀 있는 자는 들으라"라고 말하지 않는가? 마가복음에서는 "너희가 무엇을 듣는가 스스로 삼가라"(막 4:24)라고 말하고 있다. 누가복음에서는 이 뉘앙스를 조금 바꾸어서 "그러므로 너희가 어떻게 들을까 스스로 삼가라. 누구든지 있는 자는 받겠고 없는 자는 그 있는 줄로 아는 것까지도 빼앗기리라"(눅 8:18)라고 말한다. 회중은 무엇을 들을지, 어떻게 들을지를 잘 알아야 한다.

3 교인들은 잘 보는 사람이 아니라 잘 듣는 사람이어야 한다. 로마 가톨릭교회는 예배당을 온갖 보이는 것으로 장식했기 때문에 잘 보아야 했지만, 우리 개신교회는 장식을 잘 하지 않았는데, 이것은 교인들에게 오직 말씀을 잘 들으라는 의미였다. 눈에 보이는 것에 마음을 빼앗기지 말고, 마음을 모아서 하나님의 말씀을 잘 들어야 한다는 것이다. 그래서 개신교회의 예배를 '듣는 예배'라고 말할 수 있다.

4 성경은 "예언의 말씀을 읽는 자와 듣는 자와 그 가운데에 기록한 것을 지키는 자가 복이 있다"라고 말한다(계 1:3). 이는 개인적인 읽기가 아니라 공적인 읽기를 말한다. 고대로부터 예배에서 성경 읽기가 중요했다는 것을 알 수 있다. 공적인 성경 읽기는 공적으로 하나님의 말씀이 선포되는 시간이다. 성경 자체를 읽기만 해도 하나님께서 직접 말씀하신다는 것이 드러난다. 물론, 읽은 그 성경을 설교하는 것 또한 하나님의 말씀이다. 우리는 성경 읽기와 설교를 분리하거나 대립해서는 안 된다.

5 우리는 예배 시 성경을 잘 읽어야 한다. 요즘에는 설교를 위한 본문만 읽지만, 고대로부터 교회는 교회력에 맞추어서 성경 전체를 읽어 갔다. 이런 읽기는 예배를 인도하는 목사만이 아니라 교인이 읽어도 된다. 고대로부터 성경을 읽는 단(독서대)이 따로 있었고, 성경을 공적으로 읽는 사람을 따로 임명했다. 성경 읽기를 얼마나 중요하게 생각했는지 잘 드러난다. 잘 준비하여 성경 본문을 읽는다면, 그 말씀이 목사 개인에게 속한 말씀이 아니라 회중 전체에게 주신 말씀이라는 것이 분명하게 드러날 것이다.

6 교회는 회중에게 듣기 팁을 제시할 수 있다. 유럽의 교회들은 예배 전체가 '잘 듣기'라는 관점에서 듣기 팁을 분명하게 밝힌다. 그중에서도 네덜란드 개혁 교회는 아래와 같은 팁

을 제시한다.

- 하나님께 좋은 예배가 되기를 구하고, 목사님과 당신 자신을 위해 기도해 보세요.
- 예배당에서 경청, 찬송, 기도 등을 할 때, 능동적이고 적극적인 자세를 취하세요.
- 예배 전에 그날 설교의 성경 본문을 미리 읽으세요.
- 자신을 위한 설교 보고서를 만들어 보세요.
- 주일과 주중에 가족 모임 및 각종 모임에서 설교에 관해 이야기해 보세요.
- 개인 성경 공부할 때, 주일 설교에 관해 더 묵상해 보세요.
- 설교 중에 다루었던 주제나 성경 본문을 각종 경건 모임에서 이야기해 보세요.

7 네덜란드 개혁 교회는 설교 시 구체적으로 어떻게 들어야 하는지에 대한 가이드도 제시한다.

- 설교의 메시지는 무엇이었습니까?
- 설교에서 하나님에 대한 당신의 신뢰가 강화된 것은 무엇입니까?
- 설교가 당신 자신, 이웃, 환경에 대한 당신의 관점을 바꾸었습니까?
- 설교의 어떤 부분이 당신에게 특별히 와 닿았나요? 그 이유는 무엇입니까?
- 이 설교를 통해 당신은 무슨 기도를 할 수 있습니까?
- (듣는) 태도가 설교의 성공에 어떤 기여를 했습니까?

8 어린아이를 포함해 온 회중이 함께 예배한다면 설교 내용을 요약해서 주보에 실어 주는 것이 좋다. 그러면 어린아이들이 설교를 따라오는 데 도움이 되기 때문이다. 아이들에게 설교 노트를 작성하게 하는 것도 큰 도움이 된다. 주기적으로 그 설교 노트를 검사하고 시상도 하면, 어른들이 오히려 자극을 받는다. 아이들이 설교를 잘 듣고 요약하는 모습을 보고 말이다.

9 목사는 설교할 때 모든 세대를 다 염두에 두어야 하지만, 특히 어린아이들을 염두에 두어야 한다. 설교 중에 종종 어린아이들에게 질문을 해 보라. 이를 위해 설교 요약과 더불어, 설교 내용을 잘 이해할 수 있도록 질문 몇 가지를 올려놓는 것 또한 도움이 될 것이다. 설교할 때 목사가 그 질문을 직접 해 보고 아이들에게 답을 해 보도록 요구할 수도 있다. 그러면 아이들은 설교 시작하기 전에 미리 그 질문을 확인할 것이다. 그러면 자연스럽게 설교를 따라올 수 있게 된다.

10 세대 통합 예배를 하면, 가족 경건회를 하는 것과 같은 효과를 얻을 수 있다. 온가족이 같은 말씀을 들었기 때문이다. 그래서 집으로 돌아가는 차 안에서 예배나 설교에 대해 대화할 수 있고 집에 가서도 대화할 수 있다. 부모가 자녀들에게 오늘 어떤 말씀을 들었는지, 혹시 잘 이해되지 않았던 말이나 내용은 없는지 물어보면 된다. 그러면 아이들은 부모에게 자연스럽게 설교에 대해 말하고, 자기 생각을 드러낸다. 이것이 바로 언약 가정의 모습이다. 부모와 자녀가 함께 말씀을 나누는 모습 말이다. 이것이 바로 신앙을 전승할 수 있는 길이 된다.

10장
성례

: 하나님의 선하심을
맛보아 아는 예배

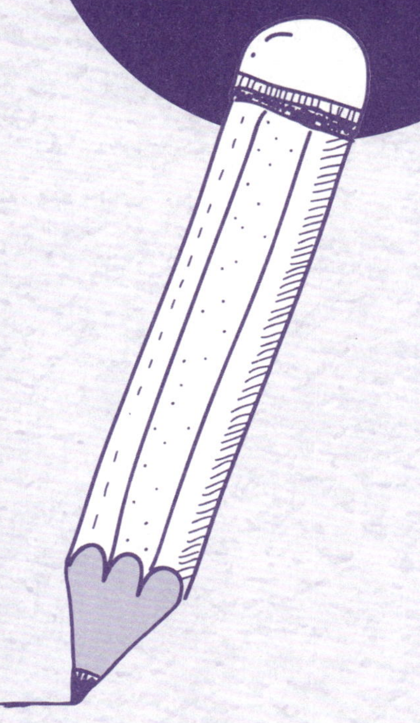

9 하나님이 또 아브라함에게 이르시되 그런즉 너는 내 언약을 지키고 네 후손도 대대로 지키라

10 너희 중 남자는 다 할례를 받으라 이것이 나와 너희와 너희 후손 사이에 지킬 내 언약이니라

11 너희는 포피를 베어라 이것이 나와 너희 사이의 언약의 표징이니라

12 너희의 대대로 모든 남자는 집에서 난 자나 또는 너희 자손이 아니라 이방 사람에게서 돈으로 산 자를 막론하고 난 지 팔 일 만에 할례를 받을 것이라

13 너희 집에서 난 자든지 너희 돈으로 산 자든지 할례를 받아야 하리니 이에 내 언약이 너희 살에 있어 영원한 언약이 되려니와

14 할례를 받지 아니한 남자 곧 그 포피를 베지 아니한 자는 백성 중에서 끊어지리니 그가 내 언약을 배반하였음이니라

43 사람마다 두려워하는데 사도들로 말미암아 기사와 표적이 많이 나타나니

44 믿는 사람이 다 함께 있어 모든 물건을 서로 통용하고

45 또 재산과 소유를 팔아 각 사람의 필요를 따라 나눠 주며

46 날마다 마음을 같이하여 성전에 모이기를 힘쓰고 집에서 떡을 떼며 기쁨과 순전한 마음으로 음식을 먹고

47 하나님을 찬미하며 또 온 백성에게 칭송을 받으니 주께서 구원받는 사람을 날마다 더하게 하시니라

● **생각해 보기**

❶ 유아세례는 해도 되고 안 해도 될까요?

❷ 성찬은 잔치와 교제가 핵심이다, 맞을까요?

❸ 성례는 (   ) 약속의 눈에 보이는 표와 인으로 (   )와 함께 한 쌍을 이루고 있다.

성례는 말씀과 한 쌍을 이루고 있다

앞 장에서 '성경 낭독'과 '설교'가 한 쌍을 이루고 있다고 말씀드렸습니다. 그런데 더 넓은 의미에서 설교와 한 쌍을 이루고 있는 것이 있습니다. 무엇일까요? 바로, 성례입니다. 둘 다 '말씀'과 관련을 맺고 있기 때문입니다. 종교개혁자들은 설교를 '보이지 않는 말씀'이라고 했고, 성례는 '보이는 말씀'이라고 했습니다. 설교는 우리가 귀로 듣는 말씀입니다. 요즘에는 설교의 이해를 돕기 위해 시청각 자료를 종종 사용하는데, 설교는 기본적으로 보는 것이라기보다는 듣는 것입니다. 반면, 성례는 귀로 듣는 것이 아니라 눈으로 보는 것입니다. 우리 눈에 무엇인가가 보입니다. 세례에서 우리는 물을 봅니다. 물을 끼얹어 머리를 타고 그 물이 흘러 내리는 것을 보죠. 성찬에서는 떡과 잔을 봅니다. 떡과 포도주를 찢고 부어서 먹고 마시는 것을 보죠. 이처럼 우리는 성례를 통해서 눈으로 볼 뿐만 아니라, 모든 감각을 다 동원해서 느낍니다.

'성례(聖禮)'라는 한자어의 뜻을 풀어 보자면 '거룩한 예식'입니다. 동방 교회에서는 이 성례를 '신비(Mysterion)'라고 불렀습니다. 성경에도 나와 있는 이 신비라는 단어는 원래 이교의 종교 집단에 입문하는 것을 가리키는 단어였습니다. 동방 교회는 이 단어를 가지고 와서 그 의미를 변형시킵니다. 동방 교회는 이전에 감추어져 있던 것이 비로소 드러났다는 의미로 이 단어를 사용했습니다. 성경에도 이런 표현들이 종종 있죠. 감추어져 있던 하나님의 비밀과 하나님의 뜻이 그리스도를 통해 비로소 온 세상 가운데 드러났다고 말입니다. 성례는 그리스도를 통해 비로소 드러난 구원의 신비를 분명하게 증거하고 있습니다.

한편 서방 교회에서는 '사크라멘툼(*Sacramentum*)'이라는 라틴어를 사용했습니다. 이 단어는 원래 로마 군인들이 충성을 맹세할 때 사용하던 단어입니다. 이 단어는 성례를 받는 이들의 입장에서 바라본 것입니다. 즉 성례에 참여하는 이들은 하나님께서 그리스도를 통해 이루신 구원 사역에 감격하면서 충성을 맹세해야 합니다. 이방 신들에게 바쳤던 온갖 충성을 이제는 삼위 하나님께 바친다는 것이죠.

개혁 교회의 신앙고백 문서 중 하나인 「하이델베르크 요리문답」이 성례를 잘 풀어서 가르쳐 주고 있습니다. 거기서 "성례란, 복음 약속의 눈에 보이는 표와 인"이라고 해설합니다(제66문답). 종교개혁에 맞서 로마 가톨릭교회의 교리와 체계를 정비한 '트리엔트 공의회'에서도 비슷하게 말했습니다. "성사란 그리스도께서 제정하신 볼 수 있는 표지로서 은총을 표시하고, 또 표시하는 은총을 실제로 주시는 것"이라고 했죠. 문제는 로마 가톨릭교회에서는 그 성사가 자동성을 가지고 있다고 이해하는 것입니다. 즉, 은혜가 사람에게 주입되는 것으로 본다는 것입니다. 주사를 맞는 것처럼 말입니다. 은혜는 성례를 통해 자동적으로 '주입'되는 것이 아닙니다. 은혜의 방편이 베풀어질 때, 우리가 '믿음'으로 받는 것입니다.

성례는 복음 약속과 관련을 맺고 있습니다. 우리가 만든 어떤 열심이나 신심을 하나님께 보여 드리는 것이 아닙니다. 성례는 하나님께서 약속하시고 그리스도를 통해 성취해 주신 모든 은덕으로 우리를 인도합니다. 신자는 성례를 통해 복음 약속이 어떻게 그리스도 안에서 성취되었는가를 눈으로 보면서 믿음을 새롭게 합니다.

성례는 확실하게 해 주시는 은혜입니다. 그래서 성례를 '표'와 '인'이라고 말합니다. '표'는 예를 들어 결혼반지를 생각해 보면 될 것입니다. 결혼했다는 표시로 결혼반지를 끼고 다니곤 하죠. "저는 결혼한 사람입니다"라는 표시입니다. 이것처럼 우리가 하나님과 언약 관계 속에 있다는 것을 표시해 주는 것이 성례입니다. 성례에 참여함으로써 자신이 하나님의 소유라는 것이 사람들 앞에, 그리고 온 세상 앞에 드러납니다. '인'은 도장 찍는 것을 생각해 보면 됩니다. 문서를 만들고는 확실하다는 것을 보증하기 위해 도장을 찍곤 하죠. 그러면 그 문서는 공적인 문서가 됩니다. 변경할 수 없습니다. 옛날에는 편지를 쓰고 그 내용을 바꾸지 못하도록 둘둘 말아 끝부분에 촛농을 떨어뜨리고는 그 촛농이 녹기 전에 도장을 찍었습니다. 하나님의 백성이라는 도장은 실제로 증서에 써서 도장을 찍는 것이 아니라 성령님께서 우리 마음에 인을 쳐 주시는 것입니다. 우리 속에 성령님께서 계시지 않으면 우리는 하나님의 사람이 아닙니다. 하나님은 성령의 인 침을 온 교회 앞에서 확인시켜 주시는데, 그것이 바로 성례입니다.

세례와 성찬이 유일한 성례다

성례에는 몇 가지가 있을까요? 초대 교회가 중세로 접어들면서, 교회는 여러 가지 성례를 만들어 가기 시작했습니다. 7가지로 늘어났죠. 사람의 전 생애를 성례로 덮었습니다. 우선, 어떤 아이가 태어나면 사제는 그 아이에게 바로 '세례 성사'를 베풀었습니다. '영세'라고도 부릅니다. 둘째는 '견진 성사'인데, 주교의 안수와 기름 바름으로 성령을 받게 하는 성례입니다. 이 성사는 세례 성사를 완성하는 성사입니다. 셋째는 '성체 성사'인데, '미사'가 바로 그것입니다. 우리가 하는 성찬에 해당합니다. 넷째는 '고해 성사'입니

　　　　　　　　　　　　　　　　　　　　　10장 성례

다. '고백 성사'라고도 부릅니다. 신자가 죄 속에 빠졌을 때 이를 다시 회복시켜 주는 성사로서, 사제에게 사적으로 자기 죄를 고백하는 것입니다. 다섯째는 '혼인 성사'입니다. 결혼도 성사로 여기는 것이죠. 여섯째는 '병자 성사'인데, 병이나 노쇠로 죽을 위험에 있는 신자에게 영적 위로와 힘을 주는 성사입니다. 마지막으로 한 가지가 남았습니다. 이것은 신자에게 주는 성사가 아닙니다. 성직에 봉사할 이들을 거룩하게 하는 성례로서, '서품 성사' 혹은 '신품 성사'라고 부릅니다.

개혁한 교회는 이 많은 성례 중에 '세례'와 '성찬' 두 가지만을 성경에 근거한 '성례'라고 인정합니다. 나머지는 성례가 아니라는 것이죠. 예를 들어, 결혼과 가정이 아무리 귀한 것이라고 하더라도 사제의 집례로 결혼식이 성례가 되는 것은 아닙니다. 요즘 결혼식을 교회당에서 하지 않고 결혼식장에서 하는 추세가 늘어 가고 있습니다만, 교회당에서 결혼식을 했다고 해서 그 결혼 자체나 부부 관계가 자동적으로 거룩해지는 것은 아닙니다.

성례는 그리스도께서 친히 제정해 주신 것입니다. 그리스도는 승천하시기 직전에 제자들에게 온 천하에 다니며 복음을 전하고 세례를 주라고 하셨습니다(마 28:19-20). 또한 예수님은 잡히시기 전날 밤에 제자들과 함께 유월절 식사를 하시면서 성찬식을 제정하셨습니다. 떡을 떼어 주시면서 "이것은 내 몸이다"라고 하셨고, 잔을 나누어 주시면서 "이것은 죄 사함을 얻게 하려고 많은 사람을 위하여 흘리는 나의 언약의 피이다"라고 하셨습니다(마 26:26-28; 막 14:22-25; 눅 22:14-20). 이렇게 그리스도의 죽으심 직전에, 그리고 부활 직후에 성찬식과 세례식이 제정되었습니다. 따라서 성찬과 세례는 그리스도의 죽으심과 부활을 보여 주고, 그 죽으심과 부활에 동참하게 해 주시는 것입니다. 우리는 세례를 통해 그리스도와 함께 죽고 삽니다. 성찬을 통해 그리스도의 살과 피를 먹고 마십니다.

예수님께서 십자가에서 죽으시기 직전에 제자들의 발을 씻어 주셨는데,

이것을 '세족식'이라고 부릅니다. 현대 교회는 성찬식을 자주 거행하지는 않지만, 부서별로 특별한 절기 때에 세족식을 종종 행합니다. 목사가 교인들의 발을 씻어 주면, 교인들은 감격스러워하죠. 그것이 아무리 감동적이라고 하더라도, 우리는 우리 주 예수 그리스도께서 친히 제정하신 세례와 성찬 외에는 성례로 인정하지 않습니다. 설교로 말미암아 생겨난 믿음을 지속적으로 강화시켜 주는 방편으로 그리스도께서 친히 제정해 주신 성례는 '세례와 성찬', 두 가지뿐입니다. 교회가 이 세례와 성찬을 그리스도께서 제정해 주신 모습대로 잘 사용하면, 큰 은혜를 받을 수 있습니다. 우리는 이 성례 외에 다른 것을 통해 더 큰 은혜를 받을 수 있다고 생각하는 어리석음을 범하지 말아야 합니다. 우리가 하나님보다 더 지혜로운 체해서는 안 됩니다.

유아세례의 중요성을 알아야 한다

세례는 물을 통해 우리가 모든 죄로부터 씻겼음을 보여 줍니다. 우리가 죽고 다시 살아났다는 것을 보여 주는 것입니다. 세례에는 '장례식'과 '부활식'이 같이 있습니다. 사람이 물속에 들어가면 죽듯이, 물속에 들어갔다가 다시 건져 냄을 받았다는 것을 보여 줍니다. 그렇다면 몸 전체를 물에 완전히 담그는 침례야말로 세례의 의미를 분명하게 보여 줍니다. 물속에 잠겼다가 다시 나오면 죽었다가 다시 살아났다는 것을 분명하게 시위(示威)하기 때문입니다. 물 몇 방울 찍어 바르는 것으로는 실감이 나지 않습니다. 세례 요한이 요단강에서 세례를 베풀 때 이렇게 침례를 행했을 것입니다. 예수님도 세례 요한에게 침례를 받으셨고요.

세례냐, 침례냐의 문제보다 더 중요하고 근본적인 것은 유아세례의 문제입니다. 침례교회의 특징은 세례의 방식을 침례로 한다는 것이 아니라 유아세례를 인정하지 않는 것에 있습니다. 그들은 성인 세례만을 인정합니다.

믿음의 가정에서 태어난 아이라고 하더라도 유아세례를 베풀지 않습니다. 아이가 아무것도 모르기에 세례를 베푸는 것은 온당하지 못하며, 미신적이라는 것이죠. 그러면 성인이 될 때까지 이 아이는 어떤 상태라고 보아야 할까요? 이 아이는 신자인가요, 불신자인가요? 성인이 되어서 세례받을 때까지는 불신자의 아이와 똑같은 것인가요? 이런 곤란한 질문 때문에 침례교회에서는 유아세례 대신에 '헌아식'이라는 것을 행합니다. 아이를 하나님께 바치는 예식입니다. 그러나 장로교회는 가장 바람직한 헌아식이 '유아세례'라고 봅니다. 장로교회는 '언약'에 근거해서 아이를 하나님께 바친다는 의미로 세례를 베푸는 것입니다.

유아세례를 통해 우리는 성인 세례와는 다른 풍성한 은혜와 감격을 누릴 수 있습니다. 유아세례는 잘못되었다 여기고 성인 세례만을 고집하는 것은 "오직 우리 자신의 믿음에 구원이 달려 있다"라는 주장과 다를 바가 없습니다. 유아세례를 베푼다는 것은 우리 믿음에 앞서 하나님의 약속과 하나님의 부르심이 있다는 것을 고백하는 것입니다. 창세기 17장에 기록되어 있듯이, 하나님께서 아브라함과 더불어 언약을 맺으신 후에 그 언약에 대한 증표로 할례를 행하라고 하셨습니다. 하나님의 언약 백성이라는 것을 몸에 새겨 넣으라는 것이죠. 누가 할례를 받았나요? 아브라함에게 속한 남자는 누구든지, 심지어는 종의 자녀라고 할지라도 태어난 지 8일째에 할례를 받아야 했습니다. 어른이 되어서 할례를 행한 것이 아닙니다. 하나님의 약속은 아브라함과 그에게 속한 모든 자들, 그리고 그 모든 후손과 더불어 맺은 언약이라는 것을 보이셨습니다.

왜 하필 아이의 생식기 표피를 베었을까요? 언약의 표와 인이기 때문입니다. 몸에 새기는 것이죠. 하나님은 할례를 받으려고 하지 않으면 하나님의 백성에서 끊어진다고 경고하셨습니다. 선지자들이 육체의 할례가 아니라 마음의 할례가 중요하다고 말했다고 해서, 할례를 무시하면 안 됩니다.

할례는 몸에 새겨진 언약 백성의 표입니다. 그것을 부적처럼 생각해서는 안 되겠지만, 자기 육체가 하나님으로부터 생명을 받았다는 것을 몸에까지 새긴 것인데, 얼마나 귀합니까! 우리는 이 할례가 신약 시대에는 세례로 대체되었다고 믿기에 유아에게도 세례를 베풉니다. 세례를 통해 믿음의 가정에서 태어난 자녀는 불신자의 자녀와 구별되는 것이죠. 부모는 그 자녀가 혹 영아 때에 죽더라도, 하나님께서 자기 백성으로 삼으셨다는 확신 가운데 위로를 받을 수 있습니다.

개혁한 교회는 되도록 빨리 유아에게 세례를 베풀었습니다. 토요일에 출산했는데 바로 다음 날인 주일에 세례를 베풀기도 했습니다. 이게 어떻게 가능할까요? 한국에서는 산모나 아기가 교회에 출석하기 위해서는 최소한 한 달 이상이 걸리지 않나요? 유럽의 산모들 같은 경우에는 아기가 아주 작을 때 낳기 때문에 출산이 어렵지 않습니다. 출산 후 산모는 금방 찬물에 샤워를 하고 맨발로 병원을 돌아다니기도 합니다. 그래서 다음 날 아기를 데리고 나와서 세례를 받기도 합니다. 하나님께서 하루라도 빨리 언약의 자녀가 세례받기를 기다리고 계신다는 생각 때문입니다. 언약의 가정에서 태어난 언약의 자녀이기에, 하루라도 빨리 언약의 표를 가지는 것입니다.

재세례와 사적 세례를 베푸는 것은 옳지 않다

종교개혁이 일어나면서 '재세례파'라는 무리가 등장합니다. 이들은 유아세례를 인정하지 않았습니다. 언약 가정에서 태어난 유아라고 할지라도 신앙고백을 할 수 있는 성인이 된 후에 세례를 받아야 한다는 것입니다. 혹 다른 교회에서 어릴 때 세례받았던 아이는 어떻게 해야 했을까요? 성인이 되어서 다시 세례를 받아야 했습니다. 그래서 이들을 '재세례파'라 불렀습니다. 그들은 사실상 재세례를 주장하지 않았습니다. 유아세례를 인정하지 않았으니, 그냥 오롯이 하나의 세례를 주장했을 뿐입니다. 그러나 유아세례받았던 이들에게 다시 세례를 주었기 때문에 재세례를 베풀게 된 것이죠.

재세례를 말한 이들이 종교개혁 이후에야 등장한 것은 아닙니다. 초대 교회부터 재세례를 주장하는 이들이 있었습니다. 당시 로마 제국의 핍박으로 인해 배교한 이들이 있었는데, 이들을 교회가 받아 주려면 어떤 절차를 밟아야 하느냐의 문제로 다시 세례를 받아야 한다는 주장이 생겨난 것입니다. 즉, "배교한 사제들이 베푼 세례는 무효다"라고 주장하면서 재세례를 주장하는 이들이 등장했습니다. 기독교가 국교로 공인된 후, 유스티니아누스 황제(Justinianus, 482-565)는 재세례를 주장하는 이들과 삼위일체를 부인하는 이들, 이 두 가지 이단을 사형으로 선고했습니다. 삼위 하나님의 이름으로 받는 세례는 오직 한 번만 받아도 충분하다는 것입니다.

오늘날에는 세례의 의미를 깊이 깨닫지 못하고 사적으로 세례를 베푸는 일들도 있습니다. 어떤 사람이 전도해서 예수님을 믿게 되자 교회로 데려가지 않고 친구들을 불러다가 수영장에서 세례를 베풀었다고 합니다. 극적인 효과를 위해서 그렇게 했다고 합니다. 선교지의 특수한 상황이 아닌데도 말입니다. 세례는 사적인 일이 아닙니다. 세례는 가족 행사로 치를 수 없습니다. 세례받는 것과 교인이 되는 것은 분리된 것이 아닙니다. 세례는 온 회중과 더불어 하는 교회의 공적인 일입니다. 세례는 온 교회 앞에서 예배 시에 베풀어야 합니다.

예배 중 언제 세례를 베푸는 것이 좋겠습니까? 예전에는 설교 전에 세례를 베풀기도 했습니다. 이것은 현실적인 이유 때문이었을 겁니다. 아이와 산모가 설교가 끝날 때까지 기다리기가 힘들다는 이유였죠. 또한 설교가 끝나면 교인들이 집으로 가 버릴 수도 있기에, 설교 전에 세례를 베푸는 것이 좋다고 하는 주장도 있었습니다. 그러나 성례는 설교와의 관련성 속에서 봐야 하기에, 설교 후에 하는 것이 좋습니다. 우리는 은혜의 방편이 '말씀과 성례'라는 것을 주목해야 합니다. '성례와 말씀'이 아닙니다. 말씀이 먼저고, 그다음에 성례가 따라옵니다. 성례가 말씀의 조명을 받지 않으면, 미신처럼 될 수 있기 때문입니다.

공적 신앙고백이 중요하다

유아세례를 받은 아이는 교회의 정식 교인입니다. 나중에 공적인 신앙고백을 해야 비로소 완전한 교인이 되는 것이 아닙니다. 유아세례를 통해 그 아이는 교인이 되었습니다. 그런데 왜 유아세례 받은 아이가 성찬에 참여하지 못하도록 합니까? 아무것도 모르는 아이에게 세례를 베풀었다면 동일하게 아무것도 몰라도 성찬에 참여할 수 있지 않습니까? 어떤 교회들에서는 공적인 신앙고백을 하기 전에 성찬에 참여시키기도 합니다. 세례는 언약에 참여하는 것이기 때문에 되도록 일찍 참여하는 것이 좋습니다. 부모가 준비되지 않았다고 핑계 댈 일이 아닙니다. 반면, 성찬은 알고 참여해야 풍성한 유익을 누릴 수 있습니다. 사도 바울은 사람이 자기를 살피고 이 성찬에 참여해야 한다고 강조합니다. 그래서 우리는 유아세례 받은 아이가 자라서 공적인 신앙고백을 하게 되면 성찬에 참여시킵니다.

유아세례 받은 아이는 일반적으로 만 14세 이상이 되면 '공적 신앙고백'을 통해 성찬에 참여할 수 있습니다. 공적 신앙고백은 많은 교회에서 '입교 예식'이라고 부릅니다. 그런데 왜 이를 '공적 신앙고백'이라 부르냐 하면, 이 '입교 예식'이라는 말이 다소 어색하기 때문입니다. '입교(入敎)'라는 것은 교회에 들어오는 것, 즉 교인이 되는 것을 말하지 않습니까? 그런데, 입교를 통해서만 비로소 교인이 되는 것은 아닙니다. 언약의 자녀는 유아세례를 통해 이미 교인이 된 것입니다. '입교'라는 말은 유아세례의 의미를 온전히 이해하지 못한 말입니다. 따라서 '공적 신앙고백'이라는 말이 온당합니다. 이는 성찬에 참여하기를 허락하는 예식입니다. 개혁 이후의 역사를 보면, 이 예식이 부담스러워 미루다가 공적 신앙고백을 하지 못하고 죽는 경우도 종종 있습니다. 그러니 공적 신앙고백을 무한정 미루면 안 됩니다.

잔치와 교제로서의 성찬을 회복해야 한다

이제 성찬에 관해 살펴보겠습니다. 성찬은 떡과 잔을 통해 그리스도의 몸과 피에 참여하는 거룩한 예식입니다. 성찬도 당연히 설교 후에 해야 합니다. 성찬의 가장 중요한 의미는 '하나 됨'입니다. 성찬의 떡과 잔을 먹고 마시는 것은 그리스도의 살과 피를 먹고 마시므로 그리스도와 하나 되는 것입니다. 우리는 다른 어디에서도, 다른 어떤 체험을 통해서도 경험할 수 없는 그리스도와 하나 됨의 유익을 성찬에서 누릴 수 있습니다. 그리고 그것에 참여한 다른 신자들과 하나 되는 은혜를 입을 수 있습니다. 이 하나 됨을 구체적으로 시위하기 위해, 큰 떡을 가지고 떼어 나누는 행위를 합니다. 포도주가 담긴 잔도 이미 나누어진 잔이 아닌 큰 잔을 돌려가며 마시기도 합니다. 교회 역사를 보면, 세례와 관련한 이견이 아예 없었던 것은 아니지만, 거의 의견의 일치를 보았습니다. 하지만 성찬의 경우는 그렇지 않았습니다. 하나 됨을 시위하는 중요한 성례임에도 불구하고, 종교개혁의 역사는 성찬 때문에 교회가 갈갈이 찢겨 나갔습니다. 얼마나 안타까운 일인지 모릅니다.

종교개혁자들은 미사를 설교 중심의 예배로 바꾸었습니다. 잘한 것입니다. 하지만 개혁자들은 로마 가톨릭교회의 미사에 대한 지나친 반동으로 성찬을 자주 시행하지 않는 쪽으로 방향을 잡았습니다. 1년에 세 번 내지는 네 번밖에 하지 않았습니다. 초대 교회는 1부 예배가 말씀 예전이었고, 2부 예배가 성찬 예전이었습니다. 한때 "초대 교회로 돌아가자!"라고 하는 말을 많이 했는데, 초대 교회로 돌아가려는 노력 중의 하나는 예배를 개혁하는 것이요, 말씀 예전과 성찬 예전이 함께 있는 예배를 드리는 것입니다. 설교와 더불어 성찬이 함께 있어야 온전한 예배일 수 있다는 주장을 깊이 생각해 봐야 합니다.

우리가 회복해야 할 성찬 개념 중 하나는 '잔치로서의 성찬' 개념입니다. 종교개혁 이후 경건주의와 신비주의 영향으로 '우리는 성찬에 참여할 자격이 없다'라는 인식이 강조되기 시작했습니다. 이를 강조함으로, 성찬은 장례식 분위기를 풍겼습니다. 성찬을 자주 행하지 않는데도 불구하고 성찬 참여를 회피하는 일마저 일어났습니다. 사도행전 2장 46절 말씀을 보니, 초대 교회 교인들은 집에서 떡을 떼며 기쁨과 순전한 마음으로 음식을 먹고 하나님을 찬미했다고 기록하고 있습니다. "떡을 뗐다"라는 것은 성찬식을 의미하고, "기쁨과 순전한 마음으로 음식을 먹었다"라는 것은 애찬을 가리키는 것이죠. 즉, 초대 교회는 성찬을 하나의 의식으로 끝내지 않고, 남아 있는 것을 애찬으로 연결시켜 흥겨운 잔치를 벌였습니다. 예수님의 죽으심을 생생하게 목격한 이들이 예수님의 죽으심을 기념하는 성찬식을 행하면서 장례식 분위기는커녕 잔치와 축제를 벌인 것입니다.

이후에 초대 교회에서는 성찬 예전이 시작될 때, 세례받지 않은 이들은 집으로 돌려보냈습니다. 이것이 오해를 불러일으켰습니다. 신자들만 은밀하게 모여서 그리스도의 살과 피를 먹과 마시는 것을 '식인 풍습'으로 오해했습니다. '예수쟁이들은 식인종'이라는 소문이 퍼져 핍박과 조롱을 받기도 했습니다. 세례받은 이들만 성찬에 참여하도록 한 것은 성찬이 폐쇄적임을 말하는 것이 아닙니다. 성찬은 그리스도의 몸인 교회가 교회의 머리이신 그리스도와 진정으로 하나 되는 가장 친밀하고 은혜로운 성례입니다. 이 성례에는 믿지 않는 이들이 아무런 유익을 누릴 수 없습니다. 그래서 울타리를 친 것입니다.

성찬식은 하나 됨을 위해 살겠다는 서약의 시간이기도 했습니다. 세례받지 않은 이들이 돌아가고 나면 성찬에 참여하는 신자들끼리 먼저 평화의 입 맞춤을 했습니다. 성경에서 거룩하게 서로 입맞춤하라는 말씀은 성찬식을 가리키는 말씀이었습니다(롬 16:16; 고전 16:20; 고후 13:11; 살전 5:26; 벧전 5:14).

성찬식에 참여할 때 독특한 행위가 하나 더 있었습니다. 회중은 성찬상으로 나아와 떡과 잔을 받기 전에 따로 놓인 상 위에 구제 헌금(연보)을 했습니다. 연보를 하고 나서 떡과 잔을 받았습니다. 그리스도께서 자기 몸을 내어 주셨듯이 자신들도 가지고 있는 것을 이웃과 더불어 나누면서 주님의 상으로 나아갔던 것입니다.

성례를 소중하게 받아야 한다

우리는 그리스도께서 친히 제정하셔서 은혜의 방편으로 주신 성례를 소중하게 받아야만 합니다. 하나님은 우리의 연약함을 아시므로 우리의 믿음을 강하게 하시려고 성례를 주셨습니다. 또한 성례는 우리의 어리석음과 완악함을 치유하는 길입니다. 우리는 세례를 통해 하나님의 자녀라는 인 침을 받고, 성찬을 통해 지속적으로 복음 약속을 새롭게 확인받습니다. 얼마나 감사한 일입니까! 설교 못지않게 은혜로운 것이 바로, 성례입니다. 복음 선포인 설교를 확증해 주는 것이 바로, 성례입니다. 설교의 절정이 곧 성례라고 말할 수도 있습니다. 성례가 없는 예배는 무언가 아쉽습니다.

신자는 성례로 살아갑니다. 신자는 세례로 태어났고, 성찬상에서 먹고 마시면서 살아갑니다. 신자의 출생이 세례이고, 신자의 양식이 성찬입니다. 신자는 세례로 삽니다. 늘 나는 세례받았다고 고백하며 삽니다. 그리고 신자는 늘 하늘 양식을 먹고 삽니다. 우리를 늘 새롭게 하고 든든히 세워 주는 것이 성례입니다. 말씀은 우리에게 믿음을 불러일으키고, 성례는 불러일으켜진 믿음을 더욱 강화합니다. 우리는 성례 없이 살아갈 수 없습니다. 예배 때 말씀과 더불어 성례가 있어야 합니다. 세례식은 매 주일 예배마다 있기 힘들지만, 성찬식은 매 주일 예배 때마다 해도 됩니다. 말씀과 함께 성찬이 있다면, 예배가 훨씬 더욱 풍성합니다. 말씀 때문에 성찬이 없어도 되고, 성찬 때문에 말씀이 없어도 되는 것은 아닙니다. 말씀은 성찬을 강화하고, 성찬은 또한 말씀을 강화합니다. 따라서 우리는 말씀과 함께 성례를 사모해야 합니다. 우리의 출생을 새롭게 돌아보고, 우리의 양식이 있는 자리이기 때문입니다.

성례는 보고 깨달으라고 하는 예식입니다. 시청각 교육입니다. 중세 시대에 예배당 안에 있었던 온갖 성화, 성상, 성유물과 결코 비교할 수 없는 천상의 선물이 여기 있습니다. 그러니 보십시오. 여러분의 구원이 오직 그리스도 안에서 든든하다는 것을 보십시오. 자신을 믿고 의지할 이유가 없으며, 하나님께 잘 보이려고 할 이유가 없다는 것을 보십시오. 여러분의 열심을 내세워 하나님의 복을 받으려고 하는 것이 얼마나 어리석은지를 잘 보시기 바랍니다. 하나님은 우리가 헛된 것에 마음을 빼앗긴다는 것을 아시고 들려주는 것을 넘어 보여 주기까지 하십니다. 주님은 부활하신 후 도마라는 제자에게 "너는 나를 보았기 때문에 믿느냐? 보지 못하고 믿는 자들은 복되도다"라고 하셨습니다. 그런데 주님은 친히 성례를 제정하셔서 우리에게 보라고 하십니다.

우리 모두 예배를 통해 하나님의 선하심을 맛보아 알기 원합니다. 우리는 주님을 직접 보지는 못하지만, 성례를 통해 그리스도께서 죽으심과 부활로 말미암아 이루신 모든 은덕을 보고 누립니다. 이 성례를 소중하게 받으면 하나님의 말씀이 여러분의 눈에 보일 것입니다. 단지 보는 것 정도가 아니라 그 달콤한 맛을 볼 수 있습니다. 이제 더 이상 다른 것을 보여 달라고 하지 않아도 될 것입니다. 더 이상 다른 맛을 보여 달라고 하지 않아도 됩니다. 하나님께서 뭘 더 보여 주셔야 하고, 뭘 더 맛보여 주셔야 한단 말입니까? 하나님은 성례를 통해 충분히 보여 주시고 맛보여 주셨습니다. 우리의 체질을 알고 배려해서 주신 이 성례의 은혜를 앞으로 더욱 풍성히 누릴 수 있게 되기를 바랍니다.

기도

하나님 아버지, 저희는 은혜가 공짜이기에 그냥 무조건적으로 받는 것이라고 생각하곤 합니다. 혹은 반대로 저희가 대가를 지불해야 하나님께서 은혜를 내려주신다고 생각하기도 합니다. 그러나 하나님은 오직 예수 그리스도를 통해 저희에게 은혜를 베풀어 주셨습니다. 게다가 은혜의 방편인 말씀과 성례를 통해서 저희로 하여금 지속적으로 은혜를 받게 하시니 참으로 감사합니다. 하나님의 말씀과 그리스도를 맛보아 알게 하시니 감사합니다. 말씀과 성례가 있는 예배 자리야말로 하나님의 은혜를 풍성하게 누릴 수 있는 자리임을 알고, 소중하게 생각하도록 도와주옵소서. 매 주일 말씀과 성례가 끊이지 않는 자리에까지 이르도록 도와주옵소서. 그리하여 그리스도를 온전히 누리게 하옵소서. 이러한 예배를 드리면서도, 사사로이 은혜 받는 길을 찾으려 했던 어리석음을 용서하여 주시옵소서. 주의 몸 된 교회가 예배로 하나님께 나아갈 때, 모든 필요한 은혜를 다 공급해 주심을 알고 누리기 원합니다. 세례받는 이들을 보면서, 함께 한 상에 참여하면서, 저희가 다른 성도들이 받은 구원을 같이 받았으며, 다른 성도들이 누리는 은혜를 같이 누리고 있음을 알게 하옵소서. 우리에게 찾아와 주셔서 자신을 온전히 내어주신 우리 주 예수 그리스도의 이름으로 기도합니다. 아멘!

요약

하나님은 듣는 말씀인 설교와 함께 보이는 말씀인 성례를 통해 우리에게 은혜를 베푸신다. 예배의 넷째 파트는 "하나님께서 당신을 주십니다"라고 할 수 있다. 우리는 유아세례의 중요성을 알아야 하고, 재세례를 베푼다든지 사적으로 세례 베푸는 것을 금해야 한다. 공적 신앙고백도 중요하게 취급해야 한다. 우리 개신교회에서는 매주 성찬을 베푸는 곳이 거의 없어 성찬이 예배의 필수 요소가 아닌 것처럼 여겨지지만, 성례가 말씀과 한 쌍을 이루고 있다는 것을 명심해야 한다. 우리는 가급적 성찬을 자주 베푸는 것이 좋고, 그 성찬이 '잔치와 교제의 자리'라는 것을 알고 누려야 한다. 예배 때 말씀과 함께 세례와 성찬이 자주 베풀어지는 교회는 참으로 복 받은 교회라고 하지 않을 수 없다.

1. '성례'라는 용어의 유례를 말해 보고, 은혜의 두 방편인 '말씀'과 '성례'의 관계를 말해 보자. 이 둘의 순서(선후)가 바뀌면 안 되는 걸까?

2. 요리문답에서 성례를 어떻게 정의하고 있는가? 이 정의가 로마 가톨릭교회의 성례관과 어떻게 다른가?

3. 세례는 왜 중요한가? 유아세례의 근거는 무엇이며, 왜 그것을 베푸는지 말해 보고, 공적 신앙고백(입교)의 중요성에 대해서도 말해 보자.

4. 개신교회가 성찬식을 자주 가지지 않는 이유는 무엇일까? 성찬의 핵심이 무엇인지 말해 보고, 성찬의 유익을 더욱 풍성하게 누리기 위해서는 어떤 노력이 필요한지 말해 보자.

성례의 중요성

1 한국 개신교회는 성례에 그다지 큰 관심을 보이지 않는다. 예배에 성례가 꼭 있어야 한다는 생각도 하지 못한다. 예배에서 설교만 있으면 되지, 왜 굳이 성례가 있어야 하냐고 생각한다. 성례를 강조하는 것은 로마 가톨릭적인 생각이라고 넘겨짚는다. 개신교회에서 설교가 지나치게 비대화되었다고 하면 문제가 있는 발언이겠지만, 성례가 무시받고 있는 것은 아무래도 지나치다.

2 성례는 말씀과 더불어 '은혜의 방편'이다. 은혜의 방편을 무시하고 어떻게 은혜 받기를 기대할 수 있겠는가? 특히, 성례는 보여 주는 예식이다. 귀로만 듣는 것이 아니라 눈으로도 볼 수 있다. 성례는 하나님께서 연약한 우리를 위해 지속적으로 보여 주시는 예식이므로, 더 큰 은혜와 유익을 누릴 수 있다.

3 우리는 유아세례가 무엇보다 중요하다고 생각한다. 유아세례를 통해 우리는 언약에 관한 분명한 이해를 할 수 있다. 재세례파는 아무것도 모르는 유아에게 세례를 베푸는 것은 미신적인 예식에 불과하다고 생각했다. 하지만 우리는 유아세례야말로 은혜의 방편이요, 우리의 구원이 우리의 고백에서 나오는 것이 아니라 하나님께서 약속하시고 은혜로 부르시는 것으로 말미암는 것임을 알 수 있다. 신자는 하나님 앞에서 다 어린아이이기에 모든 세례는 유아들이 받을 수 있는 세례라고 말할 수 있다.

4 한국 교회에는 '학습'이라는 제도가 있다. 예전에 선교사들이 한국에 들어와서 복음을 전하고 세례를 주었는데 세례를 받고서 다시 예전 삶으로 돌아가 버리는 경우가 많았다. 그래서 '학습'이라는 제도를 두어서 세례로 이끌려고 했다. 따라서 반드시 있어야 하는 제도는 아니다. 우리는 이 학습 제도를 계속해서 유지하기보다는 세례를 더 잘 베풀기 위해 애쓰는 것이 좋겠다. 모든 신자는 세례 신자이기 때문이다.

5 세례는 그 중요성을 아무리 강조해도 지나치지 않다. 우리는 세례를 통해서만 기독교인이 되고, 한 교회의 교인이 되고, 제자가 될 수 있다. 고대 교회에서는 세례 준비자로 등록하여 3년 동안 세례 교육을 받고서 부활절 전날 밤에 세례를 받고 부활의 날 새벽을 맞으면서 최초로 성찬식에 참여했다. 세례받기 위해 꼭 확인해야 하는 것은 주위 사람들에게 칭찬(인정)을 받고 있느냐 하는 것이었다. 이것은 오늘날에도 분명하게 확인해야 할 부분이다. 공로로 세례받는 것이 아니라 은혜로 부름받은 자들은 그리스도와 함께 죽고 산 자들이다. 세례 하나면 다 되었다고 해야 한다.

6 개신교회는 성찬식을 1년에 서너 차례밖에 행하지 않는다. 자주 베풀지 않아야 성찬식이 거룩하게 진행될 수 있다는 생각을 하는 이들도 있다. 이것은 로마 가톨릭교회의 미사에 대한 반발 혹은 반작용이다. 성찬식은 단순히 기념식이 아니다. 그리스도께서 성령으로

실제 임재하신다. 우리는 성찬식을 통해 그리스도를 생생하게 누릴 수 있다. 떡과 잔이 그리스도의 살과 피이다. 우리는 성례전적으로 그리스도의 살과 피를 먹과 마신다.

7 성찬식을 되도록 자주 베푸는 것이 좋겠다. 매 주일 성찬식을 가지면 좋겠지만, 그렇다고 그냥 형식적으로 하는 것이어서는 안 된다. 한 달에 한 번이라도 성찬식을 가지면서 그리스도를 실제적으로 누리는 것이 필요하다. 이렇게 성찬식을 자주 가지면 목사에게도 큰 유익이 있다. 목사는 보다 복음적으로 설교할 수밖에 없다. 설교 이후에 있을 성찬식을 염두에 두지 않을 수 없기 때문이다.

8 성찬상에서 우리는 그리스도를 먹고 마심을 생생하게 누려야 한다. 그리스도께서 당신을 주시는 시간이 성찬식이기 때문이다. 그래서 우리는 그리스도를 받으면서 동시에 서로를 받는다. 성찬상에 참여한 이들은 이제 한 몸이 된다. 실제적으로 한 몸을 이룬다. 성찬식을 통해 하늘과 땅이 하나가 되고, 땅과 땅이 하나가 된다. 교회의 머리이신 그리스도와 그리스도의 몸인 교회가 하나 되는 생생한 시간이 성찬식이다. 성찬에 참여한 성도들은 영원히 한 몸을 이룬다. 교회의 하나 됨은 성찬상을 통해 가장 분명하게 증거된다.

9 유아세례를 받았더라도 아직 공적 신앙고백을 하지 않은 어린아이들은 성찬상에서 배제되어 소외감을 느낄 수 있다. 따라서 가족 단위로 성찬상 주위에 둘러서서 아빠 엄마가 성찬상에서 먹고 마시는 것을 보게 하는 것이 좋다. 떡과 잔에 참여하지 못하는 아쉬움이 있을 수 있으니, 목사가 축복하는 기도를 해 주면 좋겠고, 그들이 성찬에 참여할 날을 고대하며 기다릴 수 있게 하는 것이 좋겠다.

10 고대에는 애찬이 곧 성찬이었는데, 이후에는 성찬과 애찬이 나누어졌다. 이에 우리는 성찬 이후에 있는 애찬을 통해 성찬에서 한 떡과 한 잔에 참여한 것을 더욱 구체적으로 누릴 수 있다. 우리는 애찬을 통해 서로를 향한 섬김을 나타내 보이면 좋겠다. 한국은 장유유서의 문화가 있어서 어른이 먼저 식사하고 아이들은 조금 기다렸다가 식사하곤 하는데, 성찬식이 있는 주일에는 아이들이 먼저 식사할 수 있도록 배려하는 것도 좋겠다.

11장
헌금

: 하나님의 자비에 동참하는 예배

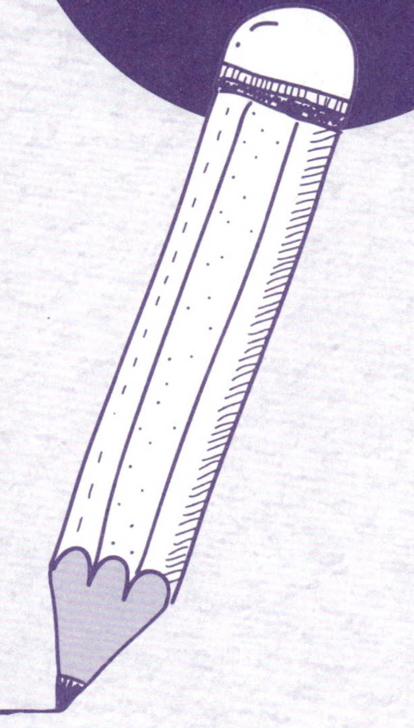

14 나와 내 백성이 무엇이기에 이처럼 즐거운 마음으로 드릴 힘이 있었나이까 모든 것이 주께로 말미암았사오니 우리가 주의 손에서 받은 것으로 주께 드렸을 뿐이니이다

15 우리는 우리 조상들과 같이 주님 앞에서 이방 나그네와 거류민들이라 세상에 있는 날이 그림자 같아서 희망이 없나이다

16 우리 하나님 여호와여 우리가 주의 거룩한 이름을 위하여 성전을 건축하려고 미리 저축한 이 모든 물건이 다 주의 손에서 왔사오니 다 주의 것이니이다

17 나의 하나님이여 주께서 마음을 감찰하시고 정직을 기뻐하시는 줄을 내가 아나이다 내가 정직한 마음으로 이 모든 것을 즐거이 드렸사오며 이제 내가 또 여기 있는 주의 백성이 주께 자원하여 드리는 것을 보오니 심히 기쁘도소이다

고후 9:10-15

10 심는 자에게 씨와 먹을 양식을 주시는 이가 너희 심을 것을 주사 풍성하게 하시고 너희 의의 열매를 더하게 하시리니

11 너희가 모든 일에 넉넉하여 너그럽게 연보를 함은 그들이 우리로 말미암아 하나님께 감사하게 하는 것이라

12 이 봉사의 직무가 성도들의 부족한 것을 보충할 뿐 아니라 사람들이 하나님께 드리는 많은 감사로 말미암아 넘쳤느니라

13 이 직무로 증거를 삼아 너희가 그리스도의 복음을 진실히 믿고 복종하는 것과 그들과 모든 사람을 섬기는 너희의 후한 연보로 말미암아 하나님께 영광을 돌리고

14 또 그들이 너희를 위하여 간구하며 하나님이 너희에게 주신 지극한 은혜로 말미암아 너희를 사모하느니라

15 말할 수 없는 그의 은사로 말미암아 하나님께 감사하노라

● **생각해 보기**

❶ 헌금의 액수가 클수록, 헌금을 많이 드릴수록 하나님께서 기뻐하실까요?

❷ 신자는 연보를 통해 이웃 사랑을 실천한다, 맞을까요?

❸ (   )의 봉사인 헌금을 통해 이웃 사랑과 (   )전파를 구체적으로 확증한다.

헌금에 관한 오해가 많이 있다

농담 같은 질문인데요. 여러분은 예배 중에 제일 거슬리는 순서가 무엇인 가요? 죄 고백 시간인가요? 설교 시간인가요? 혹시 헌금하는 시간이 제일 꺼려지는 분은 없나요? 신앙이 없는 분들이 볼 때, 예배 중 눈에 가장 거슬 리는 시간은 아마도 헌금하는 시간일 것입니다. 주일에 다른 곳에 가지 않 고 예배하러 나온 것이 얼마나 대단한 헌신입니까. 그런데 교회는 예배하러 나온 교인들에게 헌금마저 요구합니다. 게다가 헌금이 단일하지 않고 무슨 종류가 이렇게 많은지요. 주일 헌금만이 아니라 십일조며 감사 헌금이며, 기타 여러 가지 종류의 헌금이 있습니다. 장학 헌금도 있고, 선교 헌금도 있 고, 차량 헌금도 있고, 건축 헌금도 있죠. 이처럼 교회는 교인들에게 수많은 종류의 헌금을 요구합니다. 참 이상한 것은 교인들이 아무런 저항 없이 순 순히 헌금을 한다는 것입니다.

여러분의 교회는 헌금을 강요하지 않습니까? 성경에 언급되어 있지도 않 은 다양한 종류의 헌금을 만들어서 교인들에게 강요하지는 않습니까? 요즘 교회들은 예배 중에 헌금하는 시간을 따로 가지지 않으려고 합니다. 예배하 기 전, 예배실 입구에 있는 헌금함에 자발적으로 헌금을 넣고 들어갑니다. 이때는 예배 시간이 아니니 사람들의 이목이 집중되지 않아 좋습니다. 누가 헌금하는지, 하지 않는지 드러나지 않아서 좋습니다. 물론, 추후 헌금 명단이 주보에 올라가면 또 다른 문제일 것입니다. 게다가, 예배 중에 헌금하면 시간을 제법 많이 잡아먹기 때문에, 헌금 순서가 없는 것이 예배의 효율성을 위해서도 좋을 수 있습니다. 그러니 예배 시간에 굳이 헌금하는 순서가 없어도 되는 것일까요?

우리는 헌금을 '하나님과 그 백성의 만남'이라는 관점에서 봐야 합니다. 예배는 하나님께서 주도권을 가지시고 자기 백성을 불러 모으심으로써 시작됩니다. 먼저, 하나님께서 주시는 것을 받는 것이 예배입니다. 하나님께 드리는 것이 먼저가 아니라 받는 것이 먼저입니다. 그렇다고 해서 하나님의 회중은 예배의 구경꾼으로 전락할 수 없습니다. 하나님의 회중은 하나님께 감사함으로 나아가야 합니다. 하나님의 회중이 예배에 기여하는 부분은 많습니다. 성전이 사라졌고 제사가 사라졌지만, 새로운 성전이 세워졌고 새로운 제사가 드려집니다. 하나님의 백성들이 그리스도의 이름으로 모일 때, 새로운 성전이 세워집니다. 그리스도의 피로 구속받은 하나님의 회중이 하나님께 나아갈 때, 새로운 제사가 드려집니다. 하나님께 자신을 드립니다. 헌금은 바로 그것의 생생한 표현입니다.

예배 전체를 '제사'라고 부를 수도 있습니다. 로마서 12장 1절에서 이렇게 말합니다. "그러므로 형제들아, 내가 하나님의 모든 자비하심으로 너희를 권하노니 너희 몸을 하나님이 기뻐하시는 거룩한 산 제물로 드리라. 이는 너희가 드릴 영적 예배니라." 제사는 제사인데, 전혀 다른 제사입니다. 신약 시대의 성도들은 죽은 제물로 제사를 드리지 않고, 자신들의 몸이 산 채로 제물이 되어서 하나님께 예배합니다. 요컨대, 신약 시대의 제사는 자신의 몸을 드리는 것입니다. 죽여서 드리는 것이 아닙니다. 산 채로 드립니다. 여기서 말하는 '몸'은 우리의 '신체'만을 말하는 것이 아닙니다. '사람 전체를 대표'하는 것으로서의 몸을 말합니다. 여기서 헌금의 의미도 나옵니다. 우리의 몸이 물질이기에, 물질을 헌금하는 것이야말로 우리의 몸을 드리는 구체적 표현인 것입니다.

예배 때, 회중은 하나님을 향한 헌신을 표명한다

하나님의 백성은 예배 때 하나님을 향한 헌신을 다양한 방식으로 표현합니다. 본문인 역대상 29장 말씀을 보면, 하나님의 백성들이 헌금할 때 그 마음가짐이 어떠해야 하는지를 보여 주고 있습니다. 다윗 왕은 성전을 짓고 싶어 했지만, 하나님은 이를 허락하지 않으셨습니다. 다윗이 무수한 전쟁을 통해 피를 많이 흘렸기 때문에, 그에게 성전 건축을 허락하지 않으신 것입니다. 이에 다윗은 성전 건축에 필요한 예물을 많이 준비합니다. 자기 아들 솔로몬이 성전 건축하는 것을 돕기 위함입니다. 그는 하나님의 백성들 전체에게 광고해서 하나님의 백성들에게도 기회를 줍니다. 성전 건축에 필요한 예물을 드려 이 일에 참여하도록 말입니다. 하나님의 백성들이 자원해서 예물을 드리자, 다윗은 하나님께 감사의 기도를 올립니다.

다윗은 '모든 것이 하나님께로부터 왔다'라는 사실을 강조합니다. 왜 이 사실을 강조했을까요? 하나님은 부족한 것이 없으시기 때문입니다. 하나님께서 무언가 부족한 것이 있기 때문에 우리가 그 부족을 채워 드려야 하는 것이 아니기 때문입니다. 우리는 하나님께 무언가를 바치면서 내가 하나님의 부족을 채운다는 착각을 하지 말아야 합니다. 다윗은 이렇게 기도합니다. "나와 내 백성이 무엇이기에 이처럼 즐거운 마음으로 드릴 힘이 있었나이까? 모든 것이 주께로 말미암았사오니 우리가 주의 손에서 받은 것으로 주께 드렸을 뿐이니이다"(대상 29:14).

하나님의 회중은 자신들이 만든 것을 가지고 하나님께 나아가는 것이 아닙니다. 우리는 하나님께서 주신 것을 하나님께 되돌려 드릴 따름입니다. 하나님의 것을 하나님께 되돌려 드린 것이 자랑이 될 수 있을까요? 물건을 원주인에게 되돌려 주었는데, 다른 사람들보다 많이 돌려주었다고 자랑할 수 있습니까?

흥미로운 것은, 헌금을 라틴어로 '콜렉타(*Collecta*)'라고 부른다는 것입니다. 이 단어는 원래 '모이는 것'을 가리키는 단어였습니다. 예배에 모인 회중이 개인적으로 조용히 기도한 후에 목사 주위로 모였는데, 이렇게 신자들이 예배하기 위해 목사 주위로 모이는 것을 '콜렉타'라고 불렀습니다. 세월이 흐르면서 이 용어는 헌금 순서를 가리키는 전문 용어로 특화되었습니다. 이 단어의 영어 번역이 바로 '컬렉션(Collection)'입니다. 우리 주위에서 이 단어를 심심찮게 들을 수 있습니다. 보석 컬렉션이니, 화장품 컬렉션이니, 향수 컬렉션이니 하는 말들을 쓰지 않습니까? 어떤 제품들을 수집하는 것을 가리키기도 하고, 좋은 제품을 모아 놓았으니 와서 보라는 말이기도 합니다.

헌(獻)금은 예배의 한 부분입니다. 사실, 예배 전체가 하나님을 향한 헌(獻)신입니다. 하나님 백성들의 헌신은 어느 한 순서로 제한되거나 특화할 수 있는 것이 아닙니다. 예배 전체가 하나님의 컬렉션이요, 하나님을 위한 컬렉션입니다. 그래서 우리는 예배를 '드린다'라고 말하고, 내가 무언가를 하나님께 드리는 것이 예배라고 생각합니다. 맞습니다. 우리는 하나님께서 베푸신 은혜에 감사하면서 우리 자신을 드립니다. 하나님으로부터 오는 은혜가 먼저이지만, 우리는 받은 은혜에 감사하면서 하나님께 나아갑니다. 예배는 하나님과의 교제이기에 하나님께 드리는 것이 있습니다. 우리는 받은 것을 돌려 드립니다. 그 구체적인 표현 중에 하나가 바로 헌금입니다.

헌금은 액수가 많고 적으냐의 문제가 아니다

좀 더 실제적인 문제를 생각해 봅시다. '얼마나 헌금해야 하는가?'가 고민인가요? 가장 크게 고민되는 것이 '십일조'입니까? 다른 종교에는 없는, 다른 종파에는 없는, 그리고 외국의 교회들에는 없는 십일조를 왜 하냐고 묻는 이들이 있는 것이 사실입니다. 성경을 들먹이면서, '십일조는 구약 시대의 율법이지 않나요?'혹은 '신약 시대에는 십일조를 드리라는 명령이 없지 않나요?'라고 묻는 이들도 있습니다. 십일조는 구약 시대에 주신 '율법'이라는 주장입니다. 그렇습니다. 십일조는 율법에 근거하고 있습니다. 그렇다면 은혜 시대인 신약 시대에는 십일조가 폐지되었을까요? 신약 시대는 율법의 가르침이 훨씬 풍성해졌으니, 십일조보다 훨씬 더 많이 드려야 한다고 하면 무엇이라고 답할지 궁금합니다.

십일조는 주의 백성에게 율법을 주시기 전, 당시 종교들에 일반화되어 있었습니다. 더구나 하나님의 백성들은 십일조보다 훨씬 더 많이 바쳤고요. 하나님의 백성들은 땅과 생활 터전을 따로 받지 않았던 제사장과 레위인의 생활비를 위해 십일조를 바쳤습니다. 그리고 가난한 이들을 위한 구제 헌금도 몇 년 단위로 따로 했습니다. 십일조는 단지 '열 개 중의 하나'라는 문자적인 의미만을 가지고 있지 않았습니다. 십일조는 모든 소유가 하나님의 것이라는 의미로 '10분의 1'을 구별하여 드린 것이었습니다. 남은 나머지 '10분의 9'는 어떻게 됩니까? 나머지 '10분의 9'는 본인의 것입니까? 아닙니다. 그것도 하나님의 것입니다. 물론 '10분의 9'를 내 필요를 위해 쓸 수 있습니다. 다만, 전부가 다 하나님의 것인데 그 전부를 하나님께 드린다는 상징적 행위로 십일조를 드리는 것입니다. 그래서 십일조를 제대로 드렸느냐 하는 것은, 나머지 '10분의 9'를 어떻게 사용했느냐가 결정한다고 말할 수도 있습니다.

"네 마음이 있는 곳에 물질이 있다"라고 하신 예수님의 말씀처럼, 십일조는 성도의 기본적인 의무입니다. '10분의 1을 정확하게 드렸느냐' 하는 것보다 더 중요한 것은 '어떤 마음으로 10분의 1을 드렸느냐' 하는 것입니다. 우리는 헌금을 드릴 때, 자원하는 마음으로 드려야 합니다(고후 9:7 참고). 감사하는 마음으로 드려야 합니다. 예수님께서 성전에서 헌금함에 헌금하는 장면을 지켜보신 적이 있습니다. 부자들은 가난한 자들보다 많이 헌금했습니다. 한 과부는 두 렙돈****을 드렸는데, 자기 생활비의 전부를 드렸습니다. 주님은 그 과부가 누구보다 가장 많이 헌금했다고 하셨습니다. 액수의 많고 적음이 문제가 아니라 '주님께서 주신 것을 주님께 돌려 드립니다'라는 고백이 중요하기 때문입니다.

헌금이란 무엇입니까? '헌금(獻金)'이라는 말은 말 그대로 돈을 바친다는 말입니다. 그러나 예배 시 헌금은 문자 그대로 '돈'만을 바치지 않습니다. 예전에는 돈을 바치기보다 물품을 바쳤습니다. 이를 '헌물'이라고 불렀습니다. 농경 문화에서는 추수한 열매를 바쳤기 때문에, 예전에는 추수감사절이 되면 쌀가마를 실은 달구지가 교회로 오곤 했습니다. 이스라엘 백성들도 제사를 드리러 나올 때, 헌물을 가지고 나왔습니다. 초대 교회도 마찬가지였습니다. 중세 교회 성도들은 헌물을 바치고서 죽은 자를 위해 기도하기 시작했습니다. 헌물이 감사의 제사로 드려진 것이 아니라, 죽은 자를 좋은 곳에 보내어 달라는 뇌물이 되기 시작한 것입니다. 헌물을 바치든지, 헌금을 하든지, 그것이 감사의 표현이 아니라 하나님께 무언가를 요구하고 거래하는 것이 되었습니다.

연보와 관련을 맺고 있는 직분이 집사직이다

예전에 한국 교회는 '연보'라는 말을 종종 썼습니다. 이 '연보(捐補)'라는 말을 풀어 보면, 가난한 사람들을 돕기 위해 거둔 돈, 즉 '기부금'이라는 뜻입니다. 헌금의 목적을 구체적으로 적시한 표현이 바로 연보입니다. 연보라는

**** 두 렙돈(lepta)은 한 고드란트(quadrans), 즉 로마 노동자가 하루에 받는 품삯인 한 데나리온의 약 1/64에 해당하는 돈이다. 당시에 사용되던 화폐 단위 중 가장 작은 단위. 따라서 오늘날의 가치로 환산해 보면 약 천오백 원 정도가 되겠다.

말은 고린도후서 8장과 9장에서 집중적으로 언급됩니다. 사도 바울이 고린도 교회 교인들을 향해 예루살렘 교회를 돕겠다고 한 계획을 실행하라는 말 속에서 등장하죠. 이방 교회가 가난한 예루살렘 교회를 위해 기부한 돈이 연보였습니다. 말씀을 보면 이 연보를 '은혜의 일', '성도 섬기는 일', '봉사의 직무'라는 다양한 표현들로 바꾸어 가면서 쓰고 있습니다. 가난한 이들을 돕기 위해 하는 연보는 곧 '은혜에 참여하는 것'이요, '다른 성도를 섬기는 일'이요, '봉사의 직무'입니다.

이 연보와 관련한 직분이 바로, 집사 직분입니다. 집사 직분은 연보 위원과 재정 관리 담당자에 불과한 것이 아닙니다. 집사직은 가장 광범위한 봉사와 관련을 맺고 있습니다. '집사'라는 말이 '봉사'라는 말 자체에서 왔습니다. 집사직은 가장 광범위한 봉사직이면서 동시에, 가장 구체적이고 실질적인 봉사직입니다. '식탁 봉사'라는 구체적인 상황에서 집사직이 나왔는데, 물질적인 필요를 채우는 것까지 집사직입니다. 종교개혁자들은 사제의 종이었던 집사직을 성경대로 회복하여 '자비의 봉사자'가 되도록 했습니다. 따라서 개혁한 교회는 집사를 '자비의 봉사자'라고 불렀습니다. (목사는 '말씀의 봉사자'라고 부르고, 장로는 '다스림의 봉사자'라고 불림.)

집사는 하나님의 자비를 본받아 '자비의 사람'이 되어야 합니다. 한국 교회의 여성도 중에서 세우는 권사도 사실 '집사', 여자 집사라고 보면 됩니다. 사도행전 6장에서 구제를 위해 일곱 명의 사람을 택하여 세웠는데, 이것이 집사직의 기원입니다. 집사는 교회를 돌아보아 경제적으로 곤란을 당하는 이들이 없는지 살펴야 합니다. 집사는 그리스도께서 베푸신 '자비의 모범'이 되어야 합니다. 초대 교회 교인들은 예수님의 말씀처럼, 노예와 감옥에 갇힌 자들을 돌아보고 가난한 자들을 구제하는 것으로 소문이 났습니다. 중세에 '페스트'라는 전염병이 창궐하여 유럽의 인구 '3분의 1' 이상이 죽어 나갈 때, 기독교인들은 자기 목숨을 돌아보지 않고 봉사했습니다. 중세를 지나

종교개혁이 일어난 후에는 집사직이 회복되어 자비와 긍휼의 사역이 더욱
더 힘 있게 진행되었습니다. 요즘의 복지 국가가 감당하지 못하는 부분까지
기독교인들이 감당했습니다.

헌금 순서의 중요성을 알아야 한다

개혁한 교회는 다양한 방법들을 사용해 헌금을 드려 왔습니다. 예배 전에
헌금을 하기도 했고, 예배를 마친 후에 헌금하기도 했습니다. 예배 중에 헌
금하는 경우에는 설교 전에 하기도 했고, 설교 후에 하기도 했고, 심지어 설
교 도중에 하기도 했습니다. 설교 도중에 하는 헌금은 어떤 헌금이었을까
요? 설교가 하도 길었기 때문에 설교 중간에 잠시 쉬는 시간을 가지기도 했
는데, 이때 헌금 순서가 들어갔습니다.

저는 예배 시간에 헌금 순서를 가지는 것이 좋다고 생각합니다. 왜 굳이
예배 시간에 헌금 순서를 가져야 할까요? 예배 순서를 하나라도 더 늘이기
위해서가 아닙니다. 헌금을 더 많이 걷기 위해서가 아닙니다. 예배를 통해
우리의 헌신을 구체적으로 표현하기 위함입니다. 예배당 입구에 있는 헌금
함에 헌금을 하고서 예배에 참여할 수도 있겠지만, 예배 중에 구체적으로
우리 자신을 드리는 헌금을 하는 것이 좋다는 것입니다.

어떤 이는 신앙고백을 '온전한 헌신'이라고 불렀으며, 십계명을 '감사의
헌신'이라고 불렀습니다. 성례는 '약속된 헌신'이라고 불렀습니다. 헌금은
'비이기적 헌신'이라고 불렀습니다. 그렇습니다. 헌금은 가장 비이기적 헌
신입니다. "너희 보물 있는 곳에 너희 마음도 있느니라"(눅 12:34)라는 말씀처
럼, 헌금은 가장 구체적인 헌신의 표현입니다. 예배 시에 헌금하는 것이 얼
마나 아름다운 모습입니까? 이 세상에서 정말 아름다운 모습 중 하나가 바
로 헌금하는 모습일 것입니다. 저는 예배 시 헌금을 설교 후에 하는 것이 가

장 좋다고 생각합니다. 하나님의 말씀을 듣고 난 다음에 우리의 헌신을 표명하는 것이 자연스럽기 때문입니다.

헌금 시간에는 대개 헌금 바구니(통)를 돌립니다. 예배하는 회중이 많으면 어떻게 해야 할까요? 헌금 시간이 길어지지 않도록 방법을 찾아야 합니다. 예배하는 회중이 많으면, 헌금 바구니가 돌아가는 도중에 교인이 아닌 사람이 예배에 참석했다고 돈을 집어 가지 않을까 걱정이 되기도 합니다. 그래서 등장한 것이 잠자리채(?)입니다. 헌금 바구니에 막대기를 매달아서 그 막대기 끝을 잡고 멀리 앉아 있는 교인들에게까지 뻗는 방식입니다.

헌금 시간에 헌금 바구니를 돌리고 있자니 다소 밋밋하고 어색하니까, 대개는 특별 찬송을 하거나 특별 연주를 하기도 합니다. 예전에는 예배 인도자가 헌금과 관련한 성경 구절을 낭독하기도 했습니다. 교인들이 헌금할 때 조용히 피아노 연주만 하는 것은 어떨까요? 헌금하는 시간에 다른 순서를 끼워 넣는 것은, 헌금이 아닌 다른 것을 주목하게 하여 도리어 헌금 자체의 중요성을 떨어뜨릴 수 있습니다. 헌금은 그 자체로 하나의 순서이기에, 헌금하는 행위에 집중하면서 하나님께서 우리의 감사를 받으신다는 것을 크게 기뻐하고 감사하는 것이 좋겠습니다.

어떤 교회에서는 헌금하기 전에 헌금 기도를 하는 경우도 있지만, 대부분의 교회에서는 헌금 후에 예배 인도자인 목사가 기도합니다. 헌금 위원이 헌금 봉투를 함에 넣어서 목사에게 올려 주면, 목사는 그것을 받아 들고서 복을 빌어 주는 기도를 합니다. 어떤 교회는 십일조를 누가 했는지 언급하기도 하고, 감사 헌금의 내용들까지 일일이 언급하면서 기도하기도 합니다. 나중에는 주보에 헌금 명단을 올리기도 합니다. 헌금 봉투가 혹 분실될 수 있기 때문에 헌금한 것이 전달되었는지 확인하기 위한 차원이라면, 헌금 명단을 밝히는 것을 오롯이 부정적으로 볼 일은 아닙니다만, 헌금 액수까지 공개하는 것은 분명 지나친 것입니다.

헌금하는 것도 교육과 훈련이 필요하다

감사 제목을 주보에 올리는 교회를 보았습니다. 다른 신자들의 감사 제목을 보면서 나도 감사해야겠다는 마음을 불러일으키기 위한 목적일 것입니다. 어떤 분들은 헌금이 오직 하나님께 드리는 것이기 때문에 이름을 밝히지 않는 것이 좋다고 말합니다. 그래서 모든 헌금은 무명으로 해야 한다고 말입니다. 그런데 감사 헌금뿐만 아니라 십일조도 무명으로 해야 한다고 합니다. 이런 생각을 가진 분들에게 묻고 싶습니다. 무명으로 헌금하려는 것이 혹시 내 형편을 교회에 알리기 싫다는 생각에서 나온 것은 아닐까요? 이름을 밝히면 자기를 드러내기 위해 헌금하게 된다고 말하는 것은 다소 지나친 생각이라고 봅니다.

헌금하는 것도 교육과 훈련이 필요합니다. 예배 때 헌금하는 순서를 가지는 것은 우리 자녀들에게 좋은 교육이 됩니다. 부모는 각 가정에서 자녀들에게 헌금에 관해 교육해야 합니다. 우리가 왜 헌금해야 하는지, 그리고 그것이 어떻게 사용되는지를 가르쳐 주어야 합니다. 이것과 관련해서 재미있는 이야기가 있습니다. 한 아빠가 자녀가 교회에 갈 때마다 항상 동전 두 개를 쥐여 주었다고 합니다. 하나는 교회에 헌금하라고 준 돈이고, 다른 하나는 주일이 지나고 과자를 사 먹으라고 준 돈입니다. 헌금을 잘하면 먹을 것도 생긴다는 것을 교육하기 위해 동전 두 개를 한꺼번에 준 것이죠. 어느 주일에 그 아이가 교회를 가다가 동전 하나를 하수구에 빠뜨렸습니다. 아이는 울기 시작했습니다. 아빠가 왜 우느냐고 물었더니 하수구에 빠진 동전이 헌금할 동전인지, 과자 사 먹을 동전인지 몰라서 운다는 것입니다. 이것이 그 어린아이만의 문제일까요?

헌금은 복음 사역과 자비의 구체적인 확증이다

'헌금을 하느냐 안 하느냐'보다 더 중요한 것은 '헌금을 어떻게 사용하냐'가 아니냐고 말하는 분들이 있습니다. 요즘 한국 교회가 지탄의 대상이 된 것도 교회에 들어간 돈은 절대 사회로 환원되지 않는다는 오해 때문입니다. 헌금을 가지고서 교회 건물을 확장하거나 주차장 부지를 넓혀 가거나 수양관이나 묘지를 마련하려고만 하니까요. 그런데 교회만큼 사회를 위해 봉사를 많이 하는 종교나 단체가 있을까요? 개교회적으로도 얼마나 많이 구제하는지 모릅니다. 복지를 강화할 수밖에 없는 시대가 되었습니다. 정부나 지방 자치 단체의 역량에 한계가 있기 때문입니다. 세상은 교회가 나서 주기를 은근히 기대하고 있습니다. 이에 발맞추어서 요즘 교회들이 여유가 있으면 복지 센터를 지어 지역 사회를 돌아보기도 합니다.

개혁한 교회는 예배할 때 세 번의 헌금을 하기도 했습니다. 한 번은 가난한 자들을 위해, 한 번은 교회 자체를 위해, 마지막으로는 다른 특별한 필요를 위해서 했습니다. 이렇게 하면 사용처가 분명하게 구분됩니다. 하지만 헌금을 단 한 번만 할 때는 그 헌금을 어떻게 분배해서 사용하냐의 문제가 생깁니다. 교회 재정의 절반 정도는 교회 자체의 프로그램이 아닌 지역 사회 봉사와 선교 사역을 위해 사용해야 한다고 주장하는 분들도 있습니다. 그러나 교회마다 형편이 다르므로 이것을 일률적으로 적용하기란 무리입니다. 교회는 구제를 열심히 해야 합니다. 구제는 복음의 구체적인 적용입니다. 하지만 교회는 구제 기관이 아닙니다. 재정과 관련해서 가장 중요하게 생각해야 하는 것은, 교회가 복음 전파를 위해 세워졌다는 사실입니다.

사도 바울의 경우, 그는 교회에 손을 벌리지 않고서 자비량으로 복음을 전했습니다. 거저 받았으니 거저 주라는 복음의 정신을 생활화했습니다. 그렇다면, 목사는 다른 직업을 가지고 생활해도 될까요? 목사가 자비량으로 교회에 봉사하면 교회의 눈치를 보지 않아도 되기에 좋은 것일까요? 목사가 교회의 눈치를 보지 않으면, 목사가 원하는 대로 교회를 이끌 수 있지 않을까요? 목사는 교인들의 헌금 일부를 생활비로 받습니다. 이것은 일꾼이 그 삯을 받는 것이 합당하다는 말씀에 근거한 것이기도 합니다. 목사는 교회에 매여야 합니다. 자신은 교회로부터 사례를 받지 않으니까 보다 자유롭게 목회할 수 있다고 말하는 것은 엄청난 교만일 수 있습니다.

한국 교회의 절반 이상이 목사 가정의 생활비마저 감당할 수 없는 미자립 교회입니다. 외부 후원과 교회 예산 전부가 목사 가정의 생활비 지원에 다 들어갑니다. 세상적으로 말하자면 인건비가 교회 재정의 대부분을 차지합니다. 그런데 바울 이후에 교회는 복음의 순전한 파수와 전파가 무엇보다 중요하다고 생각했기에, 목사가 오직 복음 전파와 목회만을 위해서만 헌신하도록 교회가 생활비를 전적으로 지원하기 시작했습니다. 요즘 목사의 이중직 문제가 큰 이슈인데, 목사가 생활비에 대한 염려 없이 설교와 목양에 전념할 수 있으면 좋겠습니다.

헌금은 헌신의 가장 구체적 표현입니다. 헌금은 "내 마음과 목숨과 뜻을 다해 하나님을 사랑합니다"라는 고백과 "내 이웃을 내 몸같이 사랑합니다"라는 고백을 확증하는 행위입니다. 교회는 하나님의 자비에 동참해야 합니다. 교회는 하나님의 크신 긍휼을 힘입었기에 하나님을 본받아 그분의 크신 긍휼과 자비에 동참해야 합니다. '우리 교회는 구제를 잘하지 않으니, 교회에 십일조를 하기보다는 그 돈으로 내가 직접 가난한 자들을 돕겠다'라고 생각하는 것은 결코 좋은 생각이 아닙니다. 신자는 개인적으로 가난한 사람을 도와야 하지만, 교회를 통해 가난한 이들이 필요한 도움과 더불어 복음을 받을 수 있도록 해야 합니다. 신자는 가난한 이들을 위한 박애 정신 때문에 연보하는 것이 아니라, 복음과 하나님의 영광을 위해 헌금합니다. 하나님을 위해 가난한 자들을 돕는 것이 그들을 진정으로 돕는 것입니다. 헌금 순서를 통해 집사를 포함한 신자 모두는 교회와 온 세상을 향해 그리스도의 자비를 베푸는 사명을 실행합니다. 내가 먹기에 부족한 듯 보여도 그것을 주님의 손에 올려 드렸을 때, 모든 사람이 배부르게 먹고 남았던 오병이어의 기적이 오늘날 연보를 통해 계속해서 일어납니다. 온 세상이 교회를 통해 이런 복을 누릴 수 있길 바랍니다.

기도

하나님 아버지, 복된 주일을 주시고 저희가 공적으로 하나님을 만날 수 있는 예배를 허락해 주셔서 감사합니다. 저희는 개인적으로 성경을 읽고 묵상하고 기도하는 등의 다양한 경건 활동을 통해 하나님을 만날 수 있습니다. 하지만 하나님은 하나님의 백성 전체가 한 몸이 되어 하나님께 나아가 헌신을 고백할 때 받아 주시고 만나 주시겠다고 약속하셨습니다. 저희가 하나님께 헌신하기 전에 하나님께서 저희를 위해 헌신해 주신 것에 감사하며, 예수 그리스도의 헌신을 통해 저희의 구원을 이루어 주신 것에 감사드립니다.

하나님 아버지, 저희가 하나님께 드리는 것으로 하나님의 모자람을 채우겠다고 생각한 적도 있습니다. 저희의 헌신이 하나님을 부유하게 만들 수 있다고 생각하기도 했습니다. 용서하옵소서. 모든 것이 하나님의 손으로부터 나왔으니, 그 모든 것을 하나님께 다시 돌려드리는 것이 마땅하다는 것을 늘 기억하게 해 주옵소서. 주께 드릴 것이 있게 해 주신 은혜, 주께 드릴 수 있는 마음을 주신 은혜에 감사함으로, 헌신으로서의 예배를 아름답게 드릴 수 있게 해 주시고, 예배 후에는 저희의 삶이 이웃의 고통과 함께할 수 있도록 인도해 주옵소서.

교회에 세우신 직분에 복 주시되, 특별히 집사직에 복 주시기를 원합니다. 집사들이 자비의 모범을 보여 이 땅에서 하나님의 긍휼을 아름답게 드러내게 하시고, 이 세상이 하나님은 긍휼이 많으신 분이시요, 우리를 먹여 주시는 분임을 알고 하나님께 나아오는 역사가 있게 하옵소서. 자기 몸을 온전히 내어 주신 우리 주 예수 그리스도의 이름으로 기도합니다. 아멘!

요약

헌금에 대한 오해가 많다. 헌금 종류가 너무 많다는 것부터 시작해, 십일조를 꼭 해야 하나는 것까지 논쟁거리가 많은 사안이다. 그러나 우리가 예배에서 헌금을 통해 하나님을 향한 헌신을 구체적으로 표명해야 함은 성경이 가르치는 분명한 사실이다. 헌금은 가장 구체적으로 하나님과 이웃을 위해 자신을 내어놓는 실천이다. 헌금은 자비의 봉사이며, 액수의 많고 적음은 문제가 되지 않는다. 헌금과 관련을 맺고 있는 직분은 집사직이다. 헌신을 구체적으로 표명하는 헌금 순서가 예배 안에 있는 것이 좋겠다. 이를 위해 교회나 가정이 헌금에 관해 교육하고 훈련함이 필요하다. 헌금은 자비의 구체적 실천인데, 우리는 교회 안의 가난한 자들에게 손을 내밀어야 한다. 헌금은 또한 교회와 복음 사역을 위한 것이기도 하기에, 말씀 사역자(목회자)의 가정을 지지하는 것에 힘을 써야 한다. 이렇게 헌금을 통해 우리는 자신을 구체적으로 내어놓는 것을 훈련한다.

1. 교회가 헌금을 강요한다는 말이 회자되고 있다. 설교하는 목사가 헌금에 대한 가르침을 입에 올리기가 쉽지 않은 현실이다. 이런 현상에 대해 어떻게 생각하는지 나누어 보자.

2. 헌신은 헌금에 국한된 것인가?(롬 12:1 참고) 헌금의 올바른 태도에 관하여 생각해 보고(대상 29장 참고), 십일조의 의의에 관해서 말해 보자.

3. 연보는 구제를 위한 헌금이다. 연보와 집사직의 중요성에 관해 말해 보고, 본인이 소속된 교회 제직회(집사회)가 어떻게 구제하고 있는지 나누어 보자.

4. 요즘은 예배 중에 성도들이 실제로 헌금하는 경우가 많지 않다. 왜 예배 중에 헌금 순서를 가지지 않는 것일까? 예배 중에 헌금 순서가 있어야 하는 이유에 대해 나누어 보자.

헌금의 종류

1 각 교단에서는 개체 교회의 교세 보고서를 요구하는데, 이때 교회의 헌금 액수도 파악하곤 한다. 그것이 소위 말하는 상회비 책정의 근거가 된다. 노회나 총회가 활동하기 위해서는 상회비를 책정하여 그것을 거두어서 움직이기 때문이다. 개체 교회의 헌금 액수를 파악할 때 주로 주일 헌금, 감사 헌금, 십일조를 파악하는데, 이 세 종류의 헌금이 교회의 기본 헌금이라고 보면 되겠다.

2 '주일 헌금'은 말 그대로 예배할 때마다 하는 헌금이다. 이 주일 헌금을 의무 헌금으로 규정하기도 한다. 이것은 개인이 금액을 정하여 하면 된다. 일반적으로 '주정 헌금'이라도 해서 매 주일 개인이 얼마의 헌금을 하겠다고 정하고서 헌금한다. 감사 헌금이나 십일조를 매 주일 하지는 않기 때문에, 주일 헌금은 예배할 때마다 하는 헌금이라는 인상이 굳어졌다.

3 '감사 헌금'은 한국 교회만의 특징이라고 볼 수는 없지만, 사실 독특한 헌금이다. 매 주일 감사의 내용을 가지고 헌금하는 분들도 있다. 감사 헌금의 경우에는 감사의 내용을 구체적으로 적고 헌금 후에 예배 인도자가 그 감사의 내용을 알리고 기도해 주며, 주보에 그 감사 제목을 소개하기도 한다. 이렇게 하면 '저런 내용으로도 감사할 수 있구나'라는 교육적 효과를 기대하기 때문일 것이다.

4 '십일조'는 대부분의 교단에서 '교인의 의무'라고 명시하고 있다. 구약 시대의 십일조는 레위 지파와 제사장들의 생활을 위해서 바친 헌금이었다. 레위 지파는 기업의 땅을 분배받지 못했기 때문에 다른 지파 사람들이 십일조를 바쳐서 레위 지파가 성전에서 봉사하도록 도와야 했다. 물론, 3년마다 십일조를 따로 해서 가난한 자를 위한 구제에 사용하기도 했다. 그래서 오늘날에도 십일조는 전적으로 목회자의 생활비로 사용하면 된다고 말하는 이들도 있다. 이때, 결코 십일조를 문자적으로 이해해서는 안 된다.

5 신약 시대에는 십일조를 할 필요가 없다고 말하는 이들이 있다. 예수님께서 십일조를 하라고 하신 적이 있냐는 것이다. 물론 없다. 예수님은 주정 헌금이나 감사 헌금을 하라고 하신 적도 없다. 유럽의 교회에도 십일조가 없다고 한다. 유럽의 교회들은 매 연말에, 다가올 새해의 교회 예산을 책정하여 교인들에게 일정 금액을 헌금해 달라고 요청한다. 그 금액을 받고서, 모자라면 다시 조금 더 헌금해 달라고 요청한다. 이것을 십일조라고 보면 된다. 그렇기에 신약 시대에 "십일조를 하면 안 된다", "그것은 율법주의다"라고 말하는 것은 옳지 않다. 교회의 존립을 위해 건물을 유지하고, 목회자의 생활비를 지급하고, 복음 사역에 필요한 십일조를 하는 것은 당연하다.

6 십일조를 액면 그대로 10분의 1이라고 두부 자르듯이 자를 필요가 없다. 월급을 받는 사람은 브루토(bruto)로 낼 거냐, 넷토(netto)로 낼 거냐를 못 박을 필요가 없다. 세금 등을 공제한 금액에서 내어도 된다. 어떤 성도는 십일조 이하로 낼 수도 있고, 어떤 성도는 십이조나 십삼조를 낼 수도 있다. 어찌 됐든 우리는 하나님께 베풀어 주신 은혜에 물질로 봉사함이 마땅하다.

7 유럽의 교회들은 경상 예산을 위한 헌금 외에, 매 주일 헌금을 한다. 그 헌금은 구제 헌금이다. 집사회가 구제할 곳을 잘 알아보고서 매 주일 구제처를 알린 후, 예배 때 헌금하도록 한다. 이때 교인들이 하는 구제 헌금의 액수가 많지는 않다. 잔돈을 내는 사람들도 많다. 하지만 매 주일 구제 헌금을 하는 것이 얼마나 아름다운 모습인가!

8 신약 시대의 헌금은 '무기명'으로 해야 한다고 주장하는 사람들이 있다. 구제할 때는 왼손이 하는 일을 오른손이 모르게 하라는 말씀이 있기 때문이라는 것이다. 그러나 사람은 타락한 존재인지라 무기명으로 하면 헌금이 많이 줄어들 수 있다. 그래도 상관이 없다고 하면 그렇게 해도 된다. 자신이 헌금하는 액수가 밝혀지는 것이 싫어서 무기명으로 하자고 하는 것이 아닌지 자문해 볼 필요가 있다. 필자는 기명으로 헌금하는 것이 잘못된 것이 아니라고 생각한다. 오히려 기명으로 헌금해야 교회에 도움이 된다. 헌금의 전체 흐름을 파악할 수 있기 때문이다.

9 연말 정산을 위해 교회에 '기부금 영수증'을 요구하는 것이 바람직하지 않다고 말하는 이들도 있다. 기부금 영수증을 발행받아서 세금을 공제받고자 하는 것은 하나님께 헌금한 것이 아니라는 주장이다. 세금을 공제받았다면 그 금액은 고스란히 교회에 헌금해야 한다고 말하기도 한다. 그러나 필자는 교회에 헌금하고서 기부금 영수증을 발급받을 수 있다고 생각한다. 그것이 다만 헌금을 적게 내기 위한 것이 아니기 때문이다.

10 "재정적으로 힘든 미자립 교회가 있는데, 그 교회에 십일조를 하면 안 되나요?"라고 묻는 분들이 있다. 본인이 속한 교회는 굳이 십일조를 하지 않아도 재정에 큰 어려움이 없겠다고 생각하기 때문이다. 그러나 필자는 교회 질서를 위해서 십일조를 자신이 소속되어 있는 교회에 해야 한다고 생각한다. 여유가 있고 자기가 염두에 두고 있는 교회를 위하고 싶다면, 특별 헌금을 하면 된다. 자신이 속한 교회에 도울 곳을 지정하여 특별 헌금을 한 후, 교회를 통해 그 교회를 지원하는 방식이 좋은 방법이라 생각된다.

11 교회들은 주일 헌금, 감사 헌금, 십일조 외에도 다양한 헌금의 종류를 가지고 있다. 이는 개체 교회에서 결정할 사항이다. 교인들의 자녀나 지역 사회의 학생들을 장학생으로 선발하기 위해 헌금을 모으는 것도 필요하고, 교회가 건축을 앞두고 있다면 경상 재정 외의 헌금을 해야 할 수도 있고, 선교를 위해 특별 헌금을 해야 할 수도 있다. 다만 헌금의 종류가 많아질수록 해당 부서가 헌금 액수를 늘이기 위해 무리한 요구를 할 수도 있다. 이

런 점을 고려해야 한다.

12 교회는 교인들이 헌금한 것을 투명하게 관리하고 사용해야 한다. 이것을 위해 집사 직분을 세웠다. 제직회에 모든 직분이 다 모이지만, 사실 제직회가 집사회이다. 집사 직분은 식탁 봉사에 그 기원을 두고 있는데, 먼저는 교회 안에 도움이 필요한 분들이 없는지 잘 살펴야 한다. 경상 예산 외에도 교인들에게 구제를 위한 필요를 알리고 환기시켜 구제금을 적립해 놓을 수도 있다. 한국의 신학생들이 유럽에서 공부할 때 그곳 교회들의 집사회를 통해 도움받았다는 것을 들어 보면, 교회에서 집사회의 역할이 얼마나 중요한지 알 수 있다.

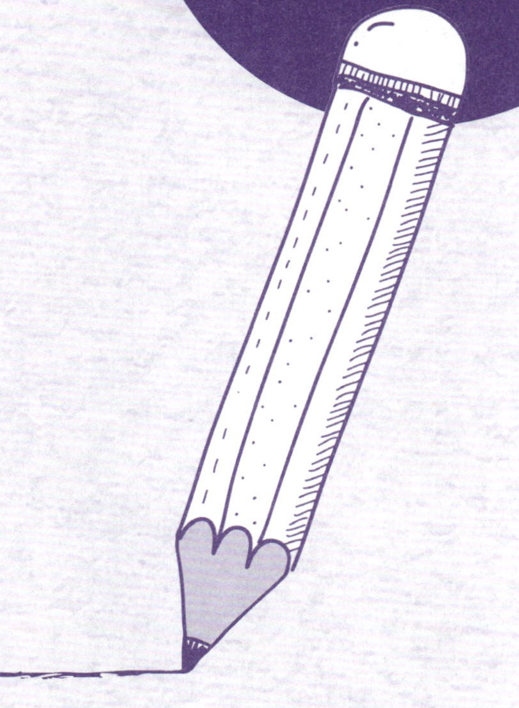

12장
강복선언
: 동행을 약속해 주시는 예배의 마침

● **생각해 보기**

❶ 마침 찬송은 세상으로 나가는 행진곡이다, 맞을까요?

❷ 강복 선언은 목사가 교인들을 위해 축복 기도를 해 주는 것인가요?

❸ 하나님께서 (   )을 약속하시기에 신자들은 기쁨으로 (   )에 나아간다.

예배의 마침은 절정이라고 불러야 한다

여러분이 극장에서 영화나 공연을 보고 있다고 생각해 보십시오. 평온하게 시작되었다가 위기 상황이 발생하고 반전에 반전을 거듭하다가 절정을 향해 치달립니다. 마침내 모든 문제가 해소되고 결말에 이릅니다. 문제가 거의 해결되고 대단원의 결말을 향해 달릴 때는 새로운 요소를 도입하기보다는 감동을 유지시켜 주기 위한 요소들이 동원됩니다. 관람객들은 마지막 순간이 안겨다 준 감동으로 인해 공연이나 영화가 끝나도 객석을 쉽게 떠나지 못하는 경우가 있습니다. 아쉬운 것이죠. '벌써 끝나다니!'라고 생각하면서, 마지막 순간이 준 감동을 조금이라고 더 유지하고 싶어 합니다.

여러분이 생각할 때, 예배의 마무리는 어떻게 하는 것이 좋겠습니까? 한 시간을 크게 넘기지 않는 예배인데 혹시 '예배 언제 끝나지?' 하면서 기다렸다면, 예배가 끝나는 즉시로 그 자리를 떠나고 싶지는 않나요? 늘 반복되는 예배는 영화나 공연이 주는 그러한 카타르시스를 느끼기가 힘듭니다. 예배를 기획하는 분들은 이런 것을 고려하여 예배의 감동과 감격을 지속시킬 수 있는 방안을 찾습니다. 예배에서는 설교가 무엇보다 중요하니까 설교 이후 설교의 감동을 지속시키기 위해 무엇을 하는 것이 좋을까 고민합니다. 예배를 어떻게 마치는 것이 좋겠습니까? 공연이나 영화처럼 해피 앤딩으로 끝나는 것이 좋을까요? 혹은 차기작을 위한 여운을 남기면서 끝내는 것이 좋을까요? 여러분이 속한 교회의 예배 마침의 순서들은 어떠한가요? 혹시 대책 없이 풀어 놓았던 것들을 주섬주섬 챙겨 넣기에 급급하지 않나요?

예배를 무한정 드릴 수는 없으니까, 끝내는 순서가 필요합니다. 예배의 마침은 단순한 마무리가 아니라 '절정'이라고 불러야 합니다. '화룡점정(畫龍點睛)'이라는 말이 있지 않습니까? 하나님의 임재로 말미암아 예배가 시작되어, 하나님의 용서가 선포되고, 우리의 삶을 향한 하나님의 말씀이 드러났습니다. 성찬을 통해 하나님께서 당신을 내어 주시고, 헌금을 통해 우리가 자신을 내어놓았습니다. 점차로 고조된 예배가 이제는 절정에 이릅니다. 우리는 예배를 어떻게 마쳐야 할까요? 아니, 우리는 이 예배에 어떻게 방점을 찍어야 하나요? 우리는 예배에 어떻게 도장을 찍고, 그것에 인을 쳐야 할까요?

예배를 마무리하는 순서로 우리는 '마침 찬송'과 '강복 선언'을 배치할 수 있습니다. 여기에 덧붙여서, 소위 말하는 '광고' 순서가 있습니다. 어떤 분들은 이 광고를 쓸데없이 붙은 혹이라고 생각할지도 모르겠습니다. 도대체 광고가 왜 하나님께 영광 돌리는 예배 안에 들어와 있는 것인지 모르겠다고 하면서 말입니다. 예배의 마침 순서에 대해 하나씩 살펴보겠습니다.

마침 찬송은 세상으로 나아가는 진군가이다

예배를 마무리하는 찬송으로 어떤 것이 좋겠습니까? 예배하는 회중은 그리스도의 몸입니다. 그리스도의 몸을 이루어서 하나님께 나아갔던 회중은 이제 자기 삶의 터전으로 뿔뿔이 흩어집니다. 이후에 오후 예배가 있기는 하지만, 예배의 마침은 세상으로 나아가는 것과 관련을 맺고 있습니다. 세상으로 나아간다고 해서 하나님을 교회에 남겨 놓고 떠나는 것이 아닙니다.

우스갯소리 같지만, 어떤 분은 하나님을 예배당 천장에서 줄 타고 내려오시는 분이라고 말한 적이 있습니다. 하나님은 예배가 시작될 때 예배당 천장으로부터 줄을 타고 내려왔다가, 예배가 끝날 때 다시금 그 줄을 타고 예배당 천장으로 올라가 버리는 분이 아닙니다.

하나님은 예배당에 매여 계시는 분이 아닙니다. 하나님은 예배당을 떠나실 수 없어서 "굿바이, 잘 가!" 하면서 신자들을 배웅하지 않으십니다. 하나님은 예배를 마치고 세상으로 나아가는 신자들과 함께 세상으로 나아가십니다. 하나님께서 앞장서 가신다고 말할 수도 있습니다. 따라서 예배의 마침 찬송은 신자들이 이 세상으로 힘 있게 행진하는 행진곡이라고 볼 수 있습니다. 그렇다면 출정식에 어울리는 찬송이면 좋겠습니다. 이 점을 고려하여 곡을 신중히 골라야 하지만, 회중에게 익숙한 곡이어야 합니다. 낯선 곡을 배운다는 느낌을 받으면 좋지 않을 것입니다.

이번 장의 본문 말씀이 신약 성경의 마지막 책인 요한계시록입니다. 요한계시록 중에서도 가장 마지막 부분이죠. 이 말씀을 보면, 하나님의 말씀에서 조금도 더하거나 빼지 못한다고 엄중하게 경고하고 있습니다. 주님은 "내가 진실로 속히 오리라"라고 하셨습니다. 이것에 대한 교회의 반응이 "아멘. 주 예수여, 오시옵소서"입니다. 이것이 소위 말하는 "마라나타"라는 아람어입니다. 신약 시대의 신자들은 예배를 마치고 돌아갈 때 이 '마라나타'라는 말로 서로 인사했습니다. 이 인사는 엄청난 위로의 말이었습니다. 주님께서 곧 다시 오실 것이니, 고난 가운데서도 인내하며 소망을 잃지 말자는 격려의 말이었습니다. 마지막 찬송은 바로 이렇게, 세상에서 고난받고 살아가는 신자들에게 격려와 용기를 북돋우는 역할을 해야 합니다.

마침 찬송을 '주기도송'으로 부르는 경우가 있습니다. 이게 조금은 생뚱맞게 보일지 모르겠습니다. 예배에서 주기도문은 훨씬 더 일찍 와야 한다고 생각하면 말입니다. 중보 기도 순서 뒤에 이어서 주기도문을 기도하듯이 같

    12장 강복 선언

이 낭송할 수 있습니다. 그리고 성찬식이 있다면 성찬식 안에 주기도문이 들어갈 수도 있습니다. 주기도문 중에 일용할 양식을 구하는 간구가 있습니다. 우리 죄를 용서해 달라는 간구도 있습니다.

신자들은 주의 떡에 참여할 때 일용할 양식을 달라고 하나님께 구한 것이 그리스도를 통해 이루어진 것을 봅니다. 우리의 죄를 용서해 달라고 간구한 것이 그리스도께서 살을 찢으시고 피 흘려 주심으로 성취된 것을 봅니다. 주기도송을 마지막 찬송으로 부른다면, 이 땅에서 하나님의 이름과 나라와 뜻을 위해 살겠다고 헌신을 다짐하는 것이 됩니다. 그리고 이 세상에서 살 때에 우리에게 일용할 양식을 주시고, 우리의 죄를 용서하시고, 우리를 시험에서 건져 주실 것도 구하게 됩니다.

복 주시는 하나님과 더불어 세상으로 나아간다

예배의 마지막 순서는 '강복 선언'입니다. 대부분의 한국 교회에서는 '축도(祝禱)'라고 부릅니다. '축도'라는 말은 '복을 빌어 주는 기도'라는 뜻입니다. 흔히 목사가 교인들을 위해 기도해 주는 시간, 하나님께 복 주십사 구하는 시간이라고 이해합니다. 이 순서는 사실, '복을 선언하는 시간'입니다. 하나님께서 복 주실 것을 선언하는 시간이죠. 그러니 '축도'보다는 '강복 선언'이라고 부르는 것이 더 정확합니다. '축도'라는 용어에 너무 익숙해서 그 용어를 바꿔 사용하기 어렵다면, '축도'라고 부르더라도 그 시간이 목사가 기도해 주는 시간이 아니라 하나님의 복을 선언하는 시간이라는 것을 명심해야 합니다. 복을 선언하는 것을 보라고 목사가 두 손을 드는 것이니까 회중은 눈을 떠서 목사가 들고 있는 손을 보는 것이 좋겠습니다. 가장 분명한 시청각 교육, 예배에서의 마지막 시청각 교육이기 때문입니다.

이 순서는 예배의 처음 부분과 아름답게 호응합니다. 예배가 시작되면서 복을 비는 인사의 말, '기원'이 있었습니다. 삼위 하나님께서 주시는 은혜와 평강을 선언했습니다. 하나님께서 예배 인도하는 목사를 통해 교회를 향해 인사를 걸어 오신 것입니다. 예배는 이렇게 하나님의 인사로 시작합니다. 이 인사도 사실은 강복 선언입니다. 그러고 이제 예배가 마치면서 하나님은 자기 백성들에게 다시금 복을 선포해 주시면서 세상으로 보내십니다. 하나님의 복 주심, 하나님의 인사가 예배 앞뒤로, 예배 전체를 감싸고 있습니다. 얼마나 놀라운 은혜입니까? 예배는 어미 새가 새끼를 품에 꼭 품듯이 하나님께서 자기 백성을 꼭 품으시는 것입니다. 그리고 하나님의 품에 안기는 것입니다.

예배의 마지막 순서인 강복 선언으로 이어지는 과정은 다음과 같습니다. 마침 찬송을 한 후에 반주자는 짧은 후주를 합니다. 그 후에 짧은 침묵의 시간을 가집니다. 하나님께서 자기 백성을 세상으로 보내시면서 복을 선언하는 시간이기에 하나님의 백성들은 하나님의 복 선언을 기다립니다. 예배 인도자는 "여러분의 마음을 주께 들어 주의 복을 받으십시오"라는 문구를 사용하기도 했습니다. '마음을 들어서'라는 문구가 라틴어로 '수르숨 코르다(sursum corda)'입니다. 종교개혁자 칼뱅이 이 표현을 사용했습니다. 칼뱅은 제네바에서 목회하다가 쫓겨났습니다. 그래서 스트라스부르에서 난민 교회를 목회하고 있었는데, 어느 날 제네바 시의회가 그에게 다시 돌아와 달라고 간곡히 청했습니다. 칼뱅은 제네바로 다시 돌아가는 것을 죽는 것보다 싫어했습니다. 하지만 결국 돌아가기로 결심하면서 이렇게 말합니다. "내가 내 자신의 것이 아님을 기억하기에, 내 마음을 들어 올려 주님께 제물로 바치기로 했습니다." 예장 고신 교회의 학생 신앙 운동인 SFC의 배지에 보면, 손바닥 위에 심장이 올려져 있는 것을 볼 수 있습니다. 이게 바로 마음을 주께 들어 올린다는 상징입니다.

신자들은 자신들의 마음을 들어 하늘에 계신 하나님을 향하고, 목사는 두 손을 높이 들어서 복을 선언합니다. 다시 한번 말씀드리지만, 이 강복 선언 시간은 목사가 교인들을 위해 기도해 주는 시간이 아닙니다. "하나님, 세상으로 나아가는 성도들을 지키시고 인도하여 주옵소서"라고 간절히 기도해 주는 시간이 아닙니다. 이 시간은 하나님께서 목사를 통해 자기 백성에게 직접 하늘의 복을 주시는 시간입니다. 목사가 두 손을 높이 드는 이유가 바로 여기에 있습니다. 아무런 이유 없이 손을 드는 것이 아닙니다. 교인들은 눈을 감고 기도해야 한다면, 목사가 손을 들 이유가 없지 않겠습니까? 눈을 들어 보라고 손을 드는 것입니다. 온 회중은 눈을 떠서 그 손을 바라봐야 합니다. 육신의 눈만이 아니라, 믿음의 눈을 열어서 목사가 들고 있는 두 손을 봐야 합니다. 회중은 목사의 들린 두 손을 통해 하나님께서 자기 백성에게 직접 복 주시는 것을 감격스럽게 받을 수 있습니다.

삼위 하나님께서 복을 넘치도록 부어 주신다

강복 선언으로 합당한 성경 말씀은 어떤 것일까요? 우리는 성경에서 다양한 복의 내용을 확인해 볼 수 있습니다. 매 주일 계속해서 다른 말씀으로 복을 선언할 수도 있습니다. 개혁한 교회는 주로 두 가지의 말씀으로 복을 선언해 왔습니다. 하나는 구약 성경 민수기 6장 24-26절까지에 나오는 아론이라는 대제사장의 축복입니다. "여호와는 네게 복을 주시고 너를 지키시기를 원하며, 여호와는 그의 얼굴을 네게 비추사 은혜 베푸시기를 원하며, 여호와는 그 얼굴을 네게로 향하여 드사 평강 주시기를 원하노라." 얼마나 아름다운 복의 내용입니까? 세상이 이런 복을 우리에게 줄 수 있겠습니까? 복 주시는 분은 오직 하나님이십니다.

하나님은 3중적인 복을 주십니다. 하나님은 자기 백성을 지키시고, 자기 백성에게 은혜를 베푸시고, 또한 평강을 주십니다. 이 3중적인 복은 하나님께서 자기 백성에게 주시는 모든 복을 요약한 것입니다. 하나님은 대적들로 부터 자기 백성을 지켜 주십니다. 애굽에서도 대적이 있었고, 광야 생활을 할 때도 대적이 있었고, 가나안 땅에 들어가서 살 때도 대적이 있었습니다. 대적이 없는 곳은 없었습니다. 하나님은 자기 백성을 원수의 손아귀에서 벗어나게 해 주시고, 악한 손아귀로부터 지켜 주십니다. 하나님은 자기 백성에게 그 얼굴빛을 비춰 주십니다. 하나님의 얼굴빛이 가장 큰 복입니다. 하나님의 얼굴빛에서 흘러나오는 것이 은혜이고, 평강입니다. 하나님은 저주하는 얼굴빛을 보이시는 것이 아니라 그리스도를 통해 자비의 빛, 평강의 빛을 비추십니다. 개혁한 교회는 바로 이 민수기의 복 선언을 주일 낮 예배 때 사용했습니다.

다른 하나의 강복 선언 문구는 우리가 너무나 잘 알듯이 고린도후서 13장 13절 말씀입니다. "주 예수 그리스도의 은혜와 하나님의 사랑과 성령의 교통하심이 너희 무리와 함께 있을지어다"라는 복의 선언입니다. 사도 바울은 너무나 문제가 많고 골치가 아팠던 고린도 교회에 편지하면서 삼위 하나님의 복을 아름답게 선포합니다. 바울은 "고린도에 있는 하나님의 교회 곧 그리스도 예수 안에서 거룩하여지고 성도라 부르심을 받은 자들에게 편지한다"라고 인사말을 했습니다. 자신들이 아무리 많은 문제와 죄악 속에 있다고 할지라도, 그리스도로 인해 성도가 되었다는 것입니다. 그 바울이 이제 고린도후서를 마무리하면서 고린도 교회 교인들을 문제 많은 교인과 문제 없는 교인으로 구분하지 않고 그들 모두를 향해 복을 선언합니다. "삼위 하나님의 복이 너희 무리와 함께 있을지어다"라고 선포합니다. 삼위 하나님의 복은 신자를 가리지 않습니다. 믿는 자들 모두에게 선포되고 허락됩니다.

강복 선언은 각 위격에 단 하나의 단어를 연결시킵니다. 그리스도께서 베푸시는 모든 것은 '은혜'라는 단 하나의 단어에 요약되어 있고, 성부께서 베푸시는 모든 것은 '사랑'이라는 단어 하나로 정리되며, 성령님께서 베푸시는 모든 것은 '교통'이라는 단 하나의 단어에 집중시킵니다. 삼위의 각 위격께서 하시는 일들을 단 하나의 단어로 줄여도 됩니다. 복잡하게 늘어놓을 이유가 없습니다. 하나님께서 하신 모든 일을 말하기 위해서는 성경 전체가 필요하기도 하고, 단 몇 단어로 요약할 수도 있습니다. 그것이 바로 은혜, 사랑, 교통입니다. 물론 평화, 구원, 위로 등의 말로도 표현할 수 있지만, 사도는 삼위 하나님께서 자기 백성에게 베푸시는 모든 것을 단 세 단어로 요약했습니다. 사도 바울이 요약의 대가인 것이 아니라 하나님께서 베푸시는 것이 너무도 분명하다는 것을 보여 줍니다.

삼위 하나님의 복을 선포하는데 주 예수 그리스도가 먼저 등장하는 것이 예사롭지 않습니다. 하나님의 사랑은 오직 우리 주 예수 그리스도께서 십자가와 부활로 이루신 은혜를 통해 나타나기 때문입니다. 그래서 주 예수 그리스도의 은혜가 먼저 나옵니다. 그다음이 아버지 하나님의 사랑입니다. 아버지 하나님의 사랑이 이차적이라는 말이 아닙니다. 그분의 사랑이 중심에 서 있습니다. 그 사랑이 예수 그리스도를 통해 모든 은혜를 베풀어 주셨습니다. 그리고 그 사랑이 성령의 교통을 통해 우리에게 확증됩니다. 성령님은 성도가 서로 교통하게 하시는 분입니다. 교회가 성도의 교제, 성도의 교통이라고 하는 것도, 바로 이 성령님의 교통하게 하시는 역사를 보여 주는 것입니다. 이 삼위 하나님의 복을 오후 예배 때 선언한다면, 오전 예배와 아름답게 조화를 이룰 것입니다. 구약의 복과 신약의 복이 한꺼번에 주일에 선포되기 때문입니다.

예배 마침에 대한 적절할 예절을 갖추어야 한다

우리는 강복 선언 시간에 다 같이 일어나서 하나님의 복을 받습니다. 강복 선언 시간을 예배가 마친다는 사인으로만 받아들이면 안 됩니다. 어떤 이들은 강복 선언이 시작되면 예배당을 떠날 준비를 합니다. 뭔가를 주섬주섬 챙깁니다. 벗어 놓았던 외투를 입는다든지, 심지어 예배실을 빠져나가는 사람도 있습니다. 예배를 마치고 급하게 볼 일이 있어서 그럴까요? 예배를 마치고서 교인들과 인사하고, 직분자들과 인사하는 것이 부담스러워서 그럴까요? 이런 행위는 하나님께 큰 무례를 범하는 것입니다. 하나님께서 복 주신다는 선언을 받지 않고 예배실을 나선다는 것이야말로 얼마나 안타까운 일인지 모릅니다. 서양에서는 예배 시간에 혹 늦더라도, 그리고 아무리 급한 일이 있다고 하더라도 예배의 마지막 순서인 이 강복 선언만큼은 꼭 받으려고 합니다. 미신적인 생각 때문일까요? 강복 선언은 성례가 아닙니다. 강복 선언을 들으면 자동적으로 복이 임하는 것이 아닙니다. 하지만 믿음으로 받으면 엄청난 복이 임합니다.

예배 인도자가 강복 선언을 하면 온 교회는 아멘으로 화답합니다. 온 교회가 마지막으로 "아멘" 하며 크게 화답할 때, 그 소리는 예배당을 진동시킬 뿐만 아니라 신자들의 전 삶을 아멘으로 채웁니다. 그러면 예배가 공식적으로 마칩니다.

그런데 하나 남은 것이 있습니다. 무엇일까요? 온 회중이 다 같이 하는 공식적인 순서는 아닙니다. 예배가 시작할 때도 공식적인 순서에 들어가지 않았지만, 예배가 마칠 때도 공식적인 순서에 들어가지 않는 하나의 행위가 있습니다. 그것은 예배 인도자가 강단에서 내려가 예배를 위임했던 장로와 악수하는 것입니다. 즉, 예배 시작에도 악수례가 있고, 예배 마침에도 악수례가 있습니다(일반적으로 장로교회에서는 이 순서가 없을 뿐만 아니라 굳이 이 순서가 필요하지 않다고 생각한다. 유럽의 개혁 교회에서 목사가 개교회에 속해 있기에 당회가 매번 목사에게 예배 인도를 위임한다. 반면, 장로교회에서는 목사가 노회 소속이기 때문에, 즉 노회로부터 목회를 이미 위임받았기 때문에 굳이 이렇게 예배를 위임받는 순서는 가질 필요가 없다). 이것은 당회로부터 위임받은 예배를 잘 마쳤다는 보고입니다. 그 보고는 장로단에게 하는 것을 넘어 하나님께 보고하는 것입니다. 목사는 개인 자격으로 예배를 인도한 것이 아닙니다. 자기 능력과 재주를 가지고 예배를 인도한 것도 아닙니다. 자기 재주로 기도하고, 설교하고, 복을 선포한 것도 아닙니다. 하나님의 회중은 예배가 마친 직후의 이 상징적인 행위를 보면서 하나님께서 공식적으로 자기 백성을 만나 주셨다는 사실을 다시 한번 더 확인할 수 있습니다.

이때 반주자는 후주를 연주합니다. 하나님의 복을 받은 회중은 반주가 울려 퍼지는 가운데 거룩한 하늘 소리를 들으면서 예배실을 나갑니다. 질서 있게 예배실을 나가는 것이 무엇보다 중요합니다. 예배실 앞자리에 앉은 분들은 조금 기다리는 것이 좋겠습니다. 예배실 입구 가까운 자리에 앉아 있는 분들부터 차례로 예배당을 나갈 수 있도록 배려해야 합니다. 회중석 복도는 좁은데 먼저 나가려고 서두르다가 교인들끼리 어깨가 부딪히고 기분 상하는 일마저 생깁니다. 예배 잘 드리고 예배실을 나가는 순간에 마음이 상해서 받은 은혜를 다 쏟아 버리는 경우도 있습니다. 어떤 교회에서는 강복 선언 후 모든 회중이 자리에 다시 앉습니다. 그러면 예배 인도자가 회중석을 돌면서 모든 회중과 일일이 목례로 인사합니다. 교인들끼리 서로 인사하기 전에 예배 인도자와 먼저 인사를 나눕니다. 하나님께서 주신 복을 받은 것에 대해 예배 인도자에게 감사를 표합니다.

예배 마침으로 시작되는 하나님의 동행을 기대하자

여러분, 예배란 무엇입니까? 예배에 무슨 효력이 있습니까? "예배는 고통받는 현실에서 가상현실로 도피하는 것이다"라고 삐딱하게 보는 이들이 있습니다. "예배에 감동과 감격을 고조시키는 것은 현실을 도피하게 만드는 아편과 같다"라고 말하기도 합니다. 예배를 공연의 일종이라고 생각한다면 이런 생각은 더 굳어질 것입니다.

이런 의미에서 옛날에는 연극의 패악을 지적하는 경우가 많았습니다. 그 유명한 철학자 플라톤(Platon, B.C. 428?~B.C. 347?)도 당시 그리스에서 유행하던 연극을 아주 신랄하게 비판했습니다. 연극에서 신들의 부조리하고 부도덕한 이야기들을 마구 늘어놓는데, 관람객들은 그것들을 통해 카타르시스를 느끼는 것이 아니라 감정을 소진시켜 버린다는 것입니다. 쉽게 말하면, 현실에 쏟을 정열을 연극으로 다 소진시켜 버리므로, 연극은 백해무익하다는 것이었습니다. 그런 연극과 비교할 때, 예배는 너무나 따분(?)한 예식이기에 큰 위험이 없는지도 모르겠습니다.

예배는 공연이 아닙니다. 예배는 우리의 감정을 소진시키거나 감정을 정화시키는 것이 아닙니다. 예배가 끝나면 공연이라는 가상현실이 끝나고, 실제 현실로 돌아간다고 생각하면 안 됩니다. 예배의 마침으로 예배의 생생한 현실은 신자의 삶으로 연장됩니다. 마침 찬송과 강복 선언을 통해서 공적인 예배는 마치지만, 신자는 하나님의 복을 넘치게 받고 이 세상으로 나아갑니다. 하나님의 백성들은 이리가 우글거리는 세상 속에서 양처럼 살아가야 하지만, 삼위 하나님의 복이 함께할 테니 두렵지 않습니다. 예배의 마침은 복 주시는 하나님께서 동행해 주겠다고 약속하시는 것이기에, 신자들은 기쁨으로 세상으로 행진해 가면 됩니다. 예배가 마친다고 아쉬워하지 마십시오. 예배 마침과 함께 시작되는 하나님의 크신 은혜와 동행을 기대하기 바랍니다. 예배가 마치면 하나님께서 우리와 함께 이 세상으로 나아가십니다.

기도

하나님 아버지, 저희를 예배로 불러 주셔서 감사합니다. 예수 그리스도께서 친히 예배를 인도하셔서 저희를 하늘 아버지께로 나아가게 해 주셨고, 성령님께서 저희의 마음을 들어 하늘 아버지를 향하게 해 주셨으며, 예배를 통해 이 세상 어디에서도 누릴 수 없는 하나님의 임재 가운데 들어가게 해 주시고, 하나님의 용서를 경험하게 해 주시며, 저희의 삶을 향한 하나님의 구체적인 말씀을 듣게 해 주시니 감사합니다.

예배를 마치는 것이 못내 아쉽지만, 예배를 마치고 이 세상으로 나아가는 저희와 동행하겠다고 약속해 주시니 큰 위로가 됩니다. 하나님, 그 얼굴을 저희에게 비춰 주셔서 세상살이에서 어두워질 수 있는 저희의 마음을 환히 비쳐 주옵소서. 삼위 하나님의 은혜와 사랑과 교통으로 저희의 삶을 인도하여 주옵소서. 하나님과 만난 공적인 예배가 마칠 때, 삶에서의 예배가 새롭게 시작되게 하셔서 저희가 가는 곳곳마다 하나님의 영광이 나타나게 해 주옵시고, 지극히 어리석고 연약한 자들을 통해서 하나님의 크신 영광이 나타나는 것을 온 세상이 보게 하여 주옵소서. 승천하시면서 제자들에게 복 주셨던 그대로 지금도 저희에게 복 주시는 우리 주 예수 그리스도의 이름으로 기도합니다. 아멘!

요약

예배의 마지막 순서들은 '광고'(↔), '마침 찬송'(↑), '강복 선언'(↓) 등이다. 광고는 그냥 단순한 광고가 아니라 '성도의 교제'라고 이해해야 한다. 마침 찬송은 세상으로 진군해 나아가는 진군가와 같다. 그렇다고 십자군처럼 되어야 한다는 말은 아니다. 마지막 순서는 예배의 절정이라고 해야 할 것인데, 바로 '강복 선언'이다. 이 순서는 '축도'라는 이름으로 알려져 있는데, 목사가 회중을 위해 기도해 주는 순서가 아니라 하나님의 복을 선언하는 시간이다. 복의 선언을 보고 들은 회중은 하나님의 동행을 확신하면서 세상으로 나아간다. 이제부터 삶의 예배가 시작된다. 하나님은 교회에 남아 계시는 것이 아니라 자기 백성과 함께, 자기 백성보다 앞장서서 세상으로 나아가신다.

1. 공연의 흐름과 예배의 흐름을 비교해 보자. 어떤 차이가 있는가? 우리의 예배는 기승전결의 분명한 흐름을 가지고 있는가?

2. 마침 찬송에 적합한 곡을 찾아보자. 초대 교회 교인들은 예배하고 헤어질 때 "마라나타"라고 서로 인사했는데, 이것을 마침 찬송에 적용해 보자.

3. '축도'라는 말과 '강복 선언'이라는 말에 어떤 차이가 있는가? 강복 선언 문구로는 어떤 것들이 있을까? 또, 강복 선언을 받는 태도는 어떠해야 할까?

4. 예배를 마치고 난 다음에는 어떻게 해야 할까? 예배당을 떠날 때의 예절에 관해 말해 보고, 이제부터 세상에서의 예배가 시작된다는 의미에서 어떤 다짐을 해야 하는지 서로 나누어 보자.

광고: 성도의 교제

1 예배 안에 광고라는 순서가 들어올 수 있을까? 예배 시간에 광고가 들어가는 것이 어색하다고 말하는 이들이 많다. 예배는 하나님께 영광을 돌리는 것인데 광고는 교인들에 관해서 말하는 것이고, 교회 기관에서 이루어지는 일들을 나누는 것이기에 공예배의 한 순서로 들어와서는 안 된다고 말하는 이들이 많다는 것이다. 여기서 우리는 광고가 무엇인가 하는 문제를 고민해 보아야 한다. 광고는 말 그대로 단순히 공지 사항을 알리는 것일까?

2 광고가 예배 시간에 들어와야 한다고 주장하는 이들도 많다. 교인들이 한자리에 모여 있는데, 광고가 반드시 필요하지 않겠느냐는 것이다. 주보에 필요한 광고가 다 나와 있는데, 왜 굳이 예배 시간에 광고할까? 주보에 광고가 되어 있어도 구두로 광고하지 않으면 교인들이 신경 쓰지 않는다고 말하는 것은 웃기는 이야기가 아닐까? 그렇다면, 주보에 기록되지 않은 내용만 광고하면 될까?

3 예배 중에 광고를 해야 한다고 할 때, 언제 광고하는 것이 좋은지에 대한 문제도 있다. 왜 예배 전에 광고하지 않을까? 예배를 마치고 광고할 수도 있지 않을까? 사실, 예배 전에 광고가 있으면 하나님의 임재 가운데로 들어가는 것이 산만해질 수 있다. 반대로 예배 후에 광고하면 예배의 절정이 사그라들 수 있다. 설교 전에 광고하기도 하고, 설교 후에 광고하기도 한다. 광고가 설교와 너무 가까우면 설교에 대한 집중이 떨어질 수도 있다.

4 광고의 내용도 고민해 보아야 한다. 하나님의 회중과 하나님이 만나는 예배에서 교회의 모임이나 행사, 교인 가정에 일어난 사소한 일들 등을 광고할 수 있을까? 광고 시, 공평하게 하지 않으면 교인들이 시험받을 수 있으므로, 개인사에 대한 것은 광고하지 않는 것이 좋다.

5 광고 시간이 너무 길어지는 경우가 종종 있다. 광고는 간단명료하게 하는 것이 좋다. 온갖 종류의 광고를 다 하려고 하기 때문에 광고가 길어진다. 설교가 길다고 불평하면서 광고를 10분 넘도록 하는 경우도 있지 않은가? 요즘에는 영상으로 광고를 만들어서 틀어 주는 경우도 있다. 뉴스를 내보내듯이 광고하는 것이다. 예배 때 동영상을 제작해서 트는 것은 신중해야 한다.

6 필자는 이 광고 순서를 '성도의 교제'라는 차원에서 해석한다. 주보에 필요한 교회 소식은 대부분 나와 있으니 성도의 교제라는 차원에서, 교회적인 문제를 온 교회 앞에 알린다. 교단 총회나 노회 참석 보고를 하는 경우처럼 말이다. 노회나 총회에서 했던 중요한 결정을 교회에 알리는 것이다. 교회에 등록하는 교인들을 예배 중에 소개할 수도 있다. 아주 먼 곳으로 이사를 해서 교회를 떠날 수밖에 없는 경우에도 인사가 필요하다. 신자들

개인이나 가정을 위해 긴급하게 기도해야 할 문제들도 온 교회 앞에 알리는 것이 좋다.

7 광고는 인간적인 것에 불과한 것이 아니다. 광고야말로 성도의 교제이다. 우리는 예배를 통해 하나님과 교제할 뿐만 아니라 성도들과도 교제한다. 성찬상에 참여할 때 우리는 그리스도와 교제할 뿐만 아니라 성도가 서로 교제한다. 한 상에 참여하기 때문이다. 한 떡과 한 잔에 참여하기 때문이다. 이것처럼 광고는 서로 나누는 것이다. 다른 성도의 고통을 함께 나누되, 일단 구두로 나눈다. 헌금을 통해 서로의 필요를 채우지만, 광고를 통해 서로의 필요를 말로 나눈다.

8 우리는 광고조차도 나눔, 교제, 교통이라는 것을 기억해야 한다. 특정 부서의 행사를 광고할 때도 그것은 행사 광고가 아니라 성도의 교제를 나누는 것임을 잊지 말아야 한다. 그렇지 않으면, 광고는 나와 상관이 없는 것이 될 수 있다. 회중은 광고를 통해 각자가 한 몸에 속해 있다는 것을 더 구체적으로 경험할 수 있다. 그것이 또한 기도 제목이 되기도 한다. 어쨌든 광고는 개인적으로 축하할 일들을 사사로이 알리는 것이 아니라 교회의 일을 알리고 함께 기뻐하는 시간임을 알아야 한다.

부록

1. 모범적인 예배란 무엇인가?

● 에피소드 1 ●

성도 A : 나는 이해가 안 되는 것이 요즘 우리 교회 예배가 너무 쉽게 바뀌는 것 같아요. 예배를 세상적인 공연 정도로 생각하는가 봐요. 효과만 있으면 뭐든지 끼워 넣어서 진행할 수 있다고 보는 건지⋯. 덩달아 목사님 설교가 세련되어 가는 것 같아 보이지만, 오히려 목사님의 입지는 더 좁아지지 않나요? 교인들은 이미 설교를 듣는 둥 마는 둥 하고 효과적인 다른 순서를 더 기다리니까요. 앞으로도 예배를 어떻게 바꿀는지 도무지 불안하기 짝이 없어요.

성도 B : 그래도 성도님의 교회는 그나마 나은 편이라고 생각하세요. 우리 교회는 교인들이 어떻게 반응하는지는 안중에도 없거든요. 우리 교회는 예배 때 교인들을 살아 있는 인격체로 보기나 하는지 모르겠어요. 정해진 예배의 틀과 순서를 하나라도 바꾸면 하나님께서 당장 벌을 내릴 거라고 생각하나 봐요. 예배 순서를 하늘에서 뚝 떨어진 것으로 생각하는 건지⋯.

● 에피소드 2 ●

목사 A : 요즘 고민이 많아요. 우리도 예배를 획기적으로 바꾸어야 할까 봐요. 우리 교회 예배는 너무 전통적이거든요. 교회 옆으로 아파트 단지가 들어섰는데, 새로 오는 교인들이 다른 교회들처럼 예배를 새롭게 바꿀 수 없냐고 주장하더라고요. 그렇지 않으면 교회를 떠날 수밖에 없다는 압박을 받고 있어요. 이제는 교파도 신학도 소용없는 시대가 되었나 봐요. 아무리 그래도 자기 교파의 신학적 방향을 무시하는 건 합당하지 않은 것 아닐까요?

목사 B : 참 고지식하네요. 모름지기 예배는 기획이 필요하다니까요. 성경에, '예배 순서는 이래야 한다'라는 것이 있나요? 제일 중요한 건, 하나님은 최상의 것을 요구하신다는 거예요. 예배가 왜 세상의 그 어떤 공연보다 못해야 하는 걸까요? 저희 교회는 공연을 기획하는 분에게 예배 기획을 맡겼어요. 교역자들은 되도록 간섭하지 않죠. 그랬더니 예배가 확 바뀌더라고요. 얼마나 활기가 넘치는지 몰라요. 어떤 불신자라도 우리 교회 예배에 참석하면 재미 하나만큼은 느낄 수 있을걸요! 이에 비하면, 다른 교회 예배는 거의 죽은 것과 다를 바가 없다고 해야 할 거예요.

'예배 전쟁'이라고 불릴 수 있는 이런 상황 속에서, 우리는 모범적인 예배가 있다고 주장할 수 있을까? 우리가 예배의 요소뿐만 아니라 예배의 순서를 확정할 수 있을까? 다행히 장로교회는 예배의 원리에 관해 공적으로 토론하고 확정한 중요한 문서들을 가지고 있다. 장로교회 신앙의 선배들은 '예배의 규정적 원리(regulative principle)'에 관해 오랜 기간 논쟁했고, '웨스트민스터 표준문서'에 그 논의의 결과를 고스란히 담아 놓았다. 이에 우리는 그 규정적 원리를 살펴봄으로써 장로교회가 마땅히 지향해야 할 예배가 어떤 것인지 추적해 보고자 한다. 우선 웨스트민스터 표준문서가 작성된 배경을 간략하게 살펴보고, 그다음에 『신앙고백서』(*The Confession of Faith*)의 몇몇 장들에서 '예배의 규정적 원리'를 어떻게 고백하고 있는지를 살펴보려 한다. 마지막으로 『예배 지침』(*The Directory for the Public Worship of God*) 혹은 『예배 모범』이 예배의 규정적 원리를 어떻게 실천적인 지침으로까지 묘사하고 있는지 살펴보려고 한다.

웨스트민스터 표준문서가 작성된 배경

개혁파는 웨스트민스터 표준문서 작성 이전에 125년간 50개 이상이나 되는 신조들을 만들어 자신들의 신앙고백을 역사적으로 형성해 왔다. 루터 교회가 단일한 신앙고백서에 만족한 것에 비하면, 이는 독특한 현상이라 할 수 있다. 개혁파는 자신들의 신앙고백과 문서들이 대단히 역사적이며 사람의 한계와 죄에 의해 제한적이라는 사실을 깊이 인식했다. 종교개혁이 일어난 지 한 세기가 훨씬 지난 후에 대륙이 아닌 영국에서 개혁파의 이런 노력이 찬란하게 결실을 맺었는데, 그것이 바로 '웨스트민스터 표준문서'이다. 1643년 7월 1일에 열려서 1649년 2월 22일에 종료된 웨스트민스터 총회를 통해 장로교의 신학뿐만 아니라 예배의 근간이 형성되었다는 사실을 부인할 수 없다.

우선 웨스트민스터 표준문서들이 작성된 광범위한 문맥은 로마 가톨릭

교회에 대한 반작용이다. 잉글랜드의 헨리 8세는 새 왕비를 맞이하기 위해 로마 가톨릭교회와 결별하고 국왕을 교회의 머리로 하는 '수장령(Act of Supremacy)'을 선포함으로써 독자적인 교회, 즉 영국 국교회를 출범시킨다. 이후로 잉글랜드와 스코틀랜드에서 진행된 종교개혁은 중세 로마 가톨릭교회의 교리적이고 관습적인 오류를 제거함으로써 초대 교회의 순수함을 확보하고자 노력했다.

영국 국교회는 성경 번역뿐만 아니라 39개조 신조, 공동 기도서(the Book of Common Prayer) 등을 통해 개혁의 의지를 표출했다. 특히 공동 기도서의 역할은 중요했다. 사제와 교인들이 예식문을 같이 소유했다는 점에서, 말 그대로 '최초의 공동 예식서'였다. 하지만 이 예식서는 여러 가지 장점에도 불구하고 예배의 철저한 개혁을 바라는 청교도의 입장에서 보면, 비인격적이고 형식적이고 부자연스러웠다. 이렇게 영국 국교회는 기본적으로 개혁파에 속했지만, 그 출발이 다분히 정치적이었기 때문에 교회 개혁, 특히 교리와 예배와 교회 정치의 개혁에 있어서 한계가 있을 수밖에 없었다.

1637년, 잉글랜드의 왕 찰스 1세가 스코틀랜드 교회에 성공회 조직과 공동 기도서를 강요하여 '시민 전쟁'이 촉발된다. 시민 전쟁 동안에 잉글랜드 의회는 스코틀랜드, 아일랜드와 동맹을 맺고는 그 유명한 '엄숙한 동맹과 언약(The Solemn League and Covenant)'을 체결한다. 이것은 웨스트민스터 총회가 이미 시작된 1643년 9월의 일이다. 이때쯤에는 국교회와 청교도 사이의 논쟁은 첨예화된다. 총회에 참석한 총대들은 공동 기도서를 수정하는 것이 큰 의미가 없다고 결론을 내린다. 그들은 국교회의 예식을 전면적으로 버리고는 총회에 참석한 다양한 분파들이 동의할 수 있는 새로운 예배 형태를 만든다. 이렇게 웨스트민스터 표준문서의 직접적인 문맥은 영국 국교회와 관련을 맺고 있다.

웨스트민스터 총회에서 채택된 예배 지침은 로마 가톨릭교회와 영국 국교회의 예배를 대항하기 위한 목적이었다. 웨스트민스터 표준문서를 탄생시키고 오늘날까지 장로교 예배에 지대하게 영향을 끼친 영국 청교도 예배는 기본적으로 개혁파적이었다. 그런데 웨스트민스터 총회에 참석한 총대들은 주교파, 노회파, 회중파, 에라스투스파 등의 다양한 그룹으로 구성되어 있었기에 웨스트민스터 표준문서들은 이러한 분파들 간의 절묘한 타협의 산물일 수밖에 없었다. 하지만 예배와 관련해서는 자체의 예배서를 가지고 있던 스코틀랜드 장로교회의 입장이 크게 부각되었다.

신앙고백서에 나타난 예배의 규정적 원리들

웨스트민스터 총회의 역사를 보면, 웨스트민스터 표준문서들 중「신앙고백서」는「예배 지침」보다 뒤에 논의되고 채택되었다는 사실을 알 수 있다.「예배 지침」은 웨스트민스터 총회에 참석한 다양한 그룹 간의 타협의 산물이었지만, 그 이후에 논의되고 채택된「신앙고백서」에서 예배의 본질이 무엇인가를 규정하는 부분에 있어서는 이런 분파들 간에 그 어떤 차이도 보이지 않았음을 보여 준다. 이에 우리는 먼저「신앙고백서」에서 예배의 규정적 원리가 어떻게 고백되고 있는지 살펴보고자 한다.

① 오직 성경의 원리

우리는「웨스트민스터 신앙고백서」의 첫 부분에서부터 예배를 규정하는 핵심 원리를 확인할 수 있다. 제1장 "성경에 관하여"에서 6항이 바로 그것이다.

하나님의 자기 영광과 사람의 구원 그리고 믿음과 생활에 필수 불가결한 모든 일에 관한 하나님의 협의 전부는, 성경에 명시적으로 기록되어 있거나 합당하고 필연적인 추론을 통해 성경에서 이끌어 낼 수 있다. 이 성경에다 성령의 새로운 계시이든 사람의 전통이든 어떤 것이라도 어느 때에라도 덧붙여서는 안 된다. 그럼에도 우리는 말씀이 계시한 바를 이해하여 구원에 이르게 하는 데 성령의 내적 조명이 필수 불가결함을 인정한다. 또한 하나님께 드리는 예배, 교회의 치리, 인류의 행위와 공동체에 공통적인 사안 등은 항상 준수해야 하는 말씀의 일반 법칙들을 따라, 본성의 빛과 신자의 분별력으로 규정해야 한다.

이 고백은 일반적으로 '성경의 충분성'에 관한 논증이라고 알려져 있다. 성경에 하나님의 최종적인 뜻이 기록되어 있기에, 성령님께서 새로운 계시를 주셨다 말할 수 없고, 그것에 사람들의 전통이 추가할 수 없다는 고백을 하고 있다. 예배와 관련해서 이 고백이 중요한 이유는 모든 예배가 성경 말씀에 직접적으로 근거하고 있어야 한다는 표현 때문이다. 예배의 원리는 다른 어떤 곳이 아닌 오직 성경에서 명시적으로 언급되어 있는 구절에 근거해야 한다는 것이다.

이 고백은 성경 구절에서 직접적으로 언급하고 있지는 않지만, 성경을 통해 추론할 수 있는 것들도 말하고 있다. 청교도들이 말하는 오직 성경의 원리는 성경의 명백한 가르침뿐만 아니라 암시적인 가르침도 포함한다. '선하고 필연적인 추론'을 통해 예배에 적합한 요소들을 논리적으로 추론해 낼 수 있다는 것이다. 또한 이 고백은 '본성의 빛과 신자의 분별력으로 처리되어야 할 사정'이 있다는 것도 말한다.

위에서 고백하고 있듯이, 장로교회의 예배는 '오직 성경'의 원리에 의해 규정된다고 고백하지만, 이 오직 성경의 원리는 그렇게 단순하지가 않다. 「신앙고백서」에 드러난 '오직 성경'의 원리는 단순하게 성경을 문자 그대로만 이해하는 측면을 넘어선다. '오직 성경'의 원리라고 할 때, 청교도들은 세 가지 요소가 포함된다고 보았다. 첫째로, 성경에 명시적으로 언급된 내용인가. 둘째로, 성경에서 명시적으로 기록하고 있지 않지만 건전하고 필연적으로 추론할 수 있는 내용인가. 셋째로는, 기독교인들이 이성을 활용해서 충분히 추론할 수 있는 내용인가. 예컨대, 선하고 필연적인 추론은 유아세례의 경우가 될 것이고, 기독교인들이 이성을 활용하여 충분히 추론할 수 있는 내용들은 성찬의 방법론 등에 해당할 것이다.

여기서 우리는 성경을 항상 문자 그대로 받아야 한다는 '문자주의'와의 문제에 부딪힐 수밖에 없다. 우리는 성경을 무시간적으로 파악하여 풍유적으로 해석한다든가, 모형적으로 해석하는 것을 경계해야 한다. 게다가 성경의 '세대'에 대한 분명한 이해에도 불구하고 그 세대들을 통합하는 원리를 놓치고 있는 세대주의의 해석도 경계해야 한다. 그렇다면 성경을 해석하는 데 있어서 필수적으로 고려해야 하는 것은 무엇일까? 바로 구속사에 대한 이해이다. 성경의 구체적인 구절이 구속사의 어떤 단계에서 주신 말씀인지를 제대로 파악해야만 그것이 지금 우리에게 어떤 의미를 주고 있는지를 알 수 있는 것이다.

"이렇게 오직 성경의 원리가 넓다면, '오직 성경'과 '오직 이성'이 무슨 차이가 있는가?"라고 물을 수 있겠다. 하지만 이 고백에서는 이 세 가지 요소를 하나로 묶어내는 내적 원리를 제시하고 있는데, 그것이 바로 '성령의 조명'이라는 원리이다. 물론 성령의 조명을 청교도들의 규정적 원리라고 직접적으로 내세우기는 힘들다. 하지만 예배의 규정적 원리 내에 자리 잡고 있는 핵심 요소가 바로 이 성령의 조명이라고 할 수 있다.

② 양심의 자유의 중요성

예배와 관련해서 그다음으로 중요한 고백은 「웨스트민스터 신앙고백서」 제20장 "그리스도인의 자유와 양심의 자유에 관하여" 2항에 나와 있다.

하나님만이 홀로 양심의 주인이시며, 믿음과 예배의 문제에서는 자기 말씀에 조금이라도 배치되거나 덧붙여진, 사람이 만든 교리와 계명으로부터 양심을 자유롭게 하셨다. 그러므로 그런 교리를 믿거나 그런 계명을 순종하는 것은 양심의 참자유를 배반한다. '맹신'과 '절대적이며 맹목적인 순종'을 강요하는 것은 양심의 자유뿐만 아니라 이성을 파괴하는 것이다.

이 고백의 중요성은, 정치 기관 혹은 종교 기관들이 예배를 강제할 권리가 있다는 것을 단호하게 거부하고 있다는 것에 있다. 예배를 규정하는 원리는 세속 정부나 교회에서 나오는 것이 아니다. 이 고백은 세속 정부나 교회의 권위를 무시하지 않는다. 하지만 예배에 관한 규정이 오직 하나님의 말씀으로부터 나옴을 고백한다.

「웨스트민스터 신앙고백서」 제20장에서는 제1장에서 고백했던 오직 성경의 원리를 보충한다. 또한 오직 성경의 원리를 부정적인 방식으로 확장한다. 첫째는 말씀을 거스르는 것을 받지 말아야 한다는 것이며, 다음으로는 말씀에 덧붙이는 것을 거부해야 한다는 것이다. 바로 여기서 루터파와 개혁파의 차이가 드러난다. 루터파는 성경에서 침묵하거나 정죄하지 않는 부분에 대해서는 얼마든지 예배 요소로 도입할 수 있다고 보았지만, 개혁파는 성경에서 적극적으로 명시하지 않는 부분에 대해서는 예배 요소로 도입할 수 없다는 주장을 했다.

한편 「웨스트민스터 신앙고백서」 제20장에서는 예배를 테스트하는 기준으로서 '양심의 자유'를 제시한다. 장로교회 정치 원리 중에서 첫 번째로 거론되는 것도 바로 이 '양심의 자유'이다. 어떤 이는 양심의 자유를 자기 마음대로 행할 수 있는 권리라고 오해하기도 한다. 하지만 이 양심의 자유는 도리어 양심이 철저하게 말씀에 묶인다는 것을 말한다.

여기서 말하고 있는 양심의 자유는 두 가지 수준을 지니고 있다. 첫째 수준은, '정부나 교회가 성경의 명령에 반대되는 어떤 것을 강요하는 것으로부터 양심이 자유롭다'라는 지적이다. 둘째 수준은, '신앙과 예배에 관한 어떤 문제보다도 양심이 자유롭다'라는 훨씬 더 신랄한 지적이다. 우리는 이 고백이 교회의 권위가 정당한 것인지 아닌지를 결정하는 두 가지 테스트를 제공한다고 볼 수도 있다.

③ 단순성의 원리

「웨스트민스터 신앙고백서」는 마지막으로 한 장 전체에 걸쳐서 예배에 관해 고백하고 있다. 제 21장 "종교적 예배와 안식일에 관하여"가 바로 그것이다. 1항에서는 서론적으로 한 번 더 '예배하는 최선의 방법은 하나님에 의해 제정된 뜻에 제한된다'라는 사실을 강조한다.

> 본성의 빛은 만물 위에 주권과 통치권을 가지시고, 선하시며 만물에 대해 선을 행하시는 한 분 하나님께서 계심을 보여 준다. 따라서 마음과 목숨과 힘을 다해 그분을 경외하고 사랑하고 찬양하고 부르며 의뢰하고 섬겨야 한다. 그러나 참하나님께서는 자기에게 예배드리는 것에 관한 받음 직한 방식을 직접 제정하시고 자기가 계시하신 뜻으로 제한하셨으니, 사람의 고안물이나 상상, 혹은 사탄의 제안을 따라서, 혹은 보이는 형상 아래에서, 혹은 성경에 지시되어 있지 않은 방식으로 하나님을 예배해서는 안 된다.

이 고백에서는 「웨스트민스터 신앙고백서」 제1장에서 고백하고 있듯이 성경에 기록되어 있지 않은 방법으로 예배드리는 것을 금하고 있다. 모든 자의적인 예배는 금지되었다. 모든 자의적인 예배는 그 자체로 우상 숭배이다. 최선의 예배는 오직 하나님께서 계시하신 뜻에 의해 제한된다. 이처럼 이 고백은 긍정적인 명령과 부정적인 금지를 담고 있다.

이렇게 「웨스트민스터 신앙고백서」가 예배의 규정적 원리에 집중한 것은 너무나 좋은 일이다. 하지만 예배의 요소들과 순서가 어떠해야 하는지 상세하게 규정하는 것이 필요하지 않았을까? 다행스럽게도, 예배의 너무 많은 부분을 상상에 맡겨 두지 않기 위해서 조심하고 있다는 사실이 2항부터 드러나고 있다. 2항에서는 예배의 대상이 오직 삼위 하나님임을 분명하게 천명한 다음, 3항부터 예배의 요소들을 언급한다. 3항과 4항에 걸쳐서 '감사함으로 드리는 기도'가 가장 먼저 언급되는 것이 독특하다. 그다음으로는 성경 읽기, 설교, 시편 찬송, 성례 시행, 맹세, 서원, 금식, 특별한 감사 등을 언급하고, 마지막으로 예배 장소에 대한 문제와 더불어 안식일을 어떻게 지켜야 할 것 인지를 논한다.

우리는 이 「웨스트민스터 신앙고백서」 제21장 전체에 걸쳐서 청교도들의 '예 배의 규정적 원리'를 추론해 볼 수 있는데, 그것은 단순성의 원리로 불릴 수 있을 것이다. 3항부터 언급되어 있는 예배의 요소들은 우리가 이후에 다룰 「예배 지 침」에 등장하는 예배의 요소들과 정확히 일치한다. 웨스트민스터 총회는 새로운 공동 기도서를 만든 것이 아니라, 예배의 요소를 단순하게 언급했을 뿐이다.

예배 지침에 나타난 규정적 원리

① 예배 '형식'이 아닌 예배 '지침'

웨스트민스터 총회에서 채택된 「예배 지침」은 영어를 사용하는 개혁 교회에 서 법적으로 사용하도록 한 마지막 예식서라는 것에 큰 의미가 있다. 「예배 지 침」은 서언에서 영국의 현재 상황과 새로운 예배 지침이 필요한 이유를 제시 한다. 이 새로운 예배 지침은 두 가지 원리, 즉 모든 예식에 있어서 '하나님의 제정(divine institution)'과 하나님 말씀의 일반적인 규칙들에 기반하는 '기독교인 의 분별 규칙들(the rules of Christian prudence)'에 의해 신중하게 고려되어 작성되 었다고 밝히고 있다. 이 두 가지 원리는 「신앙고백서」에서도 동일하게 고백하 고 있는 바이다. 두 문서가 분명한 연속성을 가지고 있음을 확인할 수 있다.

「예배 지침」 서언에서는, 영국 국교회의 공동 기도서가 처음에는 종교개혁 자들의 열렬한 호응을 얻었지만, 이제는 그 정형화된 형식 때문에 목회 사역을 게으르게 만들 뿐만 아니라 교회 내에서 수많은 논쟁을 불러일으키기에 새로운 예배 지침이 필요하다는 사실을 역설한다. 하지만 서언의 결론 부분에서는, '예배 지침이 작성되긴 했지만 예배의 형식은 자유롭다'라는 사실 또한 분명하게 언급하고 있다. 웨스트민스터 총대들은 로마 가톨릭교회나 영국 국교회와는 달리 예배에서 하나님의 백성들이 누릴 수 있는 자유를 박탈하길 원치 않았던 것이다. 「예배 지침」은 서언 뒤에 열세 장에 걸쳐 예배와 관련된 요소들을 언급하고 있다. 회중의 회집(1장), 공적인 성경 읽기(2장), 설교 전의 공적 기도(3장), 설교(4장), 설교 후의 기도(5장), 성례의 집행(6장), 안식일 준수(7장), 결혼 예식(8장), 병자 방문(9장), 죽은 자의 장례(10장), 금식(11장), 감사하는 날(12장), 시편 찬송(13장)과 축제일과 예배 장소를 다루는 부록으로 구성되어 있다. 이상의 구성에서 볼 수 있듯이, 「예배 지침」은 예배 자체뿐만 아니라 예배를 둘러싸고 있는 환경 전체에 주목하고 있다. 제1장이 회중의 회집을 다루고 있으며, 제7장부터는 안식일 준수라든지 기타 예식들을 다루고 있기 때문이다.

「예배 지침」은 예배 형식이 아니라, 말 그대로 예배에 관한 최소한의 요소를 규정하고 있다. 쉽게 말해, 예배의 순서까지 구체적으로 규정한 것은 아니라는 사실이다. 이는 영국 국교회의 기도 예식서와 비교해 보면 충분히 알 수 있는 부분이다. 「예배 지침」은 지역의 관습이나 현재의 필요성 등을 충분히 고려하기 위한 목적을 지니고 있다. '예배 지침'이라고 말하고 있으므로, 예배의 표준이나 통일로 규정한 것이 아니라, 하나의 '예'로서 권장되었을 따름이라는 것을 유념할 필요가 있다.

② 아디아포라의 문제

「예배 지침」은 「신앙고백서」와의 불연속성도 있다. 「예배 지침」은 「신앙고백서」에서 고백하고 있는 청교도들의 규정적 원리를 그대로 관철하지 못하고 있다. 한마디로 말해서「예배 지침」은 급진적인 회중파와 스코틀랜드 노회파 사이의 중도를 취하고 있다.

여기서 논쟁의 핵심은 소위 말하는 '예배의 요소'냐, 아니면 '예배의 환경'이냐 하는 문제이다. 예배의 요소는 '오직 성경'의 원리에 근거하고 있으며, 예배의 환경은 '아디아포라'의 문제이다. 예를 들면, 잉글랜드 청교도들은 사도신경을 '예배의 요소'의 문제로 보아서 그것을 예배에 도입하는 것을 정죄했다. 하지만 스코틀랜드 장로교인들은 사도신경이 '예배의 환경'의 문제이기 때문에, 사도신경이 예배 순서에 들어갈 수 있다고 보았다.

기도의 예를 들어 보자.「예배 지침」에는 기도문이 수록되어 있을 정도로 기도에 대한 강조가 두드러진다. 즉, 기도는 예배의 한 요소일 뿐만 아니라 기도가 예수 그리스도의 이름으로 성령의 능력을 통해 하나님 아버지께 드려진다는 기도 자체의 강렬한 인상을 제공한다. 그런데 여기서 '기도문을 준비해서 기도해야 하는가, 아니면 즉석 기도가 더 나은 것인가' 하는 논쟁이 있었다. 이 문제는 주기도문에 대한 문제와도 연관되어 있다.

또,「예배 지침」을 작성할 때 가장 크게 논쟁이 되었던 성찬식의 문제를 살펴보자. 스코틀랜드 장로교회와 잉글랜드 회중파 사이에 첨예하게 대립했던 문제는 성찬상에 관한 것이었다. 이전부터도 성찬을 받을 때 무릎을 꿇고 받을 것이냐, 서서 받을 것이냐, 그것도 아니라면 앉아서 받을 것이냐 하는 것이 문제였다. 스코틀랜드 쪽은 성찬에 참여한 이들이 처음부터 끝까지 성찬상 주위에 앉아서 떡과 잔을 받아야 한다고 주장했다. 잉글랜드 회중파는 분병 예식과 분잔 예식을 나누어서 진행했는데, 먼저는 떡을 나누고 그다음 회중석에 앉아 있는 성도들에게 잔을 돌렸다. 스코틀랜드 쪽이 자신들의 의견을 완강하게 고집했기 때문에「예배 지침」은 성찬상이 잘 준비된 상태가 되어야 하며, 성찬 참여자들은 그 성찬상 근처에 앉든지 아니면 성찬상에 앉든지 할 수 있다는 타협책을 내놓았다.

이렇게「예배 지침」은 철저하게 타협의 산물이었다. 그런데 어떻게 그 후에 작성된「신앙고백서」가 더 엄격하게 청교도의 규정적 원리를 관철시킬 수 있었을까? 이것에 대한 뚜렷한 설명은 없다. 하지만 스코틀랜드 노회파가「예배 지침」을 통해 자신들의 주장을 많이 관철시켰으므로, 이후에 작성된「신앙고백서」와「대요리문답」에서는 이들의 영향력이 점차 감소했다는 설득력 있는 주장이 제기된다.

③ 예배의 규정적 원리로서의 예수 그리스도

「예배 지침」이 '예배의 순서'가 아니라는 말 그대로, 그것이 예배의 다양한 요소들을 원리적 측면에서 언급한 것뿐이라면, 우리는 예배에 관한 논의를 어떻게 진전시킬 수 있을까? 여기서 우리는「예배 지침」이 예배의 순서든지 예배의 요소든지, 그 모든 것을 하나로 연결시켜 주는 고리로서 하나님께 나아갈 수 있는 유일한 길이신 예수 그리스도를 강조하고 있다는 사실에 주목해야 한다.「예배 지침」에서는, 회중이 회집되면 하나님의 위대하신 이름을 경배하자고 엄숙하게 부른 후 기도를 해야 하는데, 용서와 도움과 용납을 받기 위해서는 성경의 특정한 구절을 읽으면서 하나님께 나아가되 '오직 주 예수 그리스도의 이름과 중보'로 인해서만 가능하다고 못을 박고 있다.

설교 이전의 공적인 기도에서도 이러한 사실은 분명하게 부각된다. 조직적인 구조로 이루어진 아주 긴 기도문에서 '그리스도'라는 이름이 10번 이상이나 언급되는데, 이 기도의 마지막은 그리스도의 형상이 성도들에게 이루어지고, 성도의 모든 생각들을 사로잡아 그리스도께 복종해야 한다는 사실을 강조하고 있다. 이처럼 우리가 예수 그리스도의 유일하신 제사장 되심에 우리의 눈과 마음을 고정하면, 예배의 순서와 요소에 대한 논의는 바르게 방향을 잡아갈 것이다.

    부록_1. 모범적인 예배란 무엇인가?

예배가 공적인 문제임을 재고해야

모범적인 예배가 있는가? 웨스트민스터 표준문서들을 살펴보면 예배에 관한 부분에서 규정적 원리를 분명하게 강조하고 있긴 하지만, 예배 순서를 획일적으로 정하지는 않았음을 알 수 있다. 이는 「신앙고백서」뿐만 아니라, 이전에 작성되고 채택된 「예배 지침」에서도 마찬가지이다. 즉 웨스트민스터 표준문서들은 예배 순서나 형식이 아니라, 예배 요소와 지침에 집중했음을 알 수 있다.

공예배는 근본적으로 언약적 예배인데 그 예배를 획일적으로 규정할 필요는 없다. 언약의 성격에도 있듯이 언약 당사자들의 자발적 반응과 성실함이 예배에 반영되어야 한다고 할 때, 성경적 원리에 저촉되지 않는다면 예배 순서뿐만 아니라 예배 요소에 대해서도 자유를 누릴 수 있는 것이다. 하지만 '효과가 있으면 무엇이든지 가능하다'라는 생각이야말로 예배의 타락이라고 하지 않을 수 없다.

장로교회 예배가 청교도의 규정적 원리에 뿌리를 두고 있지만, 대륙의 개혁 교회 예배 전통도 적극적으로 반영할 필요가 있다. 대륙의 개혁 교회, 특히 화란 개혁 교회에서는 공적 예배의 중요성을 일찍부터 깨달았기 때문에 예배 요소와 순서를 교단 총회를 통해 논의해 왔다. 예배 순서를 첨가하고, 예배 순서를 바꾸는 것도 철저하게 신학적 토론 과정을 거쳐서 확정해 왔다. 공교회성을 고백하는 것이 공적 예배의 중요성을 인식하고 실천하는 것으로 나타나고 있다는 점이 중요하다. 한국 장로교회는 대륙의 개혁 교회 영향을 받기보다는 영국 청교도들과 미국으로 건너간 장로교회의 영향을 더 많이 받았기 때문에, 예배 요소와 순서가 개교회 당회의 소관 사항으로 돌리고 있다. 이는 예배 순서를 개교회가 마음대로 조정할 수 있는 길을 터 준 셈이다. 이것이 교회의 하나 됨에 대한 심각한 장애로 작용하지 않았을까?

예배는 교회의 얼굴이다. 특히 하나님의 백성들이 같이 회집하는 공예배는 하나님께서 하나님의 백성들을 공적으로 만나 주시고 말씀하시며 교제하시고 당신을 주시는 자리이다. 교회의 입장에서 보면 예배는 공교회성을 믿음으로 고백할 뿐만 아니라 교회의 하나 됨을 소망 가운데 증거하는 자리이다. 예배는 하나님과 그 백성의 공적 만남이기에 품위와 질서가 있어야 할 뿐만 아니라, 언약의 당사자들이 누려야 할 자유 또한 간과할 수 없다. 웨스트민스터 표준문서들에 나타난 장로교회 예배의 규정적 원리를 기초로 삼아 예배의 요소와 순서에 대한 진일보한 논의가 일어나기를 기대한다.

2. 현대 교회 예배의 흐름과 발전

성도 A : 목사님, 설교에 대해 물으셨는데요. 솔직히 말씀드리겠습니다. 설교가 많이 바뀌어야 한다고 생각합니다. 사실, 저에게는 목사님의 설교에 대한 기대가 크게 없습니다. 늘 똑같은 말씀이니까요. 목사님께 정말 죄송한 이야기이지만, 목사님의 설교가 지겨워지기 시작했습니다. 설교를 획기적으로 바꾸셔야 할 것 같습니다. 대화체로 바꾸든지, 연극으로 꾸며 보든지요. 어쨌든 설교를 바꾸려는 노력이 없이는 이제 교인들을 붙잡아 놓기 힘들겠다는 생각을 합니다.

성도 B : 목사님, 사실 저는 성찬식이 싫었습니다. 그래서 성찬식이 있는 주일에는 예배도 안 갔어요. 설교로 충분한데 왜 굳이 성찬식을 해야 하나요? 세례받지 않은 사람들에게는 그 시간이 너무나 뻘쭘하기도 하고요. 성찬식이 있는 주일에는 믿지 않는 사람들을 예배에 초청하기도 힘들어요. 성찬식을 아예 안 하면 안 되나요? 성찬식보다는 차라리 찬양하는 시간을 더 가지든지 찬양 집회를 하면 좋을 것 같아요. 굳이 성찬식을 해야 한다면, 세례받은 분들이나 그렇지 않은 분들이나 다 함께 참여할 수 있는 방안을 강구하든지요.

현대 교회 예배의 흐름

한국 교회의 예배는 다양하면서도 획일적이라고 말한 사람이 있었다. 그렇다. 한국 교회의 예배는 다양한 것 같지만 사실은 통일이 되어 있다. 예배 순서가 조금이라도 달라지면 교인들은 이상하게 생각한다. 「사도신경」으로 신앙고백을 하지 않고 「니케아 신경」을 신앙고백을 하면 이상하게 생각한다. 시편 찬송을 해도 이상하게 생각한다. 성찬식을 할 때, 타 교회 교인을 참여시키지 않으면 이상하게 생각한다. 이렇게 한국 교회의 예배는 이미 통일되어 있다.

이것을 나쁘다고만 생각하지 않는다. 하지만 예배가 너무 획일화되어 있다는 것은 아쉬울 수밖에 없다. "본질에 있어서는 통일을, 비본질에 있어서는 자유를, 그 모든 것에서 사랑을"이라는 구호가 있지 않은가. 본질에 있어서 통일이 되어야 하는데, 형식에 있어서는 통일이 되어 있는데, 내용으로 들어가면 통일성이 사라지고 있다는 느낌을 받을 수밖에 없다. 정통 교회라고 하면서도 이단과 거의 다르지 않은 모습을 보이는 경우도 있다.

① 한국 교회의 예배 흐름: 개척자 예배와 설교 중심

한국 교회의 예배는 미국의 선교사들로부터 소개받은 개척자 예배로부터 형성되었다. 서부가 개척되면서 복음 전도자들이 서부로 가서 집회를 열어 복음을 전하던 모습이 그대로 예배 형태로 자리 잡았는데, 그것이 개척자 예배였다. 이 개척자 예배는 세 가지의 뚜렷한 특징을 가지고 있었다. 먼저는 오랜 시간에 열정적으로 찬양하는 것. 바로 이어서 설교가 따라왔는데, 타락한 인간에게 하나님의 구원이 임했다는 것을 힘주어 강조하는 복음주의적 설교. 그러고는 구원받기를 원하는 사람은 앞으로 나오라고 초대해서 기도해 주고는 구원받았다고 선포해 준 것이었다. 이런 식의 예배와 구원 관점에서는 구원받고 그 집회장을 떠나가다가 교통사고로 죽는 것이 가장 좋다는 말까지 나왔다. 한국 교회는 이렇게 처음부터 집회와 예배가 구분되지 않은 비예전적인 예배를 하기 시작했다.

개신교회 전체가 그렇겠지만, 한국 교회의 예배에서는 설교가 무엇보다 중요하다. 예배를 인도하는 목사들은 오직 설교에만 관심을 두고 있다. 자신이 설교만 잘하면 얼마든지 교인들을 감동시킬 수 있다고 생각하고, 그래서 설교만 잘하면 예배를 잘한 것이라고 생각한다. 그런데 가면 갈수록 설교를 듣기가 힘들다는 말이 나오는 것은 왜일까? 설교가 점차로 만담이 되어 가고, 좋은 도덕 강연이 되어 가고 있기 때문은 아닐까? 이것은 우리가 받은 복음의 모습 때문이기도 하다.

미국 선교사들은 자신들이 체험한 대각성 운동의 영향으로 교리에 대한 강조보다는 성경 자체를 열심히 읽고 가르치면 된다고 생각했다. 소위 말하는 '오직 성경(Sola Scriptura)'이 한국 교회에 자연스럽게 자리 잡았다. 종교개혁의 '오직 성경'은 신앙고백서와 요리문답의 도움을 받아 '전체 성경(Tota Scriptura)'을 통해 하나님과 복음을 바르게 알아가려고 노력했는데 말이다. 미국 선교사들을 통해 전해진 오직 성경은 문자주의적 성향이 강했다. 게다가 전천년설에 경도된 열광적인 신앙생활에 치중하게 했다. 목사들은 성경을 열심히 가르쳤지만, 성경이 곧 교리라는 것을 알지 못했다. 따라서 한국 교회는 하나님의 모든 뜻을 제대로 이해하지 못했다. 우리가 평생 예배하고 설교를 들으면서도 세속적 가치관을 버리지 못하는 것은 바로 이런 이유 때문이 아닐까? 선교사들을 비방하려는 것이 아니다. 그들을 통해 복음을 받은 것을 감사하면서도, 우리의 책무를 잘 감당해 왔는지 돌아보는 것이다. 우리는 무엇보다 온전한 복음을 전해야 한다.

② 현대 교회의 예배 흐름: 구도자 예배와 예전 회복 운동

예배를 두 가지 형태로 나누어 보자면, 예전적 예배와 비예전적 예배로 나눌 수 있을 것이다. 예전적 예배에서는 예배를 인도하는 직분자의 역할을 무엇보다 강조한다. 모든 직분은 예배를 위해서 부름받았고 세워졌다는 것을 강조한다. 또한 예전적 예배에서는 은혜의 방편이 온전하게 나타나는 곳이 예배라고 생각한다. 우리 개신교 예배는 설교를 무엇보다 강조하지만, 성찬식이 없으면 은혜의 방편이 온전하게 나타나는 것이 아니니 뭔가 부족한 예배라고 해야 할 것이다. 마지막으로 회중이다. 예전적 예배에서는 회중의 참여를 무시하지 않고 개체 교회에 속한 모든 회원이 다 함께 모이는 것을 세 번째 요소로 생각한다. 이 세 가지 중 하나라도 결여되면 그것은 (공)예배가 아

니라 '경건회', 혹은 '기도회'라고 부르면 된다. 직분자 없이, 은혜의 방편 없이, 전체 회중이 아닌 몇몇 교인들만 모인다면 말이다. 비예전적 예배는 직분자의 역할과 은혜의 방편이 축소되고, 회중의 역할이 강조되는 예배라고 할 수도 있다. 예배 순서가 너무나 단순하다는 것도 특징이고 말이다.

아무래도 현대 교회는 비예전적 예배, 즉 좀 더 자유롭고 편안한 분위기에서 충만한 은혜를 누릴 수 있는 예배를 선호한다. 소위 말하는 '열린 예배'가 그것이다. '구도자 예배'라는 명칭도 사용한다. 미국의 윌로우크릭 교회를 중심으로 일어난 예배다. '열린 예배'라는 이름은 전통적인 예배가 '닫힌 예배' 였다는 불만과 항의를 함의하고 있다. 예배는 누구에게나 열려 있어야 한다는 것일까? 불신자에게도 의미가 있는 예배가 되어야 한다는 뜻이다. '구도자 예배'라는 명칭도 마찬가지다. '구도자'라고 하면, '불신자'라기보다는 하나님을 간절히 찾고자 하는 이들이라는 뜻을 가지고 있기는 하다. 하지만 믿지 않는 이들까지 배려한 예배라는 것은 분명하다. 즉, 불신자가 예배에 참석하면 도대체 뭘 하는 것인지 이해하지 못할 테니까, 그들에게도 의미가 있고 복음이 전해지는 예배를 기획해야 한다는 것이다. 이런 예배가 기존 교인들에게도 활력을 제공한다고 주장한다. 너무나 틀에 박힌 식상한 예배를 하지 말고, 좀 더 역동적인 예배를 하자고 말이다. 물론, 성령의 역사에 좀 더 민감한 예배를 하자는 취지일 것이다. 그러나 예배는 기본적으로 교회가 하나님을 경배하는 것이다. 그러므로 열린 예배가 예배를 전도 집회로 바꾼 것은 잘못이 겠지만, 우리가 하나님을 온전하게 예배하면 그 예배 자체가 전도가 될 수 있다는 것을 아는 것이 중요하다.

최근에는 '이머징 처치(emerging church)'라는 것이 새로운 흐름을 주도하고 있다. 이머징 처치를 주장하는 이들은 서구 교회가 급격하게 쇠퇴하는 것을 보면서 새로운 교회의 모습, 예배의 모습이 나타나야 한다는 절박감을 가지고 있다. 예배가 교회에 나오지 않는 이들에게 매력을 주지 않으면 안 된다는 생

부록_ 2. 현대 교회 예배의 흐름과 발전

각이다. 이들의 예배는 경험적이고, 관계적이고, 이미지를 강조한다. 한마디로 말해서 이들은 예배를 문화 공연으로 만들려고 한다. 우리는 이들이 예배의 관계적이며 문화적인 요소를 강조했다는 것에 감사해야 할지도 모르겠다. 전통적인 예배는 너무나 일방적이고 권위적이었으며, 시대의 흐름을 외면한 채 문화 수용성이 너무나 뒤떨어졌기 때문이다.

현대 교회의 예배에서 다른 흐름도 포착된다. 물밑에서 서서히 육박해 오는 흐름이다. 1960년대 이후에 세계 교회에서 일어난 '예전 회복 운동'이 그것이다. 로마 가톨릭교회에서도 제2차 바티칸 공의회를 통해 예전을 획기적으로 개혁했다. 우선, 예전 회복 운동은 초대 교회의 예배 모습을 광범위하게 발굴하면서 성찬식의 중요성을 부각한 것이 크게 작용했다. 또한 WCC를 필두로 한 세계 교회 일치 운동이 교회 일치를 위해서 예배의 일치를 도모한 것도 큰 작용을 했다. 예전 갱신에는 동방정교회의 공헌이 컸는데, 그 영향으로 「리마 예식서」가 만들어졌다. 교회 분열 이후, 역사상 처음으로 공동의 「성만찬 예식서」가 만들어졌다. 이제 예배 갱신 운동은 되돌릴 수 없는 세계 교회의 큰 흐름이 되었다. 동서방 교회를 불문하고, 교파를 불문하고, 고대 교회처럼 말씀 예전과 성만찬 예전이 함께 있는 예배가 참다운 예배라는 인식이 확산되고 있다.

③ 새로운 예배 흐름: 세계 교회의 예배 유산 수용

현대 교회는 자신들만의 예배 모습을 고집하는 데서 벗어나려고 한다. 우리가 하는 예배만이 옳다는 생각을 버리고 있다. 이는 예배가 하나 됨을 표현해야 한다는 것을 깨달았기 때문이기도 할 것이다. 현대 교회의 예배 형태는 너무나 다양하다. 그래서 점차 서로에게서 배우기 시작했다. 종교개혁의 정신이 기초가 되겠지만, 초대 교회가 시작했던 예배의 전형, 그리고 세계 교회들의 다양한 예배 유산을 수용하려는 움직임을 보이고 있다. 물론 다른 교회가 하고 있는 예배의 모습 중에 좋아 보이는 것을 무분별하게 도입하려는 경우도 있다. 하지만 대체로 서로에게서 진지하게 배우려고 한다.

현대 교회는 예전의 중요성을 알아가고 있을 뿐만 아니라, 시간과 공간에 대한 이해도 점차 커져 가고 있다. '사람은 시간과 공간 속에서 특정한 의례를 통해 형성되어 간다'라는 것을 알게 된 것이다. 우리 개신교회는 그동안 '교회력'에 대해 그다지 큰 관심을 기울이지 않았다. 교회 절기는 중세 로마 가톨릭 교회가 만든 것이라고 생각했고, 그 절기들은 타락한 것이라고 보았다. 예를 들어 매일을 성인에게 돌리는 것이나, 사순절에 행하는 고행 등도 미신적인 것이라고 보았다. 그런데 성탄 절기(대림절–성탄절–주현절)와 부활 절기(사순절–부활절–성령강림절)의 큰 두 기둥으로 이루어진 교회력은 성부께서 그리스도를 통해 이루신 구원 사역을 매해 재현하고 누리도록 만든 복된 시간들이다. 한국 개신교회는 보통 성탄절과 부활절, 이 두 절기만을 지키는데, 개인적으로 너무나 아쉽다. 그만큼 그리스도의 구속에 관한 풍성함을 우리는 놓치고 있는 것이다. 교회력을 통해, 세상의 시간을 살면서 동시에 그리스도로 인해 거룩해진 시간을 산다는 것을 경험할 수 있으니 얼마나 복된가!

현대 교회는 '예배당 공간'에 대한 이해도 새롭게 하고 있다. 예배당이 다른 곳과 구별된 거룩한 장소라는 의미가 아니라는 것, 예배하는 장소가 우리를 형성해 간다는 측면도 알게 된 것이다. 사실, 사람은 장소에 대해 보수적이다. 특정한 장소가 자신에게 주는 의미가 있다. 교인들이 항상 정해진 자기 좌석에 앉는 이유도 여기에 있다. 그 장소에 앉을 때 느끼는 고유한 감정과 경험이 있는 것이다. 그런 의미에서 우리는 예배 장소를 어떻게 꾸밀 것인가에 대해 고민해야 한다. 소위 말하는 성구(聖具)를 잘 비치해야 한다. 특히 우리 개신교회는 설교단과 세례단과 성찬상을 예배당의 중심에 배치해야 한다. 온 회중의 중심이 되어야 한다는 말이다. 하나님은 그 은혜의 방편을 통해 우리를 찾으시고, 우리를 만나 주시고, 은혜를 베푸시기 때문이다. 미국 장로교회(PCUSA)는 최근에 매 주일 세례단에 물을 매번 부어야 한다고 결정했고, 성만찬을 되도록 자주 베풀어야 한다고 결정했다. 아주 신선한 결정이다. 신자는 세례로 태어나고, 성만찬상에서 함께 먹고 마시면서 힘을 얻어 이 세상을 살고 하늘나라를 향해 가기 때문이다.

현대 교회가 예배 요소에서 새롭게 수용하고 있는 것은 '죄의 고백과 용서의 선언'이다. 사실, 기독교 외에는 어떤 종교도 죄의 문제에 대해 큰 관심을 기울이지 않는다. 기독교가 유독 죄에 대해 지나치게 집착하는 것일까? 아니다. 우리는 그리스도께 집중한다. 그리스도로 인해 우리의 죄가 분명하게 드러난다. 그리고 그리스도로 인해 우리의 죄가 씻어진다. 우리는 매 주일 이 죄의 문제를, 사죄의 문제를 공예배에 끌고 들어온다. 예배 때 인도자가 언약의 열 가지 말씀인 십계명을 선포하면, 회중은 공적으로 죄를 고백하고 회개 후에 용서의 말씀을 듣는다. 회중은 이제 용서받은 자로서 예배하게 되는 것이다. 이 순서는 로마 가톨릭교회처럼 사제에게 사적으로 죄를 고백하는 고해 성사와 다르다. 우리 개신교회는 죄의 문제를 공적으로 다룬다. 이렇게 공적으로 회개하고 용서의 말씀을 듣지 않으면 끊임없이 개인적으로 죄의 용서를 확신할 때까지 고심하게 된다. 여기에 신비주의가 자리 잡을 여지가 생긴다. 그렇기 때문에 우리는 공예배에서 회개와 사죄를 경험하는 것이 좋겠다.

고대로부터 기독교회가 헬라의 '영육 이원론'에 사로잡힌 것이 사실이다. 영혼은 몸이 없으면 아무것도 아닌데 말이다. 예배에서 제일 중요한 것도 몸이다. 현대 교회는 '몸의 중요성'을 배워 가고 있다. 예배에서의 움직임은 일어서고 앉는 것 정도가 아니다. 예배는 온몸을 하나님께 드리는 것이고(롬 12:1), 예배는 우리의 몸을 바꾼다. 예배하고 나서 우리는 우리의 몸을 다르게 사용할 수밖에 없다. 예배 순서 하나하나가 우리의 몸 깊숙이 들어오고 우리의 몸을 바꾼다. 몸에 제일 좋은 보약이 예배라는 뜻이다.

예배가 우리의 몸을 바꾸지 않으면, 세상이 우리의 몸을 바꾼다. 몸 바꾸기 싸움이다. 우리가 습관적으로 예배하는 것 같지만, 그 예배하는 습관이 우리의 몸마저 바꾼다. 예배라는 용어의 뜻처럼, 온몸을 굽혀 하나님께 경배하기 때문이다. 온몸을 굽혀 경배한 신자는 이 세상에서 온몸으로 이웃을 섬길 수 있게 된다. 몸이 기억하고 있기 때문이다. 아무것도 일어나지 않는 것처럼 보이는 예배가, 아무것도 변화되지 않는 것 같은 예배가, 우리의 몸마저 바꾼다. 예배가 우리의 몸과 습관을 바꾼다. 예배는 끊임없는 주고받기다. 아니, 그 순서가 반대이다. 예배는 끊임없이 '받고 주기'이다. 우리가 끊임없이 받고 주고 하면서, 우리의 몸은 받고 주는 습관을 갖게 된다. 현대 교회가 몸의 중요성을 배워 가고 있다는 것이 얼마나 고무적인지 모른다.

예배의 발전

고대로부터 예배는 다양하게 발전해 왔다. 따라서 현대 교회 예배도 획일적이지 않고 다양하다. 종교개혁이 예배를 새롭게 규정하고 만들었지만, 개신교회 안에서도 교파에 따라 예배가 다양해졌다. 심지어 같은 교파 안에서도 예배의 모습은 통일되지 않고 너무나도 다양해 어리둥절하기까지 하다. 내가 속한 교회가 아닌 다른 교회의 예배에 참여해 보면, 마치 이방인이 된 듯한 느낌을 받을 때도 있다. 다른 이들은 익숙하게 일어서고 앉으며 찬송을 펴서 읽는데, 나는 그것을 제때 따라 하지 못하곤 한다. 심지어 성경책도 다르고, 찬송가가 다를 때가 있다. 이것은 예배를 통일시켜야 할 요소일 수도 있겠지만, 그만큼 풍성하다고 생각할 수도 있겠다. 교파가 다양하기에 예배가 다양한 것도 있겠지만, 한 교회 안에서, 한 예배 안에서도 다양성이 있어야 한다.

① 언약적이면서 상담 효과를 가진 예배

개신교회의 예배는 기본적으로 '언약적 예배'이다. 하나님과 그의 백성과의 관계를 표현하는 것이 한마디로 언약이다. 세상에서의 계약과는 다르다. 언약은 하나님께서 주도권을 지니신다. 하나님께서 친히 찾아오셔서 언약을 맺자고 하신다. 그러면 자격 없는 자들이 언약의 당사자가 되어서 하나님과 교제하게 된다. 언약의 일방성과 쌍방성이 함께 있는 것이다. 이것이 바로 예배를 통해서 나타난다. 개신교회의 예배는 다른 어떤 종교의 예배(집회)와는 달리, 단순한 종교 활동이나 경건 활동이 아니다. 개신교회의 예배는 자신을 주시는 하나님께 나아가는 것이다. 하나님께서 당신을 주시면, 우리는 하나님을 받아 감사로 그분께 올려드린다. 그래서 모든 예배 순서는 하나님께서 당신 백성에게 주시는 것과 당신 백성이 하나님께 올려드리는 것으로 나눌 수 있다. 하나님과 그분의 백성이 쌍방으로 교통하는 것이 예배라는 말이다. 우리는 먼저 받고, 받은 것을 가지고 올려드린다.

요즘은 교회에서도 상담이 유행이다. 그런데 설교가 상담보다 저평가되고 있는 듯하다. 설교는 일방적인 데 반해, 상담은 주고받는 것이기에 낫다는 것이다. 그러나 설교는 복음의 일방적인 선포에 그치는 것이 아니다. 설교는 상호 교통의 시간이다. "설교 좀 하지 마"라는 말이 유행하고 있는 것이 사실이지만, 설교는 대화이다. 실제 설교에 질문이 많이 들어가 있지는 않다 하더라도 설교는 기본적으로 교인들에게 말을 건네는 시간이다.

하나님의 말씀은 우리의 환부를 드러낼 뿐만 아니라 치료한다. 설교는 성경을 해설하는 것만이 아니라 적용한다. 적용은 설교의 끝에 등장하는 것이 아니라, 설교할 본문을 선택할 때부터 시작된다. 설교자가 성경 말씀을 선정하는 것부터 시작해, 그 말씀을 묵상하면서 연구하고, 설교문을 작성하고 기도 가운데 숙성해 가는 전 과정이 적용이라는 말이다. 적용은 모든 현실에 대한 훈수를 두는 것이 아니라, 모든 현실에 대한 적확한 원리를 제공한다. 교인들에게는 인간적인 충고보다 하나님의 적확한 권면이 필요하다. 따라서 우리는 모든 교인이 상담을 받는 시간이 설교 시간이요, 예배 시간이라는 것을 알아야 한다.

② 직분적이면서 성도를 세우는 예배

우리 개신교회의 예배는 기본적으로 '직분적'이다. 교인들이 한자리에 모인다고 해서 예배가 되는 것이 아니다. 예배에는 직분자의 역할이 중요하다. 회중 교회도 있기는 하지만, 기본적으로 종교개혁의 예배는 직분적인 예배이다. 하나님은 직분자를 세우셔서 예배를 이끄신다. 모든 직분자는 예배를 위해 세워졌다는 것을 아는 것이 중요하다. 목사 외에 무슨 직분자가 예배에서 할 일이 있냐고 물음을 가질 수도 있겠지만, 예배에는 모든 직분자가 동원된다. 목사는 예배 전체의 인도자이면서 동시에 말씀을 선포하고 성례를 집례한다. 찬양 인도도 하고, 기도 인도도 한다. 어찌 보면, 예배가 목사의 원맨쇼처럼 보이기도 한다. 하지만 목사는 당회로부터 예배 인도를 위임받아 행하는 사람이다. 위임받았기에 당당할 수 있다. 그러나 겸손해야 한다. 장로는 강단과 성찬상을 보호한다. 집사는 예배 전체의 분위기를 잡고 긍휼의 사역을 행한다. 이렇게 모든 직분자가 총동원되어서 행하는 것이 예배이다. 직분자가 예배에서 자기 부름을 확인하지 못하면, 다른 모임에서 자기 목소리를 높이려고 할 것이다.

요즘은 어떻게 하든지 교인들의 예배 참여를 활성화하기 위해 애를 쓴다. 예를 들어 '성경 봉독'을 교인들이 돌아가면서 하도록 하는데, 나는 이것에 대해 찬성하는 입장이다. 설교는 목사밖에 하지 못하지만, 성경 봉독은 신자라면 누구든지 할 수 있다고 생각한다. 신자가 성경을 봉독하는 것은 그 말씀이 하나님의 회중 전체에게 주신 말씀이라는 것을 더 분명하게 드러낼 수 있다. 하지만 회중의 참여를 활성화하기 위한 방편으로만 생각하는 것은 바람직하지 못하다. 성경 봉독이 하나님 말씀의 직접적 선포가 될 수 있다는 것을 안다면 말이다.

회중의 예배 참여를 적극적으로 유도하는 것이 직분자의 활성화와 대립된 것은 아니다. 직분과 회중을 굳이 대립시킬 필요가 없다. 직분자의 활동을 줄여야만 회중이 활성화되는 것도 아니다. 예배에는 하나님과 회중의 주고받음뿐만 아니라, 성도끼리 서로 덕을 세우는 것도 있다(고전 14:12, 26). 참된 예배는 회중이 예배 순서에 얼마만큼 참여했느냐에 의해 정해지는 것이 아니라, 회중이 얼마만큼 세움을 입었느냐에 의해 결정되기 때문이다. 예배를 통해 교인들이 세상에서 봉사하기에 부족함이 없도록 세움을 입는다면, 이것만큼 복된 일이 어디에 있겠는가! 예배를 거룩한 허비라고 말한 이가 있지만, 예배는 허비가 아니라 복된 유익이라는 것을 알아야 한다.

③ 보편적이면서 지역 문화를 입은 예배

개체 교회의 모든 예배는 '보편적'이어야 한다. 사도신경에서 고백하고 있듯이 교회도 '공교회성', 즉 보편성을 지닌 교회여야 한다. 보편성에서 멀어진 교회가 바로 이단이며, 섹트(sect)이다. 교회가 공교회성을 지녀야 하는 것처럼 예배도 보편성을 지녀야 한다. 우리가 서구 교회의 예배에 참여하든지, 아프리카 교회의 예배에 참여하든지, 같은 하나님을 예배하고 있다는 것을 경험해야 한다. 그것이 바로 보편성이며, '고백의 동일성'이 보편성이다. 그런 의미에서 예배는 '통일성'이 필요하다. 가급적 같은 교단 내에서는 같은 순서의 예배를 했으면 좋겠다. 유럽의 개혁 교회에서는 예배의 문제를 개교회의 문제로 돌리지 않고 공적 사안이라고 생각했다. 따라서 총회는 오랜 기간 논의하여 두 가지 정도의 예배 모범을 정해서 시행하고 있다. 개체 교회의 상황에 따라 조금씩 달라지는 것이 있기는 하지만 말이다.

예배는 옛날이나 지금이나 그 본질이 다르지 않다. 하지만 지역마다 예배는 새로운 옷을 입고 나타난다. 쉽게 말해, 흑인들의 예배와 백인들의 예배는 너무나 다르다. 흑인들은 예배할 때 일어서서 온몸을 흔들어 대며 흥겹게 춤을 추면서 예배한다. 반면에 백인들은 차분하고 질서정연하게 예배한다. 앉아서 다리를 꼬고 예배에 참여하는 것도 흔히 볼 수 있는 장면이다. 민족성이 다르기 때문에 예배의 모습도 다르다. 최근에는 예배에 문화를 입히려고 하는 모습을 볼 수 있다. 잘못된 것이라 할 수는 없다. 예배가 문화의 옷을 입는 것은 당연하다. 성경은 하나지만, 찬양은 다양할 수 있다. 수많은 찬송 중 '시편 찬송'을 부르는 것은 예배를 획일화하는 것이 아니라, 예배를 풍성하게 만드는 시도이다. 신앙고백에다가 민족별로 독특한 곡조를 입혀서 하나님을 찬양할 수도 있다. 이런 것이 우리 한국 교회가 세계의 다른 교회에 기여할 수 있는 부분일 것이다.

정리해 보자면, 현대 교회의 예배는 고정되어 있기보다 다양한 것이 사실이다. 예배는 하나님과의 교제이기 때문에 다양하고 풍성할 수밖에 없다. 예배는 성경에 근거해야 하기에 일방적인 것처럼 보이지만, 하나님과의 만남이기에 쌍방적이다. 예배는 직분자만 활동하는 것처럼 보이지만, 회중도 활발하게 활동한다. 직분자와 회중, 어느 한쪽이 소외되지 않아야 한다는 말이다. 예배는 하나도 바뀌지 않는 것처럼 보이지만, 지역마다 다른 예배를 하며, 매번 새롭게 문화를 통해 하나님 섬김을 표현한다. 예배는 전통적이면서 현대적이어야 한다는 말이다.

현대 교회가 예배를 활성화하기 원한다고는 하지만, 대부분 주일 공예배의 순서를 고정시켜 놓았을 것이다. 아무리 예배를 늘 새롭게 하려고 몸부림쳐도 매번 순서를 바꿀 수 없으니 고정시켜 놓았을 것이다. 하지만 예배 순서, 예배 요소를 고정시켜 놓았다고 하더라도 예배는 계속해서 변한다. 예배 순서가 전혀 바뀌지 않는다 해도 예배에 참석하는 회중의 모습이 계속해서 변하기 때문이다. 예배 참석하는 교인들이 바뀐다는 말이 아니라, 동일한 회중이 매 주일 다른 상태로 예배에 참석하며, 교인들의 마음과 상황이 늘 바뀐다

    부록_ 2. 현대 교회 예배의 흐름과 발전

는 말이다. 그렇다면 예배는 항상 바뀔 수밖에 없다. 이렇게 회중의 상태가 계속해서 바뀌기에 예배 순서를 늘 새롭게 바꾸어야 한다는 강박관념에 사로잡히지 않아도 된다. 동일한 형식의 예배를 하면서도 예배의 내용은 계속해서 바뀌기 때문이다. 이 점을 잊지 말아야 한다.

하나도 달라지지 않은 예배를 늘 하면서도, 그 예배는 늘 바뀔 뿐만 아니라 늘 새롭다. 예배가 식상해져서는 안 된다는 말이다. 다시 말해, 타성에 젖어서는 안 된다는 말이다. 예배 순서가 고정되어 있더라도, 예배는 얼마든지 발전할 수 있다. 아니, 예배는 계속해서 발전해야 한다. 발전하지 않는 예배는 정체하는 것을 넘어 도태된다고 봐야 할 것이다. 예배 인도자인 목사가 먼저 예배를 잘 배워야 한다. 예배에 관한 책을 구입해서 읽어야 한다. 심지어 타 교단, 로마 가톨릭교회, 동방 정교회의 예배에 대해서도 배울 필요가 있다. 따라 하기 위해서가 아니라 우리의 예배를 더 아름답게 만들기 위해, 우리의 예배를 더 발전시키기 위해서이다. 좋다 싶은 것을 무조건 가지고 오는 것은 삼가야 한다. 우리의 고백과 전통에 맞아야 하기 때문이다. 어쨌든 우리의 예배는 계속해서 발전해야 한다.

목사는 예배를 잘 기획해야 한다. '기획'이라는 말이 너무 인본주의적인 표현이라고 말하는 사람들이 있을 수 있다. 그러나 아무리 기존 형식에 따라 예배하더라도 우리는 실제로 예배를 기획하고 있다. 대형 교회는 주일 예배에 목숨을 걸기 때문에 모든 순서를 철저히 기획한다. 공연 기획하듯이 말이다. 멘트 하나, 찬송 하나 다 짜 놓고, 시간도 1분 1초도 틀리지 않도록 짜 놓는다. 이렇게 우리는 어떤 형태로든 이미 예배를 기획하고 있다. 장로교회는 예배 문제를 개교회 당회의 문제로 넘겨주었다. 그래서 개교회는 예배를 얼마든지 바꿀 수 있다. 원하는 순서를 집어넣을 수 있고, 원치 않는 순서는 뺄 수도 있다. 이렇게 예배에 대해 큰 자유를 가지고 있으므로, 우리는 더더욱 예배를 잘 기획해야 한다.

하늘나라에서 모든 성도가 모든 만물과 함께 예배할 그날까지 우리의 예배는 계속해서 발전해야 한다. 우리의 예배가 전 세계에 실황 중계되고 있다고 생각하면서 준비해야 할 것이다. 아무리 어설픈 예배라도 세상에 의미 있는 것이 우리가 하는 예배이다. 예배는 우리만의 잔치가 아니라, 세상을 대표하여 예배하는 것이니 말이다. 아무리 시골의 작은 교회에서 예배해도 그 정도의 당당함을 가지고 예배를 준비하고 예배해야 할 것이다. 게다가 우리 한국 교회의 예배가 세계 교회의 예배에 기여할 수 있는 부분이 많다는 것을 아는 것도 중요하다.

3. 죄 고백의 기도문들

「죄 고백」

: 스트라스부르의 개혁자 마르틴 부처의 『모든 교회와 함께한 시편 1539』 중에서

우리 모두 주 하나님께 고백합시다. 각자가 저와 함께 죄와 허물을 인정합시다. 전능하시고 영원하신 하나님 아버지, 우리는 불의함 가운데 잉태되었고, 우리의 모든 생활에서 죄와 허물로 가득 차 있다는 것을 고백하고 인정합니다. 우리는 주님의 말씀과 주님의 거룩한 명령을 하나도 믿지 않는 자들과 다르지 않습니다. 주께 탄원하오니, 주님의 선하심을 기억하시고, 주님의 이름으로 인해 우리에게 은혜를 베푸시고, 너무나도 심각한 우리의 범죄를 용서하여 주옵소서.

「또 다른 죄 고백」

: 스트라스부르의 개혁자 마르틴 부처의 『모든 교회와 함께한 시편 1539』 중에서

전능하시고 영원하신 하나님 아버지, 우리는 정말로 죄 가운데 잉태되고 태어났다는 것을 인정하고 고백합니다. 우리는 모든 악으로 향할 뿐이고, 모든 선을 행하는 데는 너무 느려 터졌습니다. 우리는 쉬지 않고 주님의 거룩한 계명들을 범했습니다. 우리는 스스로 가면 갈수록 더 부패하고 있습니다. 우리가 이 모든 것을 참으로 송구스럽게 생각하고 주님의 은혜와 도움을 간구

하오니, 가장 은혜로우시고 자비하신 하나님 아버지, 하나님의 아드님 우리 주 예수 그리스도를 통하여 우리에게 긍휼을 베풀어 주시옵소서. 우리에게 하나님의 성령님을 주시고 더 풍성하게 부어 주셔서 우리의 마음속 깊은 곳에서부터 우리의 죄와 불의함을 깨닫게 해 주시고, 우리의 죄와 불의함에 대해 진정으로 통회하고 근심하게 해 주시며, 죄에 대해 완전히 죽고 새롭고 경건한 삶 가운데서 하나님을 전적으로 즐거워하게 해 주옵소서. 아멘!

「십계명으로 죄 고백」

: 스트라스부르의 개혁자 마르틴 부처의 『모든 교회와 함께한 시편 1539』 중에서

오! 전능하시고 영원하시며 자비로우신 하나님 아버지, 가련하고 죄악된 존재인 제가 주님께 고백합니다. 저는 수없이, 그리고 다양한 방식으로 주님을 거절하고 주님의 계명들을 범했습니다. 우선, 저의 유일하신 하나님이시요 아버지이신 주님을 믿지 않았다고 고백합니다. 사실, 저는 저의 하나님이시요 창조주이신 주님보다 피조물들을 훨씬 더 믿고 신뢰했습니다. 그것들을 주님보다 훨씬 더 두려워했습니다. 게다가 그것들이 주는 유익과 호의를 바라고 주님과 주님의 계명들을 대항하여 수많은 것들을 행하고, 행하지 않은 채 두기도 했습니다. 주님, 제가 주님의 거룩한 이름을 헛되이 취했음을 고백합니다. 종종 거짓되이, 그리고 아무 생각 없이 주님의 이름으로 맹세했습니다. 항상 마땅히 그래야만 하는 방식으로 주의 이름을 고백하거나 높이지 않았습니다. 심지어 모든 삶, 말과 행동들로 주의 이름을 종종 먹칠하기까지 했습니다. 또한 주님, 주님의 안식일을 거룩하게 지키지 않았음을 고백합니다. 주님의 말씀을 열정적으로 듣지 않았고, 그 말씀대로 살지 않았습니다. 주님의 거룩한 손에 저를 전적으로 맡기지 않았습니다. 저와 다른 사람들에게서

주님이 일하시는 것을 인정하지 않았습니다. 주님이 일하지 않으신다고 하며, 종종 과격하게 불평하면서 인내하지 못했습니다.

또한 주님, 제가 저의 부모님을 공경하지 않았음을 고백합니다. 저는 마땅히 올바르게 공경해야 할 분들에게 불순종했습니다. 부모님과 위에 세우신 자들과 저를 지도하고 가르치기 위해 충실하게 일하는 모든 이들에게 불순종했습니다. 또한, 제가 살인했음을 고백합니다. 말과 행위로 이웃을 종종, 그리고 심각하게 적대시했습니다. 그들에게 해를 입히고, 그들에게 분노를 터뜨렸습니다. 그들을 시기했고 미워했으며, 그들을 모독했습니다. 주님, 제가 음란했음을 고백합니다. 저의 모든 육체의 죄들과 먹고 마시고 옷 입고 행동하는 모든 것들에서 자제가 부족하고 사치스럽습니다. 보고 듣고 말하는 제 모든 삶에서 통제가 부족했습니다. 사실, 포르노를 보거나 간음 같은 것들도 저질렀습니다. 주님, 제가 남의 것을 훔쳤음을 고백합니다. 저의 탐욕을 인정합니다. 주님과 주님의 계명들을 거슬러서 일시적인 것들을 저를 위해 두었습니다. 사랑과는 거리가 멀었고, 탐욕스럽게 그것들을 붙잡았으나, 이웃의 필요가 있을 때는 그것들을 고스란히 치워 버렸습니다. 주님, 제가 거짓 증인이었음을 고백합니다. 이웃에 대해 진실하지 못했고 신실하지 못했습니다. 그들에게 거짓말했습니다. 그들의 명예와 명성을 저 자신처럼 방어해 주지 않았습니다. 게다가 이웃의 소유와 배우자마저도 탐했습니다.

요컨대 주님, 제 모든 삶이 주님의 거룩한 계명들을 범하고 악으로 이끌리는 성향을 가졌음을 고백합니다. 그러므로 하늘에 계신 아버지께 빕니다. 이 모든 죄를 긍휼히 보시고 용서해 주옵소서. 이제부터 저를 지켜 주시고 보호해 주옵소서. 그리하여 주님의 사랑하는 아드님, 우리 구세주 예수 그리스도를 통해 주님의 길로만 걷고 살게 해 주시옵소서. 아멘!

「다니엘 9장에 근거한 우리 시대를 위한 죄 고백」

: 존 녹스의 『1556년 기도서』 중에서

오! 전능하시고 두려우신 주님, 언약을 지키시기 위해 주님을 사랑하며 주의 계명들을 지키는 자들에게 긍휼을 베푸시는 하나님이시여! 우리는 범죄했고, 법을 어겼으며, 주님의 법과 규례들로부터 사악하고 뻔뻔하게 벗어났습니다. 우리는 주님의 종인 선지자들이 주님의 이름으로 우리 왕들과 귀족들과 우리 조상들과 우리 땅에 살고 있는 모든 이들에게 말씀하신 것을 전혀 순종하지 않았습니다.

오, 주님! 의로움은 주님께 속했고, 공개적인 수치는 우리에게 속했습니다. 오늘처럼 너무나 비참한 수치가 우리 비참한 영국에, 멀든지 가깝든지 온 땅에 흩어져 있는 우리 모든 민족에게 이르렀습니다. 그들과 우리는 주님을 대항한 모든 악행들로 인해 흩어졌습니다. 그리하여 주님의 율법에 기록한 저주와 형벌이 우리 위에 퍼부어졌고, 주님은 그 말씀들로 우리와 우리 통치자들을 위협하셨습니다. 주님은 우리가 위협했던 모든 재앙을 우리 위에 고스란히 얹어 주셨습니다.

그럼에도 불구하고 그들과 우리는 악행을 계속해서 저지르면서 죄 위에 죄를 쌓아 올리기를 그치지 않았습니다. 한때 복음으로 훈육을 잘 받았던 이들이 주님의 진리에 순종하는 것에서 벗어났고, 말씀의 설교를 통해 부름받았던 곳에서 벗어나 가장 저주받을 우상 숭배에 다시 빠졌습니다. 지금까지도 우리는 우리의 이전 악행을 열심히 회개하지 않았고, 우리가 주님을 얼마나 심각하게 불쾌하게 했다는 것을 고려하지 않았습니다.

오, 주님! 주님은 죄와 사람의 고안물들을 정의롭게 심판하시는 분이십니다. 주님의 무한하신 자비가 아니면 우리의 한없는 악행이 계속될 수밖에 없습니다. 그러므로 주님, 우리를 돌이키게 해 주옵소서. 그리하면 우리가 주께로 돌아갈 수 있습니다. 우리는 우리 자신의 의로움을 의지하여 우리의 기도를 올려 드릴 수 없고, 오직 주님의 무한한 자비에 의지할 수밖에 없습니다. 주님은 죄악과 눈이 멀어 비참하게 종살이하던 우리에게 특별한 은혜를 내려 주셨고, 계속해서 자유롭고 달콤한 복음으로 우리를 불러 주셨습니다. 하지만 우리는 주님의 선지자들을 통해 주신 권면을 저버리고 우리 자신의 욕정과 열망을 따라가므로 주님의 은혜를 가장 수치스럽게 남용했습니다.

다시 한번 더 주님의 이름을 힘입어 비오니, 여느 때와 다를 바 없는 부드러운 은혜 방울을 우리 위에 떨어뜨려 주시옵소서. 주님의 귀를 우리에게 기울여 주시고, 주님의 눈을 여셔서 우리 조국에 임한 재앙과 고통당하는 우리 형제자매들의 계속되는 비탄과 우리의 애처로운 추방 상태를 살펴주옵소서. 우리의 곤경과 정의로운 처벌이 우리가 흩어져 있는 다른 민족들에게 훈계와 경고가 되어, 그들이 모든 경외함으로 거룩한 복음에 순종하게 하옵소서. 그들이 그 경고를 경멸한다면, 그들도 우리와 똑같이, 아니 더 심하게 모든 재앙이 임하게 될 것입니다.

그러므로 주님, 우리에게 귀를 기울여 들어 주시옵소서. 오, 주님! 우리를 용서하여 주옵소서. 오, 주님! 너무 오래 지체하지 마시고 주님의 사랑하시는 아드님 예수 그리스로 말미암아 우리에게 자비를 베푸시고 우리를 구원해 주옵소서. 그리하여 주님만이 주님의 거룩한 이름을 부르는 모든 자에게 자비를 베푸시는 동일하신 하나님임을 온 세상에 알려 주옵소서.

「죄 고백의 기도」

: 개혁자 칼뱅의 『교회적 기도 양식』(스트라스부르, 1545), (제네바, 1542, 1566)에서

주 하나님, 영원하시고 전능하신 아버지여, 우리는 주님의 거룩하신 위엄

앞에 가식 없이 고백하고 인정합니다. 우리는 가련한 죄인들이며 허물과 부패 가운데 잉태되고 태어났습니다. 악에는 무엇에든지 쉽게 끌리고, 어떤 선도 행하는 것이 불가능합니다. 우리는 부패하여 끊임없이 주님의 거룩한 계명들을 범합니다. 우리가 주님의 정당한 심판을 받는다면 패망과 저주를 받아야 마땅합니다. 그러나 주님, 주님을 거스른 우리 자신에 대해 심히 불쾌하게 생각합니다. 그리고 우리 자신과 우리의 악들을 진정으로 회개하면서 저주합니다.

그러니 주님, 주님의 은혜로 우리의 비탄함을 줄여 주시길 갈망합니다. 그러므로 가장 은혜로우시고 긍휼이 많으신 하나님 아버지여, 주님의 아드님 우리 주 예수 그리스도의 이름으로 우리에게 긍휼을 베풀어 주옵소서. 우리의 악과 허물을 제거하여 주시듯 우리에게 날마다 성령의 은혜를 증가시켜 주시옵소서. 우리가 온 마음으로 우리의 불의함을 인정하듯이 진정한 죄 고백에 이르는 슬픔을 느끼게 하옵소서. 우리가 우리 죄를 죽이는 것처럼 우리 주 예수 그리스도를 통해 주님을 기쁘시게 하는 의와 순전함의 열매를 맺게 하옵소서.

「죄 고백을 포함한 기도문」[*****]

: 런던에 있는 네덜란드 난민 교회를 목회했던 존 아 라스코(John àLasco)의 기도문, 1555

전능하시고 영원하신 하나님, 자비로우신 아버지여, 우리가 겸손히 주님께 탄원하고 주님의 거룩한 위엄 앞에 우리 자신을 내려놓습니다. 공개적이

[*****] '설교 후 기도'를 하고 난 다음에 '십계명 낭독'을 하고서, 회중을 향해 회개를 요청하고 난 다음 사용했던 기도문

                                          부록_ 3. 죄 고백의 기도문들

고 가식 없이 고백하건대, 우리는 너무나 심각하게 범죄하였고 매일 끊임없이 범죄하였습니다. 이 죄가 너무나 심각하여 주님의 위엄을 감히 쳐다볼 자격이 없고, 주님의 자녀로 여겨질 어떠한 자격도 없습니다. 우리는 죄악 중에 잉태되고 태어났습니다. 어떤 선도 없이 텅 비어 있고, 모든 악으로 가득 차 있으며, 셀 수 없을 만큼 주님의 규례들을 매일 범합니다. 주님의 거룩한 위엄의 탁월함과 우리를 향하신 주님의 진심 어린 아버지와 같은 친절함에도 불구하고, 주님을 마땅히 공경해야 할 만큼 공경하지 않았습니다. 주님의 계명을 거슬러서 우리에게 부과된 이웃에 대한 의무를 저버렸습니다(눅 15장; 시 51편; 창 6, 8장). 그러니 주님, 주님의 정당한 심판을 받는다면 무조건 영원한 정죄를 받을 수밖에 없다는 것을 인정합니다. 만약 주님의 심각한 심판을 넘어 주님의 사랑하시는 아드님으로 인해 베푸시는 주님의 자비가 승리하지 않으신다면, 이 모든 정죄가 우리에게 고스란히 임할 것입니다.

사실, 주님은 그리스도 안에서 우리를 영접하기 위해 내려오셨습니다. 우리는 주님이 거룩하시고 진실하신 아버지와 같으시다는 가장 위대한 증거를 가지고 있습니다. 주님은 그들이 아직까지 멀리 있음에도 불구하고 회개하는 모든 자를 맞이하기 위해 달려 나가십니다(눅 15장). 주님은 죄인이 죽는 것을 기뻐하지 않으시고 그가 돌아와 살기를 바라십니다. 또한 우리를 껴안기 위해 달려가셔서 반지를 끼우시고 제일 좋은 옷을 내어다 입히십니다. 이것은 아드님을 통해 우리의 현재 언약 관계와 우리의 의로움을 상징적으로 보여 주는 것입니다(겔 18장). 우리는 주님의 이 인자하심을 전적으로 신뢰하기에, 가장 자비로우신 아버지께서 계시는 은혜의 보좌 앞에 털썩 주저앉아 우리의 비참함을 애통해합니다. 그리고 주님의 사랑하시는 아드님의 공로를 의지하여 겸손히 주님께 간청하고 주님의 거룩한 구조를 탄원합니다. 우리는 죄와 죽음에 종노릇하는 자들에 불과하기에, 이 모든 것을 우리 자신을 의지하여 탄원하는 것이 아니옵고, 우리의 의가 되시는 주님의 사랑하시는 아드님을 의지하여 탄원하는 바입니다.

그러니 주님, 주님의 성령을 우리에게 주셔서 그분의 거룩한 숨결로 바위와 같은 우리의 마음을 부드럽게 해 주옵소서. 또한 성령으로 우리의 마음에 주님의 거룩한 법을 새겨 주옵소서. 주님의 자비로 인해 우리가 빛의 자녀로 살도록 해 주시고, 우리의 전 삶이 새롭게 되고 새롭게 형성되도록 도와주옵소서(겔 11장; 렘 31장; 엡 5장). 주님과 주님의 아드님과 성령님께 영광이 돌아가고, 주님의 교회가 세워지게 해 주옵소서. 아멘!

「죄 고백의 기도」

: 화란의 칼뱅주의 신학자 페트루스 다테누스(Petrus Dathenus)의 기도문

영원하신 하나님이시요 가장 은혜로우신 아버지시여, 주님의 고귀하신 위엄 앞에서 우리 마음 가장 깊은 곳에서부터 우리 자신을 겸손히 낮춥니다. 우리는 너무나 자주, 그리고 사악하게 죄를 범했습니다. 만약 주님께서 우리를 심판에 이르게 하기를 원하신다면(시 143:2; 욥 9:14) 우리는 영원한 사망 외에는 아무것도 얻을 수 없다는 것을 고백합니다. 원죄로 인해 우리는 전적으로 불순하며 정죄받은 자녀들입니다(엡 2:3). 죄악된 씨로 잉태되었고, 불의함 가운데 태어났습니다. 모든 종류의 악한 욕정 속에 뒹굴고 있으며, 주님과 우리의 이웃을 대항하여 전쟁을 벌이고 있습니다(롬 7:23; 갈 5:17; 마 15:19).

또한 이 모든 것에 더하여 우리는 우리의 행위로 주님의 계명들을 종종 그리고 지속적으로 범했습니다. 우리는 주님이 명령하신 것을 무시했고, 명백하게 금하신 것들을 행하였으며(마 12:7; 15:3; 갈 5:17), 양과 같이 어그러진 길을 갔고(사 53:6; 벧전 2:25), 주님을 대항하여 심각하게 죄를 지었다는 것을 고백하며 마음으로 깊이 회개합니다. 우리의 무익함을 고백합니다. 우리를 향

부록_ 3. 죄 고백의 기도문들

하신 주님의 긍휼을 찬양하면서 고백합니다. 우리의 죄는 우리의 머리카락 수보다 더 많습니다(시 40:14). 우리는 결코 갚을 수 없는 일만 달란트를 빚졌습니다(마 18:24). 그러니 주님, 우리는 주님의 자녀라고 불릴 자격이 없습니다(눅 15:21). 우리의 기도를 주님께 올려드리기 위해 우리의 눈을 하늘로 들 수도 없습니다(눅 18:13).

그러나 주 하나님, 자비로운 아버지시여, 주님은 죄인이 죽기를 원치 않으시고, 그들이 회개하고 살아나기를 기뻐하신다는 걸 압니다(겔 18:23). 주님께로부터 등을 돌려 버린 이들에게도 주님의 자비가 끝이 없다는 것을 압니다(롬 2:4; 10:12). 세상의 죄를 제거하시는 하나님의 어린양이신 우리의 중보자 예수 그리스도를 힘입어 우리 마음 깊은 곳에서부터 믿음으로 주님을 부릅니다(요일 1:7). 그리스도의 피가 흐르는 순전한 샘에서 우리를 씻어 주옵소서(슥 13:1). 우리를 깨끗하게 해 주시고 눈보다 희게 해 주옵소서(사 1:18). 주님의 이름의 영광을 위해 그리스도의 흠 없음과 의로움으로 우리의 벌거벗음을 덮어 주옵소서(고후 5:3). 우리의 눈먼 마음과 우리 마음의 모든 해악과 거만함을 정결하게 해 주옵소서(고후 3:14; 히 4:11).

이제 주의 종의 입을 열어 주옵소서(엡 6:19; 마 10:19). 주님의 지혜와 지식을 채워 주셔서 주님 말씀을 순전하게 담대하게 선포하게 하옵소서. 우리의 마음을 전적으로 준비시켜 주셔서, 주님의 말씀을 듣고 이해하고 지키게 하옵소서(마 13:23; 막 4:20). 주님의 약속을 따라 주님의 율법을 우리 마음 판에 새겨 주옵소서(히 8:10; 10:16). 우리에게 율법을 따라 걷는 경향성과 힘을 주셔서, 주님의 이름에 찬송과 영광이 돌아가고 주님의 교회가 세워지기를 구합니다.

「주기도문으로 죄 고백」

: 개혁자 칼뱅의 『교회적 기도 양식』(스트라스부르, 1545); (제네바, 1542, 1566)에서

끝으로, 오! 하나님 아버지. 당신의 아드님이신 예수님의 이름으로 여기에 모인 우리도 당신의 말씀으로 인해(그리고 당신의 성만찬을 통해) 우리가 위선 없이 본성적으로 우리의 파멸을 인정하길 원합니다. 우리는 날마다 비참하고 무질서한 생활로 마땅히 정죄를 받고, 스스로 쌓게 합니다. 또한 우리 속에 선한 것이 없고, 우리의 혈과 육이 기업으로서 주의 나라를 유업으로 삼을 수 없음을 아오니, 우리의 모든 애정과 확고한 확신을 가지고서 당신의 사랑하는 아드님이신 예수 우리 주 곧 유일한 구주이신 예수, 우리 주께 온전히 우리를 바칩니다.

이는 그분이 우리 안에 거하실 때 우리의 옛 아담을 멸하시고 우리를 새롭게 하여 더 나은 삶을 얻게 하려 함입니다. [마 6장: 당신의 이름이 거룩히 여김을 받으시오며]. 이로써 당신의 이름은 거룩하고 합당하여, 어느 곳에서나 높임을 받고 영광을 받을 수 있사오니, 이와 같이 [당신의 나라가 임하시오며] 우리 모두의 주와 통치자가 되사 우리가 복종하기를 배우게 하옵소서. 날마다 점점 더 왕께 복종하게 하옵소서. 당신의 말씀의 홀과 성령의 능력으로 당신의 백성을 인도하옵시고, 당신의 진리와 정의의 힘으로 당신의 원수들을 당황하게 하시며, 모든 곳에서 왕과 통치자가 되시기를 원합니다.

당신의 영광을 거스르는 모든 권세는 멸망하고 폐할 것입니다(고후 10:4-6). 날마다 주의 나라가 임하시고 그 온전함이 이루어지기까지 이르시되, 주께서 주의 아들로 심판하실 때 나타나사 만물과 더불어 우리가 참으로 완벽하게 순종하기를, 하늘의 천사들처럼, [당신의 뜻이 이루어지이다] 오직 주의 계명을 행하여 주의 뜻이 아무 모순 없이 이루어지게 하옵소서. 모든 사람이 와서 자기의 뜻과 육체의 모든 욕심을 버리고 주를 섬기게 하옵시고, 우리는 당

신의 이름을 두려워하며 오늘날 당신의 선하심으로 [우리에게 일용할 양식을 주시옵고] 우리를 먹이시옵소서. 우리가 빵을 평화롭게 먹는 데 필요한 모든 것을 주셔서, 당신이 우리를 돌봐 주시도록, 우리는 당신을 우리의 아버지로 인정하고, 당신의 손에서 모든 좋은 것을 기다리며, 모든 피조물로부터 우리의 신뢰를 철회하고, 당신과 당신의 친절에 전적으로 두게 하옵소서.

그리고 이 필멸의 삶에서 우리는 연약한 죄인이오니, [우리 허물을 사하여 주옵시고] 너무나 깨지기 쉬워서 끊임없이 나약해지고 올바른 길에서 빗나가므로 당신의 심판을 받아 마땅한 우리의 잘못을 기꺼이 용서해 주옵소서. 그리고 이 사면으로 우리에게 닥친 영원한 죽음의 의무에서 우리를 구해 주옵소서. 주님은 우리 안에 있는 악을 우리에게 전가하지 않으시기를 바랄 것입니다. 당신께서 명하신 대로 우리가 우리에게 행한 악을 잊어버리고, 원수 갚기보다 원수를 위해 선을 구하게 하여 주옵소서.

끝으로, 이제 이후로는 주의 능력으로 우리를 붙드사 [우리를 시험에 들게 하지 마옵시고] 우리 육체의 연약함을 인하여 실족하지 않게 하시기를 원합니다. 그리고 우리는 너무나도 연약해서 잠시도 굳건히 설 수 없고, 또한 계속해서 수많은 원수에게 공격을 받았고, 받고 있으며, 마귀와 동일하게 세상과 죄와 우리 자신의 육체도 쉬지 않고 있습니다. 우리를 치시고, 당신의 성령으로 우리를 강건하게 하시고, 당신의 은총으로 우리를 온전케 하시어 우리로 하여금 모든 시험을 끊임없이 물리치고 완전한 승리를 얻을 때까지 이 영적 싸움을 견디게 하옵소서. 그리하여 마침내 우리의 대장이시요 보호자이신 우리 주 예수 그리스도와 함께 당신의 왕국에서 최종적으로 승리하게 하옵소서. 아멘!

4. 질문과 점검

예배에 관한 질문

Q1. 예배에 "은혜가 안 된다"라고 말하는 것을 어떻게 바라봐야 하나요?

Q2. 예배는 주일에 드려야만 할까요?

Q3. 집에서 혼자 인터넷이나 TV로 예배를 드리면 안 되나요?

Q4. 주일 오전에 드리는 것만 예배일까요?

Q5. 입례송 할 때 어떤 마음을 가져야 할까요?

Q6. '헌신 예배'를 왜 헌신 예배라고 부를까요?

Q7. 축도는 담임 목사님이 주일 예배에서만 하는 걸까요?

Q8. 수요 기도회나 금요 철야 기도회는 예배가 아닌가요?

Q9. 말씀의 홍수 시대에 살고 있는 이때, 예배당에서 들은 말씀이 은혜가 되지
못한다고 해서, 개교회의 예배가 아닌 유튜브 방송을 통해 좋은 말씀을 들어도
괜찮은 걸까요?

Q10. 청년은 청년 예배 말고도 공예배까지 드려야 하나요?

Q11. 주일 예배 때 담임 목사님이 아닌 분이 공예배 때 설교를 하는 경우가 있습니다.
그렇다면 주일 공예배 시 선포되는 말씀 자체가 중요한 건가요? 아니면,
담임목사님을 통해 주시는 말씀이 더 중요한가요?

Q12. 그냥 개인적으로 예배드리고 혼자 경건 생활하면서 믿음을 키우면 되지, 왜
공예배에서의 공동체와 교제를 중요시하나요?

(1) 중학생이 되면 어른 예배에 참석해야 한다. (예, 아니오)

(2) 예배 시작 전에는 조용히 기도하는 것이 좋다. (예, 아니오)

(3) 예배는 종을 치고 묵도하는 것으로 시작한다. (예, 아니오)

(4) 성경 봉독은 교인 중에서 해도 되다. (예, 아니오)

(5) 예배 시 대표 기도는 되도록 짧아야 한다. (예, 아니오)

(6) 대표 기도 할 때, 기도문을 작성하는 것보다 즉흥적인 기도가 더 은혜롭다.

　　(예, 아니오)

(7) 목사의 설교는 30분을 넘지 않아야 한다. (예, 아니오)

(8) 설교 대신 은혜로운 간증을 들어도 된다. (예, 아니오)

(9) 예배 시간에 최신 복음성가를 부르면 안 된다. (예, 아니오)

(10) 찬양대의 좌석이 따로 있는 것이 좋다. (예, 아니오)

(11) 찬양대의 찬양 후에 박수로 격려하는 것이 좋다. (예, 아니오)

(12) 예배 시간에 헌금 시간을 가지지 않는 것이 좋다. (예, 아니오)

(13) 헌금한 분들을 주보에 광고하는 것이 좋다. (예, 아니오)

(14) 광고는 예배 중에 해서는 안 된다. (예, 아니오)

(15) 유아세례는 되도록 늦게 해야 한다. (예, 아니오)

(16) 성찬식은 너무 자주 베풀면 좋지 않다. (예, 아니오)

(17) 성찬용 포도주는 포도 주스로 해도 된다. (예, 아니오)

(18) 축도는 목사가 기도해 주는 시간이다. (예, 아니오)

(19) 주일에는 오전, 오후 두 번의 예배를 해야 한다. (예, 아니오)

(20) 주일에 집에서 유튜브 영상으로 예배에 참석해도 된다. (예, 아니오)